GENERATION
BEZIEHUNGSUNFÄHIG

MICHAEL NAST

GENERATION
BEZIEHUNGSUNFÄHIG

Alle Personen und Geschichten sind real, werden aber verfremdet dargestellt.
Eventuelle Übereinstimmungen mit realen Personen sind nicht beabsichtigt.

Edel Books
Ein Verlag der Edel Germany GmbH
6. Auflage 2016
Copyright © 2016 Edel Germany GmbH,
Neumühlen 17, 22763 Hamburg
www.edel.com

Projektkoordination: Gianna Slomka
Umschlaggestaltung: Groothuis. Gesellschaft der Ideen und Passionen mbH |
www.groothuis.de
Satz: Datagrafix Inc. | www.datagrafix.com
Druck und Bindung: optimal media GmbH, Glienholzweg 7,
17207 Röbel/Müritz

Printed in Germany

ISBN 978-3-8419-0406-5

Inhalt

Vorwort

Es gibt Momente in einem Autorenleben, die nicht mit Geld aufzuwiegen sind. Es sind diese Momente, ideelle Erfolge, die viel nachhaltiger sind als ein Blick auf den erhöhten Kontostand.

Ein schönes Beispiel dafür ist ein Erlebnis, das mir vor ein paar Jahren passiert ist. Der Postbote klingelte nachmittags an meiner Wohnungstür und gab mir ein Päckchen, dessen Absender mein damaliger Verlag war. In dem Päckchen befand sich ein Buch, teilweise in französischer Sprache, mit dem ich erst gar nichts anfangen konnte. Es war kein Anschreiben dabei, und Französisch habe ich nie gelernt. In Ost-Berlin, wo ich aufgewachsen und zur Schule gegangen bin, lernte man Russisch. Eine Sprache, von der ich heute noch ungefähr zehn Worte beherrsche. Nach sechs Schuljahren. Nicht einmal zwei Worte pro Schuljahr, und das ist nun wirklich kein guter Schnitt.

Trotzdem begriff ich natürlich, während ich in dem Buch blätterte, dass es sich um ein Schulbuch handelte. Das war der Augenblick, in dem es Klick machte. Ich blätterte schneller, um dann überrascht festzustellen, dass es einer meiner Texte in ein französisches Schulbuch geschafft hatte. Es war ein unwirkliches Gefühl. Die Zeilen waren nummeriert und auf der gegenüberliegenden Seite befanden sich Arbeitsanweisungen, wie die Schüler den Text analysieren sollten. Es war das Erfolgserlebnis schlechthin, einer meiner schönsten Momente als Autor.

Kürzlich hat mich nach einer Lesung in Frankfurt ein Zuhörer angesprochen, um mir zu danken. Er hatte meinen Text „Die Bedeutung eines ‚Zuletzt Online'" gelesen, der sich auch in diesem Buch befindet und den wohl am besten dieser schöne Satz zusammenfasst: „Wir wissen nicht, was andere denken oder fühlen, wir interpretieren ihr Verhalten und sind dann wegen unserer eigenen Gedanken beleidigt." Der Mann erzählte mir, dass dieser Text die Situation seiner Familie wiederspiegelte, in der einige Mitglieder schon seit Jahren nicht mehr miteinander sprachen. Kurzerhand berief er ein Familientreffen ein und las den Text dort vor. Noch an diesem Nachmittag war die Fehde beendet.

„Das hat ihnen die Augen geöffnet", sagte er und gab mir die Hand. „Und dafür wollte ich dir danken."

Ich wusste zuerst gar nicht, was ich sagen sollte, wieder hatte ich dieses unwirkliche Gefühl. Ich spürte, dass das hier gerade einer dieser großartigen ideellen Erfolge war, die so selten vorkommen.

Ich glaube, die Geschichte des Frankfurters beschreibt die Texte in diesem Buch sehr gut. Dieses Buch ist kein Ratgeber. Keine Anleitung. Ich bin weder Psychologe noch Soziologe, ich bin Beobachter und Erzähler. Vielleicht findet man die Antworten, die man sucht, zwischen den Zeilen. Mein Schreiben sehe ich eher in der belletristischen Tradition, ein authentisches Abbild des Lebens zu schaffen. Das echte Leben abzubilden und meine Schlüsse daraus zu ziehen. Ich selbst habe mehr über das Leben aus guten Romanen gelernt als aus jedem Ratgeber.

Als mein Text „Generation Beziehungsunfähig" in dem Online-Magazin *Im Gegenteil* veröffentlicht wurde, wurde er schon am ersten Abend so oft aufgerufen, dass der Server immer mal wieder nicht erreichbar war. Er war kurz davor zusammenzubrechen. Allein in der ersten Woche lasen ihn eine Million Menschen, noch in derselben Woche kauften sich die Macher von *Im Gegenteil* einen neuen Server. Der Erfolg dieses Textes hat mich offen gestanden überrascht, denn er unterscheidet sich ja eigentlich nicht von meinen anderen Texten. Es ist derselbe Ansatz.

Ich habe in den letzten Monaten Tausende Nachrichten bekommen, in denen sich Menschen bei mir bedankt haben. Dafür, dass meine Texte sie berührt und bewegt haben, dass sie nach der Lektüre über sich und ihr Leben nachgedacht haben. Viele schrieben mir, ich hätte ein vages Gefühl, das sie schon vorher hatten, in Worte gefasst. Dinge, die ich beim Schreiben nie geplant habe. Wahrscheinlich kann man es auch nicht planen, so etwas passiert einfach. Jede einzelne dieser Nachrichten war eins dieser ideellen Erfolgserlebnisse. Denn das ist das größte

Kompliment für mich als Autor. Im Leser etwas zu berühren, in ihm etwas auszulösen.

Vor einigen Monaten habe ich eine Nachricht von einer Siebzehnjährigen bekommen, die mir unbedingt schreiben musste, weil sie ganz überrascht von sich selbst war. Sie hatte einen meiner Texte gelesen – und sie hatte ihn zu Ende gelesen. „Eigentlich lese ich gar nicht, es sei denn, die Schule zwingt mich dazu", schrieb sie. „Aber meiner Generation spricht das halt echt aus der Seele. Wenn wir solche Texte in der Schule behandeln würden, würden wir dort auch gern wieder lesen."

Ich lächelte und dachte daran, wie mir der Postbote vor einigen Jahren das Päckchen mit dem französischen Schulbuch überreichte.

Wie gesagt, wer einen Ratgeber sucht, wird hier nicht fündig werden. Und auch wem Ironie fremd ist, wird an diesen Texten nur bedingt Freude haben.

Allen anderen wünsche ich viel Spaß beim Lesen!

Michael Nast
Berlin, im Januar 2016

ILLUSION
PERFEKTE LIEBE

Wovon wir reden, wenn wir von Liebe reden

Es gibt hin und wieder Augenblicke, in denen ich auf meine Beziehungen zurückblicke und mich frage, ob ich meine Exfreundinnen geliebt habe. Ich meine, wirklich geliebt. Ob ich ein Gefühl gespürt habe, wie ich es erwartet habe. Ein Gefühl, wie es eigentlich hätte sein sollen. Am letzten Montag gab es einige solcher Augenblicke.

Der Schweizer Schriftsteller Max Frisch hat in seinen Tagebüchern einen Fragebogen mit 25 Fragen aufgestellt, die inzwischen weltberühmt sind. Zwei dieser Fragen lauten: „Lieben Sie jemanden? Und falls ja, woraus schließen Sie das?" Tja, das ist eine sehr gute Frage. Die Frage danach, wovon wir reden, wenn wir von Liebe reden. Eine Frage, die sich wohl jeder einmal stellen sollte.

Beispielsweise Christian, der Freund von Jasmin. Vor einigen Tagen habe ich mich mit Jasmin getroffen. Sie wirkte ganz verstört, schon als wir uns begrüßten. „Alles okay?", fragte ich.

„Na ja, nicht wirklich", sagte sie. „Ich hatte vorhin eine Meinungsverschiedenheit mit meinem Freund."

„Ach?", sagte ich, denn ich ahnte schon, dass der Begriff „Meinungsverschiedenheit" wohl eine eher milde Umschreibung ihrer Auseinandersetzung war, ein harmloses Wort, mit dem sich Jasmin vor allem selbst beruhigen wollte. Es war eine Ahnung, die sich bestätigen sollte. In ihrer Auseinandersetzung ging es nämlich ums Fremdgehen.

„Er meinte: Fremdgehen kann passieren, das liegt nun mal in der Natur des Menschen", sagte Jasmin. „Sex hätte nichts mit Liebe zu tun. Das machen doch alle."

„Ach?", sagte ich noch einmal und spürte, wie sich meine Züge verhärteten.

„Er hat gesagt, er wäre in seiner letzten Beziehung ja auch betrogen worden, also kann er auch betrügen", sagte sie. „Aber man sollte schon früh darüber reden, und den anderen nicht vor vollendete Tatsachen stellen, wenn es dann einmal passiert ist."

„Okay", sagte ich gedehnt. „Und wie seid ihr auseinandergegangen?"

„Er hat gesagt: Du hast deine Meinung und ich hab meine, machen wir das Beste draus", sagte Jasmin mit Tränen in den Augen. Ich warf ihr einen fassungslosen Blick zu. Noch vor einem Monat, als sich Jasmin von ihm trennen wollte, hatte Christian schließlich um sie gekämpft. Er hatte ihr seine Liebe beteuert, täglich mindestens dreißig Nachrichten auf ihrer Mailbox hinterlassen, er hatte gebettelt. Sie wäre die Liebe seines Lebens. Ein Gefühl, das nur einen Monat darauf auf den Satz: „Du hast deine Meinung und ich hab meine, machen wir das Beste draus" zusammengeschrumpft war.

Christian empfand natürlich keine Liebe, als er um sie kämpfte, und das sagte ich ihr auch. Seine „Liebe" war ein Ego-Trip. Er pflegte eine „Liebe", in der es nie um Jasmin ging, sondern ausschließlich um ihn selbst. **Er war auf ihre Gefühle angewiesen, um sich selbst zu bestätigen. Es hatte nie etwas mit ihr zu tun.**

Christian ist in seiner Empathielosigkeit natürlich ein drastisches Beispiel, ein Prototyp, aber im Ansatz geht es ihm wie den meisten. Sie lieben wie er. Sie pflegen eine narzisstische Liebe. „In der Liebe geht es Ihnen eher darum, sich selbst zu schmeicheln, als ein tiefes Gefühl zu befriedigen." Ein Satz, der es übrigens auch in ein dreißigseitiges Persönlichkeitshoroskop geschafft hat, das eine ehemalige Kollegin mit einer speziellen Astrologie-Software für mich erstellt hat, obwohl ich das gar nicht wollte, weil mir ja eigentlich der Zugang zu Horoskopen fehlt. Wenn es nach den Sternen geht, ist Christian also wie ich, dachte ich, was bei mir schon ein ziemlich unangenehmes Ziehen in der Magengegend verursachte.

„So gesehen sind die meisten wie du", sagte Till lachend, als ich ihm einige Tage darauf in der Goldfischbar von dieser beunruhigenden Gemeinsamkeit erzählte. Till hat Betriebswirtschaftslehre und Philosophie studiert, eine originelle Kombination, die ihm einen aufschlussreichen Blick auf die Dinge ermöglicht.

„Das ist natürlich gesellschaftlich bedingt", sagte er. „Wir sind nun mal Konsumenten in einer Konsumgesellschaft. Wir leben in einer Bedarfsweckungsgesellschaft. Wir brauchen kein Telefon, wir brauchen das neueste iPhone. Der Kauf von Produkten schenkt uns einen kurzen Moment Befriedigung, einen kurzen Moment Glück sozusagen. Aber das ist nun mal kein nachhaltiges Gefühl, darum müssen wir immer weitere Produkte kaufen. **Wir müssen permanent unzufrieden mit uns selbst sein, damit das System funktioniert.** Leider wenden wir das auch im zwischenmenschlichen Bereich an."

„Im zwischenmenschlichen Bereich?", fragte ich. „Inwiefern?"

„Es ist das Gefühl, sich selbst nicht glücklich machen zu können, dass andere Dinge oder Menschen für die eigenen Gefühle verantwortlich sind – ob es nun das neueste iPhone ist oder ein Mensch, der etwas für einen empfindet. Es schmeichelt unserer Eitelkeit, mehr nicht. Letztlich haben wir verlernt, uns selbst zu lieben. Wir verwechseln Selbstliebe mit Narzissmus."

Ich dachte an Erich Fromm, für den die Fähigkeit, sich selbst zu lieben, die Voraussetzung dafür war, überhaupt jemand anderen lieben zu können. Tja, dachte ich, aber wer liebt sich schon selbst? Wer ist mit sich vollständig im Reinen, mit seinen Vorzügen – und vor allem mit seinen Fehlern? Ich kenne niemanden. Wir leben nun mal in einer narzisstischen Gesellschaft, und Narzissmus ist ein Zeichen von Unsicherheit, ein überhöhtes Selbstbild, in dem alle Schwächen ausgeblendet werden. Eine Selbstdarstellung, die auf permanente Bestätigung der eigenen Vorzüge angewiesen ist. Narzisstische Liebe ist die Sehnsucht nach einem wohlwollenden Spiegel, in dem man ein Bild sieht, das einem schmeichelt. Man sehnt sich nicht nach dem Anblick seiner Fehler, man sehnt sich nach Bestätigung. Man projiziert ein Bild auf den anderen und verliebt sich letztendlich in eine Illusion, die perfekt zu einem passt, die mit dem Menschen aber selbst nichts zu tun hat. Man will sich in sich selbst verlieben, in das Bild, das man von sich hat, wie man sich selbst sehen möchte.

„Narzisstische Verliebtheit ist einfach mal nichts anderes als der verzweifelte Versuch, sich selbst zu lieben", sagte Till.

Wenn man es mal aus dieser Perspektive betrachtet, ist es schon sehr aufschlussreich zu sehen, warum wir uns überhaupt verlieben.

Inwieweit unsere Gefühle etwas mit dem anderen zu tun haben. Wir verlieben uns in die Schnittmengen, die Gemeinsamkeiten zweier Leben, darum wird auf Dates auch so krampfhaft nach Gemeinsamkeiten gesucht. Darum gleichen sich Dates so sehr. Man verliebt sich nicht in einen Menschen, man verliebt sich in den Teil eines Menschen, der einem selbst ähnelt. Der in Ansätzen, Haltungen und Wünschen ein Ebenbild zu sein scheint.

„Liebe entsteht ja generell aus einer Illusion", sagte Till. „Liebe ist die Sehnsucht nach absoluter Identität. Und absolute Identität gibt es natürlich nicht. Insofern entsteht Liebe nur aus einem großen Missverständnis. Kennst du den Satz: ‚Wir irrten aneinander, es war eine schöne Zeit?' Vielleicht liegt in diesem schönen, tragischen Satz eine der großen Wahrheiten unserer Zeit. Wir verlieben uns in eine Illusion, in ein Trugbild, in etwas Falsches, das uns Kraft und Halt gibt. Die Illusion ist für uns wahrer als die Wirklichkeit."

Till machte eine Pause, während er gedankenverloren auf seinen Drink schaute. Dann hob er seinen Blick und sagte: „Im Grunde ist nur das Falsche wirklich echt. Alles andere ist ein armseliger Versuch, der zum Scheitern verurteilt ist."

Puh, dachte ich. Vielleicht ist es ein Fehler, zu sehr über die Dinge nachzudenken. Ich blickte zu Till, der gerade an seinem Drink nippte, und spürte, dass das gerade einer dieser Momente war, in denen ich auf meine Beziehungen zurückblickte und mich fragte, ob ich je geliebt habe.

„Ich habe immer nur Talent für Dinge, die mich interessieren." Das hat Karl Lagerfeld einmal gesagt, und das ist ein sehr wahrer Satz. Eine der Überschriften über meinem Leben sozusagen. Lagerfeld bezieht sich natürlich auf seine Arbeit, aber wirklich interessant wird es, wenn man diesen Satz auf das Zwischenmenschliche anwendet. Auf die Frauen, mit denen man zusammen war. Nach dem Gespräch mit Till war ich mir nämlich nicht mehr so sicher, ob ich wirklich Talent für meine Exfreundinnen hatte. Vielleicht war ich rückblickend gesehen einfach zu sehr mit mir selbst beschäftigt, um Talent für sie haben zu können. Oder drastischer formuliert:

Vielleicht war ich zu wenig an ihnen interessiert, um mich wirklich auf sie einzulassen.

Wie wir alle bin ich ja auch in dem Bewusstsein aufgewachsen, etwas Besonderes zu sein, etwas Einzigartiges, anders als die Anderen. Es ist ein Bewusstsein, dass es uns immer schwerer macht, uns auf einen anderen einzulassen. Ich glaube, genau dieses Problem zu bewältigen, das ist die Aufgabe der Liebe. Wenn man sich verliebt, also wirklich verliebt, lässt man die Strukturen, die gesellschaftlichen Konventionen hinter sich. Wirkliche Liebe gibt uns die Möglichkeit, wieder Mensch zu sein, kein degeneriertes Produkt dieser Gesellschaft. **Liebe ist die Möglichkeit auszubrechen, die Strukturen zu verlassen, die Perspektive zu ändern.** Sie ist unsere Chance, der Ausweg, den Egoismus hinter sich zu lassen, den unsere Gesellschaft von uns verlangt.

Auf Max Frischs Fragen „Lieben Sie jemand? Und woraus schließen Sie das?" antwortete der Schriftsteller Jonathan Franzen: „Mein Herz sagt es mir, und mein gesunkenes Maß an Selbstsucht liefert verlässliche Beweise dafür." Besser kann man es wohl nicht formulieren.

Obwohl meine letzte Beziehung in die Brüche gegangen ist, habe ich in ihr viel über mich herausgefunden. Meine Freundin war der Spiegel, der mich Dinge erkennen ließ, die ich mir nicht eingestanden habe. Durch sie änderte sich die Perspektive. Ich entdeckte mich sozusagen noch einmal neu, mit einem frischen Blick. Ich sah neue Vorzüge, und ich sah meine Fehler. Ich begriff, dass es noch einiges zu tun gab.

Ich glaube, dass die Liebe zu jemandem in einem den tiefen Impuls auslöst, ein besserer Mensch zu werden. Für den anderen und für sich selbst. Und das haben meine Exfreundinnen tatsächlich in mir ausgelöst. Nicht permanent, aber immer mal wieder. Sie lösten in mir den Wunsch aus, die Selbstsucht zu überwinden. Ein besserer Mensch zu sein.

Und das ist die wunderbare Möglichkeit, die uns die Liebe gibt. Ein besserer Mensch sein zu wollen.

Wir sollten sie nutzen.

Lass uns einfach Freunde bleiben

Es gibt Sätze zwischen Männern und Frauen, die sehr grausam sind, obwohl sie auf den ersten Blick eher unscheinbar klingen. Mit einem dieser unscheinbaren Sätze setzt sich gerade mein guter Freund Markus auseinander.

Es ist der Satz: „Lass uns einfach Freunde bleiben."

Seit einigen Monaten sehe ich Markus häufiger, weil er jemanden braucht, mit dem er die Dinge besprechen und auswerten kann, die ihn gerade so beschäftigen. Markus ist nämlich verliebt. Unglücklich verliebt.

Er trifft sich seit dem Sommer mit Josefine. Er mag sie wirklich sehr, aber er spürt auch, wie sie zurückweicht, wenn er ihr näher kommt. Sie ist nicht greifbar. Sie weicht ihm aus. Und es gibt viele schlüssige Gründe für ihr Ausweichen.

Immer wenn ich Markus treffe, berichtet er von anderen Motiven, warum sie gerade keine Gefühle zulassen kann. Anfangs war ihre letzte Beziehung noch zu gegenwärtig, später erklärte sie, dass es ihr schwer fällt, Männern generell zu vertrauen, sie kann sich gerade auf niemanden einlassen. „Aber wenn ich es wieder kann", schreibt sie ihm. „Dann will ich mit dir zusammen sein. Du bist meine erste Wahl."

Ihre erste Wahl?, dachte ich. Die Frage ist nur, wofür?

Ich kenne ihre Nachrichten. Markus zeigt sie mir bei jedem unserer Treffen, damit ich sie interpretiere, sie analysiere – damit ich ihm Hoffnung gebe.

Ich lese Sätze wie: „Eigentlich müsste ich total glücklich sein, dass jemand wie du mit mir zusammen sein will. Du bist so ein wertvoller Mensch, aber irgendetwas hindert mich daran, den letzten Schritt zu gehen." Allzu viel Hoffnung war da nicht zu erkennen. Es war klar, dass die Frau ihn hinhielt, dass sie mit ihm spielte. Vielleicht nahm sie es selbst gar nicht wahr. Sie mag ihn, aber mehr auch nicht. Und man darf nicht vergessen, dass es ein schmeichelhaftes

Gefühl ist, begehrt zu werden. Auch (oder gerade) wenn man spürt, dass es ein aussichtsloses Begehren ist. **Sie genoss es, und Markus litt.** Sie genoss sozusagen sein Leiden – hoffentlich ohne es so richtig mitzubekommen. Bösartigkeit will ich hier schließlich niemandem unterstellen.

Am Montag war ich mit Markus in einem Café in der Torstraße verabredet. Er wartete schon an einem der Fenstertische, obwohl ich zehn Minuten zu früh da war. Er zeigte mir das Display seines Handys, bevor ich mich überhaupt gesetzt hatte. Und dann las ich ihn, diesen grausamen, so unscheinbar wirkenden Satz.

„Du bist so ein wertvoller Mensch", las ich. „Ich hab dich gar nicht verdient. Wollen wir nicht einfach Freunde bleiben."

Bleiben?, dachte ich irritiert. Das Wort „bleiben" benutzt man doch in diesem Zusammenhang nur, wenn zumindest ansatzweise eine Freundschaft existiert hat. Schon ganz am Anfang ihrer Freundschaft, als meine Treffen mit Markus immer häufiger und verzweifelter wurden, hatte ich da meine Zweifel.

„Und, was denkst du?", sagte Markus.

„Nun ja", sagte ich und setzte mich erstmal. Dann gab ich der Kellnerin ein Zeichen und bestellte einen Milchkaffee.

„Freunde", sagte ich. „Willst du das überhaupt?"

„Na klar", sagte Markus ein bisschen zu schnell. „Sie ist wirklich wertvoll. Als Mensch. Ich will sie als Mensch nicht verlieren."

Ich spürte einen dieser unangenehmen Schauer, die ich immer empfinde, wenn mir plötzlich sehr kalt wird oder wenn ich an etwas besonders Unangenehmes oder Peinliches denke. Es lag an Markus. Er klang schon so wie Josefines Nachrichten. Sie hatte ihn offensichtlich sozialisiert.

Als der Milchkaffee serviert wurde, vergegenwärtigte ich mir die Umstände, unter denen ich diesen Satz zu einer Frau gesagt habe: **„Lass uns einfach Freunde bleiben."**

Wenn ich diesen Satz sage, meine ich ihn nicht ernst. Er ist eine Umschreibung dafür, dass ich nicht interessiert bin. So gesehen ist er eine Beleidigung. Alle Komplimente, die man um diesen Satz baut, sind nur Floskeln, damit der andere nicht zu sehr verletzt wird. Sie sind eine schöne Verpackung. Man mag den anderen ja schon irgendwie. Man will ihn nicht verletzen. Aber man will ihn in der nächsten Zeit auch nicht unbedingt in seiner Nähe haben.

Ganz unabhängig von Markus' aussichtsloser Situation ist es natürlich eine gute Frage: Gibt es das eigentlich? **Können Männer und Frauen Freunde sein?**

„Freundschaft zwischen Männern und Frauen? Existiert nicht", sagt mein Bekannter David.

„Es sei denn" und an dieser Stelle macht er eine Kunstpause, „die Frau sieht scheiße aus."

Das ist natürlich plakativ formuliert, aber im Grunde hat er recht. Es gibt Freundschaften zwischen Männern und Frauen. Es ist eine Frage der sexuellen Attraktivität. Eine Freundschaft zwischen Männern und Frauen ist möglich, wenn das Sexuelle ausgeblendet werden kann. Wenn sich keiner der beiden Hoffnung auf ein Liebesbeziehung macht.

Wenn ich darüber nachdenke, welche Frauen ich als Freunde bezeichnen würde, fällt mir keine ein, mit der ich schlafen würde. Ich habe eine Freundin, mit der ich mich sehr gut verstehe. Wir haben denselben Humor, es gibt kaum jemanden, mit dem ich so ausgelassen lachen kann. Sie lebt in Köln und wir sehen uns nur selten, aber wenn wir uns dann doch mal wieder treffen, ist es, als hätten wir uns vor einigen Tagen zum letzten Mal gesehen. Wenn ich mir jedoch vorstelle, mit ihr zu schlafen, spüre ich einen unangenehmen Druck in der Magengegend. Sie ist ein Kumpeltyp. Leider habe ich einmal den Fehler gemacht, ihr das zu sagen. Das war natürlich verletzend, obwohl es nicht so gemeint war. Sie spricht mich heute noch darauf an.

Vielleicht wäre ja die Freundschaft zu einer Exfreundin eine Möglichkeit. Man kennt sich sehr gut, hat aber in der Beziehung festgestellt, dass es nicht funktioniert. So gesehen kann man ein platonisches Verhältnis aufbauen.

Ein Bekannter hat mir einmal erzählt, dass er sich nach einiger Zeit mit seiner ersten großen Liebe getroffen hatte, in der Erwartung, sich viel zu erzählen zu haben. Er hoffte irgendwie, die gemeinsame Vergangenheit zumindest für die Dauer eines Abends zurückholen zu können. Im Laufe des Abends stellte er jedoch fest, dass mit dem Ende der Beziehung auch die Gesprächsthemen ausgegangen waren. Es gab keine Gemeinsamkeiten mehr. Es gab nichts mehr zu besprechen.

Wenn ich jetzt so darüber nachdenke, fällt mir auf, dass ich zu keiner meiner Exfreundinnen mehr Kontakt habe.

Ich kenne einen Mann, der nur mit einer seiner Exfreundinnen befreundet sein kann. Er hat mir erzählt, woran das liegt. Sie ist für ihn sexuell nicht mehr interessant.

„Wir haben uns praktisch jeden zweiten Tag gestritten", sagt er. „Nach zwei Jahren habe ich mit ihr nur noch Probleme verbunden. Ich konnte nicht mehr mit ihr schlafen. Ich bekam nicht einmal mehr eine Erektion."

Er war asexuell in Bezug auf sie. Er empfand sie eher als jüngere Schwester. Darum funktioniert ihre Freundschaft. Die meisten seiner Freunde vermuten, dass sie ein heimliches Verhältnis haben, aber darüber kann er nur lachen. Da ist einfach nichts mehr. Aber die Vermutungen seiner Freunde erzählen die eigentliche Geschichte.

Männer sind eigentlich nicht für die Monogamie geschaffen. Sie sind auf der Jagd. Das hat evolutionsbiologische Gründe. Männer wollen sich fortpflanzen. Es ist Instinkt. Wenn ein Mann – sagen wir mal – in einem Jahr mit dreißig Frauen schläft, erzeugt er vermutlich mehr Nachkommen als jemand, der nur mit einer Frau Sex hat. Allerdings wird eine Frau, die in derselben Zeit mit dreißig Männern schläft, nicht unbedingt mehr Babys gebären als eine Frau mit nur einem Sexpartner.

Das Konzept der Monogamie ist ja religiös bedingt. Es presst unsere Triebe in ein Korsett. Wenn ein Mann seine Frau betrügt, wird sie sich höchstwahrscheinlich von ihm trennen. Man muss sich einschränken, sich andere Wege suchen, um seinen Instinkten nachzugehen, ohne seine Partnerin zu verletzen.

Das passiert vor allem im Kopf. Wenn Männer sich nach attraktiven Frauen umsehen oder wenn sie onanieren. Ich kenne einen

Mann, der nur noch selten mit seiner Freundin schläft. Manchmal verreist sie aus beruflichen Gründen für einige Tage. Wenn sie weg ist, onaniert er bis zu fünf Mal am Tag. **Er ist ein Sklave seiner Instinkte.** Er kann nicht aus seiner Haut. Es hat schon seine Gründe, warum Porno-Websites die meistbesuchten Seiten im Internet sind.

Mit diesen für die Freundschaft zwischen Männern und Frauen ja sehr hoffnungslosen Gedanken tauchte ich wieder in die Unterhaltung mit Markus ein. Ich trank einen Schluck Milchkaffee, blickte in sein hilfloses Gesicht und musste an Ted Mosby denken. Ted Mosby ist der Protagonist der sehr erfolgreichen Serie *How I met your mother*. Die Serie erzählt seine Geschichte, und irgendwie hatte ich plötzlich den Eindruck, Teds Erlebnisse würden Markus Geschichte vorwegnehmen.

Ted verliebt sich in der ersten Folge der ersten Staffel in eine Frau namens Robin Scherbatsky, die attraktiver ist als es ihr Name vermuten lässt. Sie kommen zusammen, Robin wird auch schnell Teil von Teds engstem Freundeskreis. Dann trennen sie sich, versuchen es immer mal wieder, bevor sie mit einem seiner besten Freunde zusammen kommt. Ted hat immer noch Gefühle für sie, alle Frauen, die er kennenlernt, scheinen nur Ersatz zu sein. Die Serie umfasst neun Staffeln, das sind 196 Folgen. Robin ist als Teil des Freundeskreises immer gegenwärtig. In der letzten Staffel heiratet sie einen seiner besten Freunde und Ted zieht sich zurück, weil er immer noch Gefühle für sie hat.

Ted erzählt die Geschichte, er ist der Hauptdarsteller. Ich habe mich immer gefragt, warum ich die Figur nie wirklich ernst nehmen konnte. Dann fiel es mir auf, er ist ein Verlierer. Er ist einem nur irgendwie sympathisch, weil man sich selbst in ihm entdeckt, als man unglücklich verliebt war. Man mag ihn, weil man Mitleid mit ihm hat.

Ach Ted, dachte ich.

Ach Ted.

Ich bestellte zwei große Bier, obwohl es erst 15 Uhr war, und betrachtete das leuchtende Display von Markus Handy, das vor mir lag.

„Telefoniert ihr eigentlich miteinander?", fragte ich. „Oder schreibt ihr euch nur noch Nachrichten?"

„Na ja", sagte Markus.

Die Antwort genügte. Vielleicht wurde ihm auch gerade selbst klar, was die beiden da kultivierten.

Die Gläser wurden serviert, wir stießen an. Dann begann ich, Markus Ted's Geschichte zu erzählen. Ich erzählte sie allerdings, als wäre sie einem Bekannten von mir passiert. Ich wollte Markus nicht das Argument liefern, dass sich Drehbuchautoren die Geschichte ausgedacht hätten. Dass sie nichts mit der Realität zu tun hatte.

Während ich sprach, wirkte Markus immer verzweifelter. Ich nahm ihm schließlich gerade die Hoffnung, verhielt mich damit aber – im Gegensatz zu Josefine – wirklich wie ein Freund.

Letztlich muss er selbst entscheiden. Wie Ted muss er allein an den Punkt kommen, an dem er erkennt, dass es ihm ohne sie besser geht. Ted hat natürlich das Glück, Teil einer amerikanischen Serie zu sein – die letzte Folge gibt dann doch Hoffnung auf eine Zukunft mit Robin. Im echten Leben läuft es anders.

Markus muss da alleine durch. Leider.

Ach Markus, dachte ich wehmütig, während ich sprach.

Ach Markus.

Schon mal über eine Trennung nachgedacht?

Einige kennen das vielleicht: Gerade ist die Beziehung eines Freundes in die Brüche gegangen, dessen Exfreundin man – wenn man ehrlich ist – eigentlich nie so richtig mochte. Man trifft sich mit ihm, weil man ja für ihn da ist, und kann jetzt endlich mal die Wahrheit sagen. Man kann endlich sagen, was man von ihr gehalten hat.

Viele sagen ihren Freunden erst nach ihrer Trennung, was sie wirklich von deren Partnern gehalten haben. Oder der Beziehung. Das ist sicherlich vernünftig. Man will sich ja nicht einmischen. Auch bei Paaren, die jahrelang eine Beziehung führen, obwohl sie eigentlich gar nicht zusammenpassen. Die nicht glücklich sind, nicht einmal zufrieden, die weitermachen, warum auch immer.

Es stellt mich immer wieder vor Rätsel, wie viele Jahre solche Konstrukte halten können. Manchmal halten sie sogar ein Leben lang. Manchmal frage ich mich schon, was diese Paare zusammenhält. **Irgendetwas muss sie ja verbinden. Irgendetwas muss doch da sein. Irgendetwas! Aber manchmal ist da einfach nichts zu finden.**

Zum letzten Mal habe ich mir diese Fragen im Sommer gestellt, als ich meinem alten Freund Stephan einen Rat gab, den ich ihm eigentlich nicht geben durfte. Es war ein angenehmer Sommernachmittag. Wir saßen im Biergarten des Café Schoenbrunn im Volkspark Friedrichshain, und weil wir uns lange nicht gesehen hatten, gab es viel zu besprechen. In seinem Leben schien alles gut zu laufen. Er erzählte mit leuchtenden Augen von seiner dreijährigen Tochter, er plante gerade mit seiner Freundin, eine Eigentumswohnung zu kaufen, und auch beruflich lief alles ausgezeichnet. Alles schien zu passen. Als die zweite Runde Weizen serviert wurde, passierte allerdings etwas, das alles änderte.

Stephans Handy klingelte.

Er nahm es mit einem Lächeln aus der Innentasche seines Jakketts. Als er den Namen auf dem Display sah, veränderte sich sein Gesicht. Sein Lächeln war nicht mehr da. Er hielt das Handy unschlüssig in der Hand und betrachtete es mit einem unwilligen Gesichtsausdruck. Als wäre er gestört worden.

„Geh doch ran", sagte ich.

„Ach", sagte er. „Ist nicht so wichtig."

Als das Klingeln aufhörte, stellte er sein Telefon auf lautlos und legte es sehr behutsam auf die Tischplatte.

„So", sagte er, nahm sein Glas und wir stießen an. Als ich das Glas absetzte, begann sein Handy zu vibrieren. Dann noch einmal, und noch einmal. Es hörte nicht auf. Das Vibrieren begleitete unser Gespräch, was den Gesprächsfluss nicht unbedingt verbesserte.

„Wer ist denn das?", fragte ich irgendwann ungeduldig.

„Das ist meine Freundin", sagte Stephan. „Die weiß doch ganz genau, dass wir uns heute treffen."

„Da kannst du doch rangehen."

„Na ja", sagte Stephan und machte eine abwehrende Geste. Er sah aus, als wollte er noch etwas sagen, schien es sich jedoch anders zu überlegen. Dann sagte er: „Okay, ich ruf sie mal kurz an. Bin gleich wieder da." Er griff nach dem Handy und erhob sich.

Nun ja.

Sagen wir es so: Es war ein „kurz", das eine gute Stunde dauerte. Ein „kurz", in dem ich zwei weitere Weizen schaffte, während ich Stephan hektisch gestikulierend über die tiefgrüne Wiese vor dem Biergarten laufen sah. Ich ahnte, dass hier gerade die Wirklichkeit in die perfekte Welt brach, die Stephan in der ersten Stunde unseres Treffens beschrieben hatte. Die sorgfältig modellierte Fassade war gerissen. Allerdings ahnte ich noch nicht, wie schlimm es wirklich um ihn stand. Noch nicht.

Als Stephan wieder an den Tisch trat, leerte er sein Weizen in einem Zug und stellte das Glas resolut auf den Tisch.

„Was war denn los?", fragte ich.

„Also", sagte er und setzte sich entschlossen.

Dann schüttete er mir sein Herz aus.

Wenn man frisch verliebt ist, ist es ja ganz natürlich, dass man sich erst einmal zurückzieht. Man verbringt viel Zeit mit der neuen

Liebe und vernachlässigt seine Freunde. Ich kenne das. Jeder kennt das. Allerdings löst sich das nach einer gewissen Zeit wieder auf. Eigentlich. **Stephan war jetzt allerdings schon seit fünf Jahren mit Anja liiert. Fünf Jahre, in denen Freunde kaum noch in seinem Leben vorkamen.**

Es begann ganz harmlos, als Anja ihm vorschlug, alkoholfreie Wochen einzuführen. Ein Gedanke, der zunächst gar nicht schlecht klang, wie er fand. Also stimmte er zu. Als er sich jedoch während dieser Wochen doch einmal spontan mit Freunden traf und zwei Bier trank, warf Anja ihm vor, dass er ihr Vertrauen missbraucht hätte.

„Ich weiß nicht, ob ich dir überhaupt noch vertrauen kann", sagte sie.

Dann hielt sie ihm vor, dass er sowieso lieber Zeit mit seinen Freunden verbrachte, weil er mit ihnen ja offensichtlich mehr Spaß hatte als mit ihr.

Stephan erzählte, dass er inzwischen Strategien entwickelte, wie er ihr am besten die seltenen Abende verkaufte, die er mit seinen Freunden verbrachte, um die Harmonie ihrer Beziehung für die nächsten Tage nicht zu gefährden. Generell schienen Deeskalationsstrategien der Faden zu sein, der sich durch ihre Beziehung zog. Stephan schilderte, wie er sie entwarf und verfeinerte, mit einer Art verzweifelter Euphorie. Sie waren offenbar zu seinem Hobby geworden.

Aber sie halfen nicht.

Sie stritten immer häufiger. Genau genommen stritten sie sich ständig. Anjas Argumentationen wurden immer unsachlicher, obwohl er nicht sicher war, ob man ihre Argumentationen überhaupt noch als Argumentationen bezeichnen konnte. Aber wahrscheinlich kam es darauf auch nicht mehr an. Sie waren nicht in der Lage, miteinander zu sprechen, sagte Stephan. Eigentlich redeten sie aneinander vorbei, seitdem sie zusammen waren. Einmal hatte Anja einen Streit mit den Worten „du Wichser" beendet, während sie ihre Tochter im Arm hielt. Mia hatte ihn ängstlich und mit großen Augen angesehen, und Stephan hatte sich vorgestellt, wie ein unbeteiligter Dritter diese Szene aufgenommen hätte. Sie erinnerte an das Klischee einer sozial benachteiligten Familie, die man in diesen Reality-Formaten auf RTL2 sehen kann. Das war schon erschreckend. Seitdem ging er nicht mehr auf ihre Streitereien ein. Das war der Moment, in dem ich mich aufsetzte.

Vielleicht habe ich zu naive Ansprüche an eine Beziehung, aber ich denke, Beziehungen sind auch dazu da, dass die Partner einander Kraft geben. Aber Anja schien ja eher wie ein schwarzes Loch zu sein: Alles, was man ihr gab, wurde verschluckt. Es war nicht mehr vorhanden. Es kam nichts zurück.

„Schlaft ihr eigentlich noch miteinander", fragte ich.

„Nun ja", sagte Stephan.

Sie hatten ja generell nicht so viel Sex gehabt in den letzten Jahren, aber nachdem Anja schwanger geworden war, hatten sie gar keinen mehr. Mia war jetzt drei Jahre alt. Vier Jahre ohne Sex. Vier Jahre ohne Orgasmus. Er konnte sich nicht einmal selbst befriedigen. Sie war immer da. Immer gegenwärtig. Und im Büro wollte er nun wirklich nicht onanieren.

Auf der letzten Weihnachtsfeier hatte er betrunken eine Kollegin geküsst. Zwanzig Minuten lang. Es war befreiend gewesen, eine Ahnung, wie es sein könnte, obwohl er annahm, Anja nicht mehr in die Augen sehen zu können. Aber als er am nächsten Morgen mit ihr am Frühstückstisch saß, war alles wie immer. Er hatte kein Schuldbewusstsein. **Er hatte erwartet, dass es ihn mehr bewegen würde. Aber es bewegte ihn weniger, als es ihn wohl hätte bewegen sollen.**

Er flüchtete sich in die Arbeit, es war seine Rückzugsmöglichkeit, er war seit Monaten der Letzte im Büro. Er war immer müde.

Wahrscheinlich begriff Stephan ja gerade doch irgendwie, dass er die brüchige Fassade ihrer Beziehung nur aufrechterhielt, weil sie das Einzige war, was sie noch hatten.

„Was soll ich denn machen?", fragte er, als er seine Schilderung beendet hatte.

Tja, dachte ich. Was sollte er machen?

Die beiden führten keine Beziehung, sie kultivierten die Reste einer Beziehung. Und das offensichtlich schon ziemlich lange. So gesehen wäre mein Rat gewesen, sich zu trennen. Aber ich wusste, wie vermessen es ist, solche Ratschläge zu geben. Ich hatte ja auch zu wenig Einblick in die Beziehung, um so einen folgenschweren Rat zu geben. Ich kannte nur Stephans Schilderungen. Und dann war da ja noch das Kind. Das war dann doch eine Nummer zu groß. Eine Freundin hat mir einmal erzählt, dass sie viele Frauen kennt, die nur noch wegen der Kinder mit ihren Männern zusammenleben. Die heimlich die Jahre zählen, bis die Kinder aus dem Haus sind, bis sie sich endlich trennen können. „Sie wahren den schönen Schein so lange, bis alles auseinander fällt", sagte sie.

Ich bin mir nicht sicher, ob dies das Beste für das Kind ist.

Ich wollte nicht eingreifen. Aber weil ich ja weiß, wie hilfreich es für Stephan sein kann, hin und wieder darüber zu reden, um sich und sein Leben zu reflektieren, um selber zu den richtigen Schlüssen zu kommen, sagte ich: „Wie sieht's denn bei dir am Samstag aus? Wir können ja mal wieder ein Bier trinken gehen?"

„Am Samstag", sagte Stephan gedehnt. „Das ist ein bisschen kurzfristig, ich weiß noch nicht, glaube nicht. Ich muss das erst mit Anja besprechen. Ich muss erst mal sehen, ob ich frei kriege."

Gott, dachte ich, und dann sagte ich es auch.

„Wann hast du denn mal wieder Zeit?", fragte ich.

„Ich glaub, ich komm dann lieber zu deinem Geburtstag", sagte Stephan nach einem längeren Zögern.

„Mein Geburtstag?", sagte ich. „Der ist im Februar."

„Tja, das sind die Zeitfenster, in denen ich rechne."

„Tja", sagte auch ich, weil mir dazu nun wirklich nichts mehr einfiel.

In seiner Beziehung waren die Rollen offenbar verteilt. Und so wie es aussah, hatte sie Stephan nicht verteilt.

Und dann passierte es. Ich gab Stephan einen Rat, den man eigentlich nicht geben darf: „Trenn dich von ihr", sagte ich eindringlich. „Um Gottes willen – trenn dich von der Frau."

Stephan sah mich an. Es war ein merkwürdiger Moment. Voller Spannung. Wie eine gespannte Saite, die kurz davor ist zu reißen.

Dann sagte Stephan: „Vielleicht hast du recht."

Offenbar war die Saite gerade gerissen.

Ich begriff, dass ich ab sofort nicht mehr der außenstehende Beobachter war. Jetzt war ich Teil der Geschichte. Eine handelnde Figur. Das konnte zu Komplikationen führen, vor allem, wenn man Anjas psychische Anlagen berücksichtigte. Ich sah Stephan schon vor mir, in dem Streit mit seiner Freundin, nachdem er ihr seinen Entschluss mitgeteilt hatte.

„Ach, und übrigens", hörte ich ihn sagen, „Michael ist der gleichen Ansicht."

Ich stellte mir vor, wie ich mit Stephan in einem halben Jahr zusammensitze, nachdem sein Leben auseinandergefallen ist. Ich stellte mir vor, wie er mir mit brüchiger Stimme sagt: „Du hast doch gesagt, ich soll mich trennen."

Ich dachte einen Moment lang darüber nach. Dann wusste ich, dass ich richtig gehandelt hatte. Hätte ich nichts gesagt, hätte ich mir ewig Vorwürfe gemacht. Es gibt Beziehungen, die nur noch funktionieren, weil man den Schein wahren will. Auch vor sich selbst. Weil man die Realität nicht sehen will, weil man sich vor Veränderung fürchtet oder weil man einfach zu nah dran ist. Man biegt sich die Dinge zurecht, damit man besser damit leben kann. **Und dafür sind Freunde da. Um ehrlich zu sein.** Um jemandem auch mal die Augen zu öffnen und mit dem Blick des objektiven Beobachters auf seine Beziehung sehen zu lassen. Das schaffen die meisten nämlich nicht.

Das ist jetzt einige Monate her. Sie haben sich nicht getrennt. Sie sind gerade in eine Eigentumswohnung gezogen. Beruflich läuft alles ausgezeichnet. Alles passt. Sie gelten als perfektes Paar. Als perfekte Familie. Die Fassade stimmt. Der Schein wird wieder gewahrt. Auch vor sich selbst. Die beiden machen weiter.

Immer weiter.

Tja, dachte ich. So kann man auch ein Leben verbringen.

Leider, muss man wohl sagen.

Von Mingles und Menschen

Vor einigen Tagen hat mich eine Journalistin während eines Interviews gefragt, ob das Thema Liebe irgendwann einmal auserzählt sein wird.

„Nein", erwiderte ich nach kurzem Zögern. „Die Menschen verändern sich ja, in der heutigen Gesellschaft schneller denn je. Und mit diesen Veränderungen ändern sich auch die Gegebenheiten für die Liebe. Das Thema kriegt immer neues Material, es wird nie auserzählt sein." Ich trank einen Schluck von meinem Milchkaffee, bevor ich fortfuhr.

„Gerade sind es ja die Mingles", sagte ich.

Die Journalistin nickte. Sie wusste offensichtlich genau, was ich meinte. Für diejenigen, denen der Begriff „Mingle" nichts sagt, muss ich jetzt wohl ein wenig ausholen, und zwar zu einem ziemlich bemerkenswerten Gespräch mit Thomas.

Ein halbes Jahr nachdem er mit seiner Freundin zusammengezogen war, erzählte er mir bei einem Feierabendbier, dass der Entwurf des Zusammenlebens eigentlich gar nicht zu ihm passt.

„Ich brauch schon meinen Freiraum, das merk ich gerade", sagte er. „Wenn jeder seine eigene Wohnung hat, das ist doch für eine Beziehung ideal."

„Ach?", fragte ich überrascht, weil ich ja wusste, wie konkret seine Freundin seit einiger Zeit über ihre Schwangerschaftspläne sprach. Ich zögerte, bevor ich fragte: „Auch wenn das Kind da ist?"

„Gerade dann", sagte er. „Weißt du, wie das erste halbe Jahr nach der Geburt aussieht?! Dann brauche ich auf jeden Fall 'ne eigene Wohnung."

„Hast du ihr das so gesagt?", fragte ich.

„Na ja, nicht mit diesen Worten", sagte er. „Also eher indirekt. Das merkt sie doch."

„Klar", sagte ich. „Aber an deiner Stelle würde ich es ihr schon unverschlüsselter sagen – am besten bevor sie schwanger ist."

Er nickte betroffen, weil er wohl ahnte, was da auf ihn zukommen würde. Bevor er das Thema ansprach, hat er sich noch ein paar Wochen Zeit gelassen. **Es war ein sehr langes Gespräch, in dem ihm seine Freundin vorwarf, sie hätte immer das Gefühl, mit einem Single zusammen zu sein. Sie hätte auch sagen können: „Mit dir bin ich allein"**, und das war es wohl, was sie meinte. Die Diskussionen zogen sich über mehrere Tage. Sie wurden zur Konstante ihrer Beziehung. Irgendwann fiel ihm auf, dass sie von ihrer Beziehung in der Vergangenheit sprach. Offenbar waren sie seit Tagen dabei, ein Trennungsgespräch zu führen. Sie brauchten dann nur noch ein Wochenende, bevor sie ihm den Freiraum gab, nach dem er sich so sehnte.

Man muss dazu sagen, dass diese Unterhaltung fünf Jahre her ist. Hätte unser Gespräch vor einigen Wochen stattgefunden, wäre es vielleicht sogar anders verlaufen, denn vor einigen Wochen begann der Begriff „Mingle" in meinem Leben vorzukommen. Zuerst ganz zaghaft in einem Artikel der *Welt*, der sich las, als hätte sich dieses Phänomen irgendein Redakteur ausgedacht, um zuerst darüber schreiben zu können. Inzwischen begegnet er mir überall, es gibt sehr viele Artikel über Mingles, und noch mehr Menschen, die mich inzwischen darauf ansprechen. Es besteht offensichtlich eine Relevanz, eine Identifikation oder sogar ein Bedürfnis nach diesem Beziehungsentwurf. Und vor allem auch ein Bedürfnis, alles definieren zu müssen.

Mingle ist ein Kunstwort aus „mixed" und „Single" und bezeichnet einen Beziehungsentwurf zwischen Menschen, die beide so sind wie Thomas. Zwei Singles, die miteinander schlafen, ohne einander verpflichtet zu sein, die aber auch ihre Freizeit miteinander verbringen, zusammen kochen, picknicken, in Ausstellungen oder ins Theater gehen. Also praktisch ein Fuckbuddy, mit dem man seine Freizeit verbringt. Und hier – dem einen oder anderen wird es aufgefallen sein – begegnen wir auch schon dem ersten Denkfehler in diesem Konstrukt.

Das, was ich da gerade beschrieben habe, gibt es einfach nicht.

Als ich noch Single war, gab es natürlich auch Frauen, mit denen ich mich immer mal wieder traf, um mit ihnen zu schlafen. Das war die Zeit, in der der Begriff „Booty Call" begann, in meinem Leben vorzukommen. Booty Calls sind Anrufe, bei denen es darum geht, noch am selben Tag miteinander zu schlafen. Man erhält solche Anrufe häufig zwischen drei und fünf Uhr morgens, und der Anrufer ist meistens betrunken. Ich kenne einen Mann, der eine richtige Liste für solche Fälle hat, er hat die Frauen in seinem Handy der „Booty-Call"-Gruppe zugeordnet. Die ruft er dann an, wenn er betrunken genug ist. Es gibt ja diese Regeln, an denen Frauen erkennen können, ob Männer wirklich an ihnen interessiert sind oder ob es ihnen nur um Sex geht. Eine dieser Regeln lautet: Wenn ein Mann immer nur um zwei Uhr morgens angetrunken anruft, geht es ihm nicht unbedingt um eine Beziehung.

Ich kenne einen Mann, der einen Fuckbuddy hat. Sie treffen sich alle zwei oder drei Wochen in seiner Wohnung, essen zusammen, reden und schlafen miteinander. Es ist wie ein Date, bei dem man sicher ist, dass es mit Sex endet. Am nächsten Morgen ist er dann aber auch froh, wenn sie wieder verschwunden ist. Ein Gefühl, das ich ebenfalls aus meinen Singlezeiten kenne.

Wie gesagt, es gab natürlich auch Fuckbuddys in meinem Leben. Wir waren keine Fuckbuddys, weil ich mir nicht generell eine Beziehung hätte vorstellen können. Diese Frauen waren ein Übergang, weil ich nicht wirklich an ihnen interessiert war. Als Mensch. Und wenn ich an einer Frau menschlich nicht interessiert bin, verbringe ich auch keine Zeit mit ihr, die über die für einvernehmlichen Geschlechtsverkehr benötigte Zeit hinausgeht. Ich melde mich erst wieder, wenn ich mit der Frau schlafen will. Ich möchte sie nicht in meinem Alltag haben. **Man hat keinen Fuckbuddy, weil man sich so gut versteht, sondern weil man ohne komplizierte Umwege Sex mit ihnen haben kann. Nur darum geht's.** Und darum sieht man sich ja so selten, damit keine emotionalen Bindungen entstehen.

Letztlich ist es eine Zeitfrage. Es gibt immer ein emotionales Ungleichgewicht. Einer empfindet immer mehr als der andere, macht sich falsche Hoffnungen und beginnt dann auch ziemlich schnell zu leiden. Einmal hat mir mein Freund Jakob von einer Frau erzählt, mit der er seit einiger Zeit eine „Affäre" hatte. Jakob wirkte nicht unzufrieden, als er mir davon erzählte.

„Das ist total einvernehmlich", sagte er. „Ganz unverbindlich. Und dit is, was wir beide wollen."

„Cool", sagte ich.

„Sie hat zwar gesagt, sie könnte sich in mich verlieben", sagte Jakob. „Also demnächst."

„Tja, dann hat sie's schon", sagte ich.

„Nein", sagte Jakob, der jetzt gar nicht mehr so zufrieden wirkte, schnell. „Das ist total einvernehmlich."

„Nein", sagte ich und schüttelte langsam den Kopf. „Jetzt fängt sie an zu leiden. Beende das, wenn dir etwas an ihr liegt."

In dem Film *Das Leben der Anderen* erklärt ein Mitarbeiter der Staatssicherheit, dass Lügner unter Druck immer wieder dieselben Formulierungen verwenden. Wenn jemand die Wahrheit sagt, kann er beliebig variieren, Lügner sagen immer dasselbe. Ähnlich schien es auch Jakob zu gehen, ich war mir nur nicht sicher, ob es ihm selbst klar war.

„Ich will mich gerade nicht festlegen", sagte er. „Ich will mich gerade auf mich selbst konzentrieren, das weiß sie."

„Klar", sagte ich.

Allerdings gibt es da dieses grausame Wort „gerade". „Gerade" bedeutet „Irgendwann ist das ja auch wieder vorbei". Und ein unglücklich Verliebter, der sich an jeden Strohhalm klammert, liest daraus: „Jeden Moment ist das wieder vorbei, also bleib unbedingt dran."

Mit dem nötigen Abstand muss man sich allerdings fragen, was Sätze wie „Ich will mich nicht festlegen" oder „Ich will mich gerade auf mich selbst konzentrieren" eigentlich bedeuten. Sie umschreiben auf freundliche Art, dass man einfach nicht interessiert ist. Man trifft keine Entscheidung, man hält die Dinge in der Schwebe. Eine Bedarfsgemeinschaft im wörtlichen Sinn sozusagen. Man ist mit einem Partner aus Funktionsgründen zusammen, obwohl man weiß, dass er nicht der richtige ist. Man ist mit einer Übergangslösung zusammen, einem Kompromiss. Und man verdrängt, dass das schon ziemlich starke menschliche Schwächen offenbart. Wenn es einem in einem Moment der Selbstreflexion dann doch einmal klar werden sollte, gibt es noch einen anderen Ausweg: Man nennt das Konstrukt Mingle.

Und das ist es. Letztlich gibt es keine Mingles. Sie sind Etikett. Eine Ausrede. Wenn wir etwas definieren, wenn wir einem Zustand einen Namen geben, kann er schnell vielschichtig wirken, wie ein Beziehungs- oder sogar Lebensentwurf. Wenn wir eine Ausrede definieren, wird sie zu einem Argument, mit dem man die eigene Unverbindlichkeit und Unsicherheit verschleiern kann. Auch vor sich selbst.

Die authentischsten Beispiele für Mingles sind Menschen, die in ihren letzten Beziehungen solche Verletzungen davongetragen haben, dass sie nicht mehr gewillt oder fähig sind, sich auf einen neuen Partner einzulassen. Aber um an einen solchen Punkt zu kommen, ist schon ein ziemlich langer und kräftezehrender Weg notwendig. Ein Weg, den man mit Mitte zwanzig rein zeitlich noch nicht gegangen sein kann.

In Berlin gibt es so viele Singles wie niemals zuvor. Man kann sagen, dass das daran liegt, wie sehr wir in dieser Gesellschaft nach Perfektion und Idealzuständen streben, die wir niemals erreichen werden, und darum bei jedem Problem lieber den Partner wechseln, als es zu lösen. **Man kann sagen, dass sich unser Kommunikationsverhalten vollkommen geändert hat und dass gerade die junge Generation immer sozialgestörter wird. Oder wir kleben ein Etikett drauf, nennen es Mingle und sehen uns mal an, was passiert.**

Wie ein Auto, das man in Zeitlupe auf einen Baum zufahren sieht, ohne etwas dagegen zu tun. Der Aufprall ist unausweichlich, aber wir gucken einfach nur zu. Und die Zeitungen berichten darüber, ohne einzulenken. Es ist schließlich eine Geschichte, über die man berichten kann, und mit Geschichten verdienen Zeitungen ihr Geld.

Ich bin gespannt auf den Aufprall.

Der kommt nämlich eher als wir denken.

Ich hatte zu viel Sex

Vor ziemlich genau neun Monaten tauchte das Wort Tinder zum ersten Mal in meinem Leben auf. Ich befand mich auf der Wohnungseinweihungsparty eines Freundes, saß an dem langen Tisch, den sie im Garten aufgestellt hatten, und trank Bier. Ich trank es schweigend, denn mein Tischnachbar war Philipp.

Wir hatten uns seit Monaten nicht gesehen, da gab es ja eigentlich viel zu besprechen. Eigentlich. Denn seitdem wir uns gesetzt hatten, beschäftigte sich Philipp ausschließlich mit seinem Handy, das pausenlos vibrierte. Nun ja, wir hatten uns begrüßt, vielleicht hatten wir damit ja alles besprochen. Oder die App, die er gerade benutzte, war einfach unterhaltender als ein Gespräch mit mir, was es auch nicht unbedingt besser machte.

Man sagt ja, dass es heutzutage zu den aufrichtigsten Komplimenten gehört, wenn man bei einem Treffen sein Handy unbeachtet in der Tasche lässt. Eine Wahrheit, die ich gerade sehr gut nachvollziehen konnte. Handys sind Kommunikationskiller, obwohl sie ja eigentlich entwickelt wurden, um die Kommunikation zu erleichtern. Das klingt paradox, aber während ich so darüber nachdachte, beschrieb dieser Satz das Dilemma unserer Zeit am besten. Allerdings gab es dann doch immer mal wieder einen der seltenen Momente, in denen sich Philipp vom Display seines Handys löste.

„Dit is Tinder", erklärte er auf meinen fragenden Blick.

„Tinder?", fragte ich, naiv wie ich war.

„Muss du dir unbedingt mal runterladen." Er wollte noch etwas sagen, wurde aber abgelenkt, als sein Handy erneut vibrierte.

„Dit is Claudia. Supergeil! Guck dir mal die Lippen an", sagte er und hielt das Handy in meine Richtung.

„Wer ist denn Claudia?", fragte ich.

„Keine Ahnung", sagte er. „Wir haben noch nicht geschrieben – aber wir matchen."

Sie matchten. Aha.

Jetzt ist es wohl Zeit für eine kurze Erklärung, obwohl über Tinder ja schon viel geschrieben worden ist. Es ist eine sehr erfolgreiche Dating-App, die Singles den Weg erleichtern soll, ihre große Liebe zu finden. Man erhält Vorschläge von Singles, die sich in der unmittelbaren Nähe aufhalten, und entscheidet anhand des Fotos, ob man interessiert ist – oder eben nicht. Wenn man ein Foto favorisiert, erhält der- oder diejenige eine Nachricht. Man kann allerdings erst in Kontakt treten, wenn beide das Foto des anderen positiv bewertet haben. Wenn man matcht. So wie Claudia und Philipp vor einigen Sekunden.

„Und was schreibst du ihr?", fragte ich.

„Ick schreib immer: Ich liebe deine Augenbrauen", sagte er. „Dit kommt immer jut."

„Gut zu wissen", sagte ich.

„Find love." Mit diesen Worten wird für Tinder geworben. In der Sendung *taff* habe ich einmal eine – sagen wir mal – Reportage über die App gesehen. Zwei Freundinnen, die gerade single geworden waren, probierten die App zum ersten Mal aus. Beide trafen sich mit sympathischen jungen Männern, die Tinder zufälligerweise ebenfalls zum ersten Mal benutzten und sich auch zum ersten Mal über Tinder mit einer Frau trafen.

„Normalerweise mach ich sowas ja nicht", gestanden beide Männer. Na so was, dachte ich. Wer hätte das gedacht. Die Dates verliefen dann so romantisch, dass sie sich am späteren Abend zu einem Vierer-Date trafen. Es war davon auszugehen, dass es bald zu Verlobungen kommen würde.

Der Bericht war natürlich inszeniert, mit dem wirklichen Leben hat das nichts zu tun, aber wahrscheinlich wollten die Pro-Sieben-Redakteure irgendwie einer Entwicklung gegensteuern. Zu spät, würde ich jetzt mal sagen, denn bei Tinder geht es nicht um die große Liebe. **Es ist eine Dating-App. Es geht um Sex.** Kürzlich habe ich eine Freundin gefragt, was sie von der App hält. „Tinder", schnappte sie verächtlich. „Damit will ich nichts zu tun haben. Das ist doch ein Fleischmarkt."

Nun ja. Wenn ich jetzt so darüber nachdenke, erinnert mich Tinder eher an das Berliner Nachtleben. Die App ähnelt dem Moment, in dem man einen Club betritt und die Frauen im Raum checkt. Man sortiert sie – nach ästhetischen Gesichtspunkten. Nach Äußerlichkeiten. **Man kann das oberflächlich finden, und das ist es sicherlich auch, aber im realen Leben entscheidet man ja auch erst einmal über das Aussehen, bevor man den nächsten Schritt wagt.**

Es gibt natürlich verschiedene Gründe, aus denen man Tinder nutzt, es gibt schließlich auch viele Männer in Beziehungen, die die App verwenden. Und auch das kann man in einen Zusammenhang zum Nachtleben stellen. Wenn Männer abends ausgehen, sagen sie sich ja nicht: „So! Heute will ich mal wieder so richtig viel Spaß haben und die ganze Nacht zu toller Musik tanzen." Männer funktionieren anders. Sie gehen auf die Jagd. Aktiv oder passiv. Männer in Beziehungen wollen ihren Marktwert testen, sie wollen sehen, ob es noch funktionieren könnte.

Wenn man in einem Club Frauen kennenlernen möchte, gibt es natürlich Hindernisse. Schüchternheit zum Beispiel, oder die Angst vor Zurückweisung. Aber seit Tinder ist das kein Hindernis mehr. Man muss sich nicht mehr durchringen, eine Frau anzusprechen. Man braucht keinen Mut. Und man scheitert nicht, weil man nur mit Frauen chattet, die einen ebenfalls interessant finden. Und Tinder hat noch andere Vorteile. Beispielsweise kann die Frau, mit der man sich gerade in einem Club unterhalten hat, ja eventuell registrieren, wenn man sich an der Bar kurz darauf mit einer anderen Frau unterhält. Zu diesem „Dilemma" kann es bei Tinder nicht kommen.

Auf der Gartenparty hatte Philipps Handy ja nicht pausenlos vibriert, weil er mit Claudia chattete, sondern auch mit Natalie, Mia, Anna und Franziska. Parallel! Zack, zack, zack! Ich komme schon durcheinander, wenn bei Facebook drei Chatfenster offen sind. Mit vier oder fünf bin ich hoffnungslos überfordert. Philipp schien das vor keine Herausforderung zu stellen.

„Ick hab nachher noch zwei Tinder-Dates", sagte er, als er sich verabschiedete.

„Zwei?", fragte ich.

„Wenn die erste nüscht ist, brech ick ab", erwiderte er. „Mit der anderen bin ick ja erst zwei Stunden später verabredet."

„Klar", sagte ich. Es war ja auch irgendwie einleuchtend, zumindest wenn man die Welt mit den Augen von Philipp sah.

Natürlich ist das Nachtleben einer der unverbindlichsten Orte, die es gibt, und Tinder kultiviert diese Unverbindlichkeit einer Clubnacht. **Die App ist ein ewiger Clubbesuch.** Die Bar 25 zu Ende gedacht. Ich kann das einschätzen, denn ich war sechs Jahre lang Single. Ich habe viel Zeit im Berliner Nachtleben verbracht und hatte in dieser Zeit auch ziemlich viele Dates. Mit jedem neuen Date verloren die Treffen etwas mehr von ihrer Besonderheit. Sie waren irgendwann Routine, ein berechenbarer Ablauf von Fragen, Themen und Getränkebestellungen. Ich hatte das Gefühl, mich zu wiederholen. Ich bewegte mich durch die Variationen desselben Themas, nur die Gesichter änderten sich. Ich lebte praktisch eine analoge Variante von Tinder, eine entschleunigte Version der App, was rückblickend gesehen vorteilhaft war.

Das Problem von Tinder ist gar nicht die Oberflächlichkeit, es ist die Masse. Die unbegrenzten Auswahlmöglichkeiten, der Strom neuer potenzieller Partner, der nie versiegt. Dieser Strom macht süchtig. Jedes Match ist ein kleines Erfolgserlebnis, und eine Zurückweisung kriegt man gar nicht so richtig mit, wenn man – sagen wir mal – die Fotos von achtzig Frauen geliked hat. **Man verliert den Überblick, gewissermaßen im positiven Sinn. Man wird nicht verletzt.**

„Und, wie war's mit Claudia?", fragte ich Philipp, als ich ihn eine Woche nach der Gartenparty zufällig auf der Straße traf.

„Wer ist denn Claudia?", fragte er und brauchte wirklich eine knappe Minute, bevor sie ihm wieder einfiel. „Ach ja. Na ja, sagen wir's so: auf gutem Niveau zufriedenstellend."

„Aha", lachte ich.

„Ich kann nicht mit dir schlafen, sonst verliebe ich mich in dich", zitierte er die Frau entgeistert.

„Die hab ick danach sofort gelöscht!"

Philipp war dabei, sich zu dem effizientesten Single zu entwickeln, den ich persönlich kannte. Wenn man so wollte, hatte Tinder die Kontrolle übernommen. Wenn Philipp früher in einer Clubnacht keine Frau kennengelernt hatte, verschickte er SMS-Nachrichten an mehrere Frauen, ob sie sich nicht noch treffen wollten. Er hatte sie sogar in einer Liste zusammengefasst. Er nannte sie seine Booty-Call-Liste. „Hat natürlich nur selten geklappt", sagte er. „Damals. Aber jetzt gibt's ja Tinder." Inzwischen kontaktierte er in solchen Momenten Frauen, die gerade in der Nähe und noch wach waren, und lud sie zu sich ein.

„Zwölf Mal hat's schon geklappt", sagte er.

„Zwölf Mal?", hakte ich nach. „Tinder is also 'ne Booty-Call-App."

„Die beste", sagte Philipp eindringlich.

Seitdem Philipp Tinder nutzt, hat er Notgeilheit praktisch zu einem Wert erhoben. Und er ist damit nicht allein. **Berlin hat mit Abstand die meisten Tinder-Nutzer. So gesehen ist sie die Hauptstadt der Notgeilheit.** Tinder transferiert eine Großstadt-Single-Mentalität in eine App. Das hat natürlich auch seine Konsequenzen. Wenn es beispielsweise zum Overkill kommt. Wie bei Philipp.

Wir haben uns dann einige Monate nicht gesehen, aber am Sonntagabend habe ich ihn auf einem Geburtstag getroffen. Als ich ihn erkannte, erschrak ich mich schon ein wenig. Er sah fertig aus, müde und ausgelaugt. Nachdem wir uns begrüßt hatten, sagte er einen außergewöhnlichen Satz.

„Alter", sagte er. „Ich hatte zu viel Sex in meinem Leben."

„Jetzt schon", lachte ich, weil Philipp ja schließlich erst 28 Jahre alt ist. Ich ahnte allerdings, dass es einen guten Grund für diese Feststellung gab. Einen guten Grund, der sich Tinder nennt.

„Tinder?", fragte ich.

Philipp nickte. Er erzählte mir, dass er in den letzten Monaten mit 127 verschiedenen Frauen geschlafen hat. 127! Die meisten waren allerdings auf gutem Niveau zufriedenstellend, zumindest klang es so. Aber er macht weiter. Es ist eine Sucht. Seitdem Philipp einen Tinder-Account hat, hat er keine Zeit mehr. Er berauscht sich an all den Möglichkeiten, es ist eine Sucht, die sich verselbstständigt hat. Die vielen Dates haben Philipp abgestumpft. Er konsumiert die Frauen nur noch. Dates sind nichts Besonderes mehr, sie sind austauschbar, Teil einer Gleichung, Mathematik.

Die vermeintlichen Vorteile von Tinder sind eigentlich seine Nachteile. Die Frage ist nämlich, ob Effizienz in solchen Dingen vorteilhaft ist. Es ist wie mit den Handys, die unsere Kommunikation effizienter machen sollen, letztlich aber dazu führen, dass man sich schweigend gegenübersitzt und auf das Display starrt. Sie verhindern die Kommunikation, auf die es eigentlich ankommt. Das Menschliche kommt zu kurz.

Anfang der Woche habe ich gelesen, dass es neuerdings Menschen gibt, die einen Screenshot ihres aktuellen Kontostandes als Profilbild verwenden. Das ist nur konsequent, denn genau genommen ist das Tinder zu Ende gedacht. Effizienter geht es nicht.

Tja. Es ist sicherlich interessant zu beobachten, wo das hinführt. Wir können gespannt sein. Wirklich gespannt.

Sexualethisch desorientierende Tendenzen

Wir wissen alle, dass Sex eine sensible Angelegenheit sein kann. Es gibt schließlich nur wenige Momente, in denen man verletzlicher ist. Kleinigkeiten können einem Wunden zufügen, die nur langsam heilen. Ein missverstandenes Lachen, ein falscher Satz oder ein fehlinterpretierter Blick kann die Stimmung zerstören, nach der wir uns so sehnen. Die Stimmung ist weg. Man kann sich nicht mehr fallen lassen, und im schlechtesten Fall ist es ein langer Prozess, bis man es wieder kann. Aber manchmal ist es auch dafür zu spät.

Wie bei meinem Freund Christian.

Als ich mich mit ihm vor einigen Tagen im Blauen Band traf, erwähnte Christian, dass er nur noch selten mit seiner Freundin schläft.

„Es ist jetzt schon ein Weile her", sagte er.

Ich sah auf. Ich ahnte, dass dieser Satz unsere Unterhaltung zu einem langen, sensiblen Gespräch machen würde – und zu einem sehr aufschlussreichen. Was soll ich sagen, ich sollte recht behalten.

„Wie lange ist denn eine Weile?", fragte ich vielleicht ein bisschen zu interessiert.

Christian machte eine abwehrende Geste.

„Muss ich dir mal in Ruhe erzählen", sagte er vorsichtig.

In Ruhe? Ich blickte mich um. In dem Restaurant saßen außer uns noch drei weitere Gäste, an einem Tisch im hinteren Teil des hohen Raums. So gesehen waren wir zu fünft. Die drei unterhielten sich sehr angeregt, ab und zu hörte man ein Lachen, aber man verstand kein Wort. Ruhiger ging es ja eigentlich kaum. Aber vielleicht war sogar das für ein so sensibles Thema wirklich ein zu öffentlicher Rahmen.

Dann sagte Christian: „Seit März."

„Oh", dachte ich und sah vorsichtshalber auf mein Handy-Display. Vielleicht verwechselte ich ja irgendwie die Monate. Aber es war wohl eher mein Unterbewusstsein, das beschlossen hatte, sie

zu verwechseln. Es war immer noch Mitte Oktober. Ich brauchte
einen Moment, um zu rekapitulieren, dass März jetzt sieben Monate
her war.

„Sieben Monate."

„Ja", sagte Christian. Es war ein Bild wie ein Seufzer. Er hielt
sein Weinglas in der Hand, als würde er sich daran festhalten. Ich
nahm die Karaffe Rotwein und füllte unsere Gläser. Sie waren noch
halbvoll, aber es schien mir eine angemessene Geste.

Ich nahm mein Glas und hielt es in seine Richtung. Wir stießen an.

Dann fragte ich sanft: „Und? Woran liegt's?"

„Na ja", sagte er langsam. „Es liegt an den Namen."

„Den Namen?", fragte ich.

„Den Kosenamen", sagte er mit traurigem Blick.

Kosenamen. Oh Gott.

Man sagt ja, dass nette und originelle Kosenamen zeigen, wie
einzigartig man den anderen findet und wie groß das gegenseitige
Vertrauen ist. Ich bin mir da nicht ganz so sicher. In mir lösen
Kosenamen eher gemischte Gefühle aus. Obwohl ich zugeben
muss, dass sich mir der Zusammenhang solcher Verniedlichungen
zu einer sich immer mehr ins Asexuelle entwickelnden Beziehung
noch nicht ganz erschloss. Aber das sollte sich ja bald ändern.

„Kosenamen in Beziehungen sind okay", sagt mein Bekannter
Christoph, als ich ihn aus Neugier danach frage. „Aber keine Tier-
namen. Das ist die Regel."

Das ist interessant. Offenbar gibt es Regeln. Regeln, die meiner Exfreundin Susanna nicht bekannt waren, die mich oft „Hase"
genannt hat, eine Anrede, die bei mir immer ein unangenehmes
Ziehen in der Magengegend ausgelöst hat. Dieses Ziehen wurde
allerdings noch ein wenig unangenehmer, als sie mir erläuterte,
warum ich ihr „Hase" war. Sie nannte alle ihre Freunde „Hase",
um unbeabsichtigten Verwechslungen ihrer Namen vorzubeugen.
Es war gut gemeint. Sie wollte niemanden verletzen. Trotzdem hat
mich dieses Geständnis schon ziemlich erschüttert. Es war einer
dieser Momente, in denen man sich austauschbar fühlt.

So ersetzbar.

Aber auch ich habe einer meiner Exfreundinnen einmal einen Kosenamen gegeben, mit dem ich falsch lag. Es war ein Sonntagnachmittag. Ich saß entspannt auf dem Sofa und wollte nur ein wenig lesen. Ich wollte nur ein bisschen Ruhe. Ein Plan, der irgendwie mit den Vorstellungen meiner damaligen Freundin in Konflikt geriet. Sie setzte sich zu mir aufs Sofa und machte Geräusche, die lauter waren, als es für die Dinge, die sie machte, eigentlich nötig war. Vielleicht lag es daran, dass ich sie so liebevoll wie möglich „meinen Penetrantling" nannte.

Das war ein Fehler.

„Ich will nicht der Penetrantling sein", rief sie entrüstet.

Die Zeit der Ruhe und Besinnung war vorbei. Es war ein Satz, der eine einstündige Diskussion einleitete. Wenn man so wollte, hatte sie ihr Ziel erreicht. Wir beschäftigten uns endlich wieder miteinander. Und das ist in Beziehungen ja sehr wichtig: gemeinsame Erlebnisse zu schaffen.

Kosenamen können gefährlich sein. Ein gutes Beispiel ist einer meiner Bekannten, dessen Namen ich immer mal wieder vergesse, obwohl wir uns schon seit Jahren kennen. Ich muss gestehen, dass er mir auch jetzt nicht einfällt. Das ist mir natürlich immer ein wenig peinlich, aber zu meiner Verteidigung muss ich sagen, dass es dafür gute Gründe gibt.

Der Kosename, den ihm seine Freundin gegeben hat, hat seinen Namen im Laufe der Jahre praktisch ersetzt.

Sie nennt ihn „Süßling."

Das ist kein Tiername, was an sich ja beunruhigend sein könnte, im Fall meines Bekannten ist es allerdings außerordentlich beunruhigend. Seine Freundin benutzt diesen Namen nämlich auch, wenn sie mit anderen über ihn redet. Auch in seiner Abwesenheit. Es nimmt ihm irgendwie die Würde. Anfangs war es noch sehr ungewohnt, aber mit der Zeit gewöhnte man sich daran. Mein Bekannter verschwand. Langsam. Irgendwann war er kaum noch da. Inzwischen gibt es ihn nicht mehr. Er wurde ersetzt.

Jetzt ist da nur noch ein Abstraktum. Ein bedauernswertes Neutrum. Jetzt ist da nur noch ein „Süßling". Es ist ganz schrecklich. Sein tragisches Schicksal lehrt uns eine weitere Regel: dass Kosenamen nicht für die Öffentlichkeit gedacht sind. Und zwar auf gar keinen Fall!

Die Kosenamen in Christians Beziehung waren nicht für die Öffentlichkeit bestimmt. Aber die Abgründe, die sich unter ihm öffneten, sind tiefer. Viel tiefer sogar. Seit dem Gespräch mit ihm weiß ich, wie schnell sich das Verwenden von Kosenamen verselbstständigen kann. Wie schnell sie zu einem Hindernis werden können. Vor allem beim Sex.

„Dabei fing alles ganz harmlos an," sagte er.

Es begann mit einem behutsam eingestreuten „Liebling" oder „Schatz". Rückblickend waren es Namen, mit denen seine Freundin ihn testete. Sie lotete aus, wie weit sie gehen konnte. Wie viel Spielraum sie hatte. Und Christian machte einen Fehler. Ohne es zu ahnen, spielte er mit. Er erhob keinen Einspruch. Er sagte nicht: „Nein." Und das machte den Weg frei.

Inzwischen ist Christian ein Mann mit vielen Namen. Seine Freundin verwendet sie inflationär. Er kann sich nicht mehr wehren. Es ist zu einem Hobby geworden. Seine Freundin ist kreativ. Sie passt die Kosenamen der Tageszeit an. Wenn sie morgens kurz vor dem Aufstehen sein Gesicht betrachtet, ist er der „Knautsch". Wenn er vom Joggen kommt, ist er der „Schwitz", und wenn er beim Essen so diskret wie möglich aufstößt, ist er der „Rülps". Er ist der „Knutsch", der „Stink" oder der „Pups", manchmal sogar der „Kack" – Kosenamen, deren Hintergründe ich mir vorsichtshalber nicht näher erläutern ließ.

Es war beunruhigend.

Christian berichtete aus einer anderen Welt. Aus einer parallelen, ausschließlich von flaumigen Plüschfiguren bevölkerten Welt. Figuren aus einem Kinderbuch, von denen Kinder sicherlich begeistert sind. **Es ist allerdings eine Welt, die Sex irgendwie ausschließt.**

Und das ist das Problem.

Die Kosenamen wirkten sich auf ihr Liebesleben aus. Sie hielten Einzug in ihr Schlafzimmer. Eines Tages nannte ihn seine Freundin beim Liebesspiel „Schnüsel".

„Wie bitte?", fragte ich. „Was um Gottes willen ist denn ein Schnüsel?"

„Verdammt noch mal! Ich weiß es doch nicht." Christian sah mich verzweifelt an.

Er sprach sie nicht darauf an, um die Stimmung nicht zu zerstören, und öffnete damit eine weitere Tür. Ihr Liebesleben begann sich zu verändern. Christian verwandelte sich. Er wurde zum „Schnurzel", „Schnuffel" und einige Male auch zu einem „Puschel". Die Peinlichkeit kannte keine Grenzen mehr.

„Ich kann das nicht mehr", sagte er. „Das ist nicht erregend."

Vielleicht ist es etwas überzogen, aber das hat für mich schon sexualethisch desorientierende Tendenzen. Sagen wir es so: Ich hätte ungern sexuellen Kontakt mit jemandem, der „Schnurzel" genannt wird und nichts dagegen hat.

Und dann sagte er es. Sebastian sagte: „Meine Freundin erregt mich nicht mehr."

Tja. Wer hätte das gedacht?

Ich denke, beim Sex sollten Fantasienamen generell nicht oder nur mit großer Sorgfalt verwendet werden. Die Vorstellung, eine Frau würde mich beim Sex unvermittelt mit „du Zuchthengst" ansprechen, würde mich schon irritieren. Wenn sie sich jedoch für die Verniedlichungsform „Zuchthengstlein" entscheiden würde, wäre es noch schlimmer. Es wäre in höchstem Maße verstörend. Es kann schnell lächerlich werden, und auch würdelos. Wie gesagt, Sex ist eine sensible Angelegenheit.

Man sollte also wirklich gut abwägen, wenn man sich auf das sensible Gebiet der Verniedlichungen begibt! Ich weiß, es ist verführerisch, und die Versuchungen sind groß, aber es kann unangenehmere und auch weitreichendere Auswirkungen haben als man erwartet, wenn man ihnen nachgibt.

Allerdings muss ich jetzt ein Geständnis machen: Es passierte kurz darauf auch bei mir. Ich saß mit meiner damaligen Freundin am Frühstückstisch, als etwas Beunruhigendes geschah. Eigentlich wollte ich sie gerade ganz ahnungslos bitten, mir das Salz zu reichen, und es überraschte mich selbst, dass ich den Satz mit dem Wort „Schnute" beendete.

„Schnute?", fragte meine Freundin.

Schnute?, dachte ich und warf ihr einen hilflosen Blick zu.

Wie ist eine Frau, die Schnute genannt wird? Schnute ist eigentlich kein Begriff, den ich mit meiner Freundin assoziierte. War es soweit? Waren wir in der Verniedlichungsphase angekommen? Und was bedeutete das für unsere Beziehung? Und für unser Liebesleben? Die Fragen wirbelten in meinem Kopf.

Aber zumindest war es kein Tiername. Es gibt also noch Hoffnung.

Na, Gott sei Dank.

Wie viel Ehrlichkeit verträgt eine Beziehung?

Vor ungefähr zwei Jahren erzählte mir eine Frau während eines Dates, dass sie ihr Vertrauen in die Männer verloren hat. Das war keine Aussage, die man sich von einer Frau erhofft, mit der man sich gerade zu einem Date trifft. Aber nur sechzig Minuten später wusste ich, dass es darauf auch nicht mehr ankam.

Allerdings hatte ich bis dahin ja noch eine Stunde Zeit.

Die Frau hieß Maike, und es war unser erstes Treffen. Bisher war es ziemlich – nun ja, sagen wir mal – vielversprechend. Allerdings auf eine ambivalente Art. Wir verstanden uns, und weil wir einen ähnlichen Humor hatten, lachten wir auch viel. Irgendwann erzählte Maike, dass sie immer ein wenig zunimmt, wenn sie Single ist, in Beziehungen aber immer sehr trainiert ist. Ich sah sie überrascht an, denn aus eigener Erfahrung weiß ich, dass ja eher die umgekehrte Mechanik zutrifft. Als Single achtet man auf seinen Körper, um attraktiver zu erscheinen, in Beziehungen lassen sich viele mit der Zeit gehen. Aber bei Maike war das anders. **Sie erklärte mir, dass sie in ihren Beziehungen so viel Sex hatte, dass es praktisch mit einem Workout vergleichbar sei.**

Sie erzählte, was sie in ihrer letzten Beziehung bei verschiedenen Erotik-Versänden bestellt hat, zeigte mir Fotos von sich in sehr kurzgeschnittenen Krankenschwestern- und Zimmermädchenkostümen. Kostüme, bei denen ich an Sean Connery denken musste, der in dem James-Bond-Film *Diamantenfieber* die Kleidung einer Frau mit den Worten beurteilt: „Das ist ein schönes hauchdünnes Nichts, was Sie da beinahe anhaben."

„Ich mag Rollenspiele", sagte Maike.

Ich nickte interessiert.

Später erzählte sie, dass sie sich unbedingt mal wieder ein neues Laken bestellen muss.

„Aus Lack", sagte sie.

„Aus Lack?", fragte ich, naiv, wie ich war. „Wozu braucht man denn ein Laken aus Lack?"

„Na, wenn man sich gegenseitig einölt", sagte sie. „Musst du unbedingt mal ausprobieren. Sehr erotisch, versaut einem aber die Bettwäsche."

„Ach ja", sagte ich, als würde ich mich diesem Genuss tagtäglich hingeben. Offenbar bin ich wohl im sexuellen Bereich konservativer, als ich bisher annahm.

Maike sprach so viel über Sex, dass mir schon schwindlig wurde, allerdings spürte ich neben dem Reiz, den ihre Schilderungen auslösten, auch einen gewissen Druck. Sex war offenbar ihr Hobby. Ein Hobby, das offensichtlich den Großteil ihrer Freizeit einnahm. Und offen gestanden war ich mir nicht sicher, ob ich da bestehen würde.

Mir fiel ein Abend ein, an dem ich mich vor einiger Zeit mit Freunden in einer Bar getroffen hatte. Einer meiner Freunde erzählte von einer Frau, mit der er jetzt endlich zusammengekommen war.

„Und, wie ist sie im Bett?", fragte einer von uns, als er seine Erzählung beendet hatte.

„Na ja", sagte er hilflos. „Jedenfalls ist sie besser als ich."

Das ist ein sehr resignierter Satz, allerdings wohl auch ein Satz, den ich, wäre ich mit Maike zusammengekommen, auch gesagt hätte.

Aber die Hoffnung, mit ihr zusammenzukommen, löste sich schon bei unserem zweiten Treffen auf. Als sie nämlich sagte, dass sie Männern nicht mehr vertrauen kann.

Der Grund für Maikes Vertrauensverlust war ihr Exfreund. Er war Musiker, spielte in einer Band, die oft auf Tour war, und einen Tag vor einer längeren Tour verbrachten die beiden noch einmal einen letzten entspannten Abend miteinander. Es ahnte natürlich keiner, dass es ihr letzter sein würde.

Als er am nächsten Morgen unter der Dusche stand, öffnete sie eine seiner gepackten Taschen, die im Schlafzimmer standen, um ihm ein Geschenk hineinzulegen. Sie stellte sich schon sein erstauntes Lächeln vor, wenn er es zwischen seinen Kleidungsstücken finden würde. Sie zog so leise wie möglich den Reißverschluss auf und nahm ein paar T-Shirts heraus, um die Überraschung unter ihnen zu verstecken.

Dann erstarrte sie.

Auf dem Boden der Tasche befand sich etwas, was sie so nicht erwartet hatte. Fassungslos nahm sie es aus der Tasche. Es war eine angebrochene Packung „Amor XXL Kondome". Ein Big Pack, in dem sich hundert Kondome befanden. Es war also weniger eine Packung, es war praktisch ein Sack voller Kondome. Er war noch fast voll. Ihr Freund würde drei Wochen auf Tour sein, das waren grob gerechnet 4,7 Kondome pro Tag. Der Mann hatte sich offenbar sehr viel vorgenommen.

Als ihr Freund ahnungslos ins Schlafzimmer zurückkehrte, sah sie in seinem Blick, dass an dem Bild, das sich ihm hier bot, irgendetwas ganz und gar nicht zusammenpasste. Dieser Blick allein war praktisch ein Schuldeingeständnis.

Auf dem Bett saß Maike, im Mantel, als würde sie gleich aufbrechen, und sah ihn anklagend an. Auf ihrem Schoß lag der Sack, der mit knapp hundert Kondomen gefüllt war. Ich weiß natürlich nicht, was er konkret dachte, aber das Wort „Scheiße" kam sicherlich darin vor.

„Was ist das?", fragte Maike scharf, obwohl die Antwort ja klar war. „Warum ist das in deiner Tasche?"

Da muss man sich schnell etwas einfallen lassen. Man muss geistesgegenwärtig sein. Nun ja, zumindest versuchte er es. Er erklärte ihr, dass die Packung noch aus der Zeit vor ihrer Beziehung stammte und sich seitdem sozusagen unauffindbar zwischen den Falten der Tasche versteckt hatte.

„Drei Jahre lang?", fragte Maike und hob den Beutel, der wirklich nicht klein war, in seine Richtung.

Er sah zur Tasche hinunter, die wirklich nicht viele Optionen für einen Beutel dieser Größe bot, irgendwie in einer Falte zu verschwinden. Ihr Freund war oft auf Tour, und welche Tätigkeiten die Konzerte flankierten, war jetzt natürlich klar.

„Er wusste, dass er mich betrügen wird", sagte sie zu mir. „Er hat seine Untreue geplant. Aber was noch schlimmer ist: Die Packung war schon geöffnet. Er hat mich also schon betrogen. Und er hat mir nichts gesagt. Ich hab mich noch an dem Morgen von ihm getrennt."

Puh, dachte ich.

„Wenn er mich betrügt, will ich es auch wissen", sagte Maike.

„Na ja", sagte ich unvorsichtigerweise, denn das war der Moment, in dem auch ich zu einem Beweis wurde, dass man Männern nicht vertrauen kann.

„Na ja?", wiederholte sie und sah mich durchdringend an. „Was meinst du mit ‚Na ja'?"

„Also", sagte ich nach einem kurzen Zögern, „ich finde es ziemlich egoistisch, wenn man seiner Freundin gesteht, dass man sie betrogen hat."

„Aha", sagte sie scharf.

„Ich rede nicht von Affären" fuhr ich schnell fort. „Ich rede von Ausrutschern. Von One-Night-Stands ohne Bedeutung. Wenn einem so ein Ausrutscher passiert, muss man allein damit klarkommen. Man muss mit seinem schlechten Gewissen leben. Wenn man durch das Geständnis sein eigenes Gewissen beruhigen will, ist das einfach nur egoistisch. Man zieht seine Freundin mit rein, obwohl man selbst damit klarkommen muss. Ihr geht es schlecht, obwohl sie daran keine Schuld trägt."

Maike sah mich fassungslos an. Ich spürte, dass unser Date gerade im Begriff war zu kippen. Man darf das jetzt nicht falsch verstehen. Ich bin ein treuer Mensch. Ich habe keine meiner Exfreundinnen betrogen, und das sagte ich Maike auch. Aber für diese Fakten war es bereits zu spät.

„Es geht um die Wahrheit", sagte Maike. „Man muss die Wahrheit sagen. Ohne Ehrlichkeit kann es kein Vertrauen geben."

Die Frage ist allerdings, wie viel Ehrlichkeit eine Beziehung verträgt, dachte ich, bevor ich fortfuhr.

„Man muss das im Verhältnis sehen", sagte ich. „Wenn man die Frau, mit der man vielleicht schon seit fünf Jahren zusammen ist, wirklich liebt, bricht man mit dem Geständnis das Vertrauen. Selbst wenn sie dem Mann verzeiht, hat er ihr damit eine Wunde zugefügt, die immer da sein wird. Sie belastet die Beziehung, weil sie ihm nicht mehr hundertprozentig vertrauen kann. **Verzeihen und Vergessen sind zwei sehr verschiedene Dinge.** Darum sollte man lieber gar nichts sagen."

„Gut, dass ich jetzt weiß, wie du denkst", schnaubte Maike.

Ich begriff, dass unser Date kein Date mehr war. Es war zu einer Grundsatzdiskussion geworden. Und ich redete mich immer tiefer rein. Hier war nichts mehr zu retten, und wenn ich bedachte, wie dogmatisch Maike in ihren Ansichten war, hatte das auch seine positiven Seiten.

„Wenn die Wahrheit die Beziehung zerstört, dann ist das eben so", sagte Maike scharf. „Das Risiko muss man dann halt eingehen."

„So ein Geständnis ist ja in den meisten Fällen ein Trennungsgespräch", sagte ich. „Zwei Drittel der Beziehungen zerbrechen, nachdem ein Partner fremdgegangen ist."

„Zwei Drittel", sagte Maike verächtlich. „Ist ja interessant, wie gut du dich da auskennst. Unglaublich!"

Wir schwiegen. Irgendwie schien ja alles gesagt zu sein.

Dann sagte sie resolut: „Es ist wirklich so. Männern kann man einfach nicht vertrauen."

Wir umarmten uns nicht, als wir uns verabschiedeten.

Einige Monate darauf traf ich mich mit einer guten Freundin in einem Café und entdeckte an einem der Nebentische ein Gesicht, das mir bekannt vorkam. Es war Maike. Sie ignorierte mich, warf meiner Freundin jedoch einen Blick voller Mitleid zu. Als würde sie hier mit einem Monster zusammensitzen. Einem Monster, das sie nicht verdiente.

Einem Mann, dem man nicht vertrauen konnte.

Wie all den anderen da draußen.

Tja.

Der neue Mann

Immer wieder fragen mich Freundinnen und weibliche Bekannte, was bloß aus den Männern geworden ist. Sie meinen echte Männer, die diese Bezeichnung noch verdienen – über diese Männer sprechen Frauen tatsächlich wie über eine vom Aussterben bedrohte Art. Ein Mann im wahren Sinne des Wortes, der noch Entscheidungen trifft, der sich festlegt und nichts im Vagen hält. Ein echter Mann, der nicht verweichlicht ist, der nicht unscharf bleibt, sondern greifbar ist. Viele scheint es ja nicht mehr zu geben. Und was soll ich sagen – auch ich passe nicht in dieses Bild. **Auch ich bin einer dieser schwierigen Fälle, an dem die Frauen verzweifeln.**

Praktisch jede Frau, mit der ich in den letzten Monaten gesprochen habe, scheint ausschließlich Soziopathen zu daten. Natürlich sind ihre Schilderungen etwas verzerrt. Wenn man die Dates aus der Sicht des Mannes betrachtet, könnte sich auch schnell ein vollkommen anderes Bild ergeben. Vielleicht haben die Männer ja auch immer nur reagiert.

Es ist schon erschreckend, wie viele Frauen das Vertrauen in uns Männer verloren haben. Und genau das strahlen viele dieser Frauen auch aus. Ihnen ist die Unbeschwertheit abhanden gekommen. Sie sind verunsichert, verspannt und verkrampft, wenn es um Männer geht, weil ihre Erfahrungen mit ihnen eine Aneinanderreihung von Enttäuschungen sind. Ihre Suche nach Liebe ist nicht nur von einem massiven Druck geprägt, sondern teilweise von purer Verzweiflung. Manchmal resultiert sie sogar in regelrechtem Männerhass. Emotionen, die so tiefgreifend sind, dass sie sich nur schwer kaschieren lassen. Und wenn man einer Frau gegenübersitzt, die diese Emotionen ausstrahlt, ist es doch durchaus nachvollziehbar, dass man da als Mann vorsichtig wird. Man sieht einfach schon, dass es kompliziert wird. Das hält man dann doch lieber auf Distanz.

Einmal hat sich eine Leipzigerin nach einer Lesung bei mir über die Männer beschwert, mit denen sie sich getroffen hat. „Sie benutzen mich als emotionale Müllhalde", sagte sie. Ein Satz, der auch ihr generelles Männerbild klar zu umreißen schien. Ihre Freundinnen stimmten ihr eifrig zu, mit einem tragischen Zug um die Mundwinkel.

Aber genau das war doch die Idee, dachte ich. Es ist noch gar nicht so lange her, da wünschten sich Frauen die Männer emotionaler, empathischer und fähig, sich selbst zu reflektieren. Und so, wie das verzerrt durch die negativen Erfahrungen der Leipzigerin wirkte, trafen genau diese Eigenschaften auch auf die Männer zu, mit denen sie sich traf.

Genauso wie auf mich. Und bei mir ist das ja auch noch verstärkt. Eine meiner Exfreundinnen hat mir einmal vorgeworfen, dass die Eigenschaften, die für meine Arbeit, also das Schreiben, nützlich sind, der Super-GAU für eine Beziehung sein können. **Ich gelte als sehr guter Beobachter, mir fallen die kleinsten Details auf, ich bin übersensibel und sehr verkopft. Ich reflektiere zu viel und denke zu viel nach. Ich bin sehr mit mir selbst beschäftigt.** Ich weiß, liebe Leserinnen, nicht wenige schlagen jetzt innerlich die Hände über dem Kopf zusammen, aber was soll ich sagen: Willkommen in der neuen Männerwelt!

Offen gestanden bin ich mir gar nicht so sicher, ob wir Männer in einer so großen Identitätskrise stecken, wie es in so vielen Artikeln zu lesen ist. Ob man es überhaupt Krise nennen soll. Es ist eher ein Prozess der Selbstsuche. Die Geschlechter nähern sich einander an, sie werden deckungsgleicher. In diesem Prozess befinden wir uns. Die Frauen machen eine Krise daraus, weil sie feststellen, dass jemand in einem Prozess der Selbstfindung nun mal ziemlich mit sich selbst beschäftigt ist.

Genau genommen sind die Männer besser geworden. Und sie sind komplizierter geworden. Das ist eine Weiterentwicklung, die allerdings auch neue Anforderungen an uns selbst gegenüber unserem Partner stellt. Je komplizierter etwas ist, desto anfälliger ist es nun mal auch.

Dazu kommt noch, dass wir in einer Welt der technischen Umbrüche leben, die sich so schnell ändert, dass wir uns nicht schnell genug anpassen können. Durch soziale Medien und Dating-Apps haben wir Zugang zu so vielen potenziellen Partnern, dass es einen schon überfordern kann. Noch nie war uns so bewusst wie heute, wie viele potenzielle Partner es gibt. Wir werden quasi überhäuft mit Angeboten, andere Menschen kennenzulernen – ob für eine ernsthafte Verabredung oder unverbindlichen Sex. Es ist noch gar nicht so lange her, da bewegte man sich trotz verschiedener Bekanntenkreise in einer relativ kleinen Welt, die Möglichkeiten waren begrenzt, heute steht einem praktisch die ganze Welt offen. Und das ist der Vorteil, man kann Menschen kennenlernen, die man unter den früheren Gegebenheiten nie kennengelernt hätte. Apps können ja wirklich wertvolle Werkzeuge für allerlei Probleme sein, aber wir sind gerade erst dabei zu lernen, auf gesunde Art mit den vielen technischen Möglichkeiten umzugehen. Gerade ist es wie ein Rausch, da fällt es schwer, das richtige Maß zu finden. Wir sind in einer Lernphase. Wenn man zu viele Möglichkeiten hat, fällt es schwer, sich zu entscheiden. Meistens entscheidet man sich gar nicht. Wenn man in einen Club geht und einem drei Frauen gefallen, ist die Wahrscheinlichkeit höher, allein nach Hause zu gehen, als wenn nur eine da ist, die man attraktiv findet.

Und es ist natürlich auch eine Altersfrage, die die Dinge verkomplizieren kann. **Wenn ich ehrlich bin, führe ich ja sozusagen immer noch das Leben, das ich mit Ende zwanzig schon geführt habe. Es ist immer noch dieselbe Haltung. Und so geht es vielen. Es ist das Hinauszögern eines neuen Lebensabschnitts.** Wir wollen diese Lebensphase so lange wie möglich halten, weil wir uns nun mal jünger fühlen wollen, als wir eigentlich sind. Wir stehen nicht mehr zu unserem Alter. Wir treffen die wichtigen Entscheidungen heutzutage sehr spät. Hochzeiten oder Kinder sind inzwischen Fragen für die zweite Lebenshälfte.

Je jünger man ist, desto weniger Zweifel hat man. Man stürzt sich ins Leben und guckt erst einmal, was passiert. Man überhöht die Wirklichkeit. Die erste Liebe ist ja eine eindrucksvolle Erfahrung, auch weil sie neu ist. Mit zunehmendem Alter schwinden die Gewissheiten. Man weiß, dass die große Liebe, die ein Leben lang hätte halten sollen, nach zwei, acht oder zehn Jahren vorbei sein kann. Man hat schließlich Erfahrungswerte. Man wird wählerischer. Ich bin ja inzwischen in einem Alter, in dem man schon mal darüber nachdenkt, ob man sich mit der Frau, mit der man da gerade zusammensitzt, Kinder vorstellen kann. Und das lässt einen noch wählerischer werden.

Je älter man ist, desto schwieriger wird es auch, sich auf jemanden voll und ganz einzulassen. Mit dreißig ist man ja auch kein junger Mensch mehr, obwohl wir uns natürlich alle viel jünger fühlen. Wir haben unsere Erfahrungen gemacht, haben gelitten, waren unglücklich verliebt, all das hat Spuren hinterlassen, die uns zögernder werden lassen. Man will Verletzungen vermeiden.

Der Philosoph Byung-Chul Han hat einmal in einem Interview mit *Der Zeit* gesagt, dass das Glatte unsere Gegenwart charakterisiert. Das ist ein schönes und auch sehr passendes Bild. Er sagt, die Gemeinsamkeit der Dinge, die unser Zeitalter bestimmen, wie Brazilian Waxing, das Design von Apple-Produkten oder die Oberfläche unserer Smartphones, sind glatte Flächen. Flächen, die sich jeder Verletzung entziehen. Genauso ist es auch in der Liebe. „Ist es nicht tatsächlich so, dass man auch in der Liebe heute jede Verletzung meidet?", sagt Han. „Für die Liebe braucht man einen hohen Einsatz. Aber man meidet diesen hohen Einsatz, weil er zur Verletzung führt."

Zu einer Beziehung fähig und bereit zu sein, heißt auch leidensfähig zu sein. Und dazu sind wir immer weniger bereit.

Mit Anfang zwanzig bin ich davon ausgegangen, es muss schon mit Leiden verbunden sein, mit einer Frau zusammenzukommen, man müsse um sie kämpfen, als gäbe das Leid den eigenen Gefühlen eine gewisse Tiefe und Schwere. **Und so sah meine erste Beziehung auch aus. Als hätte Dostojewski sie sich ausgedacht. Selbstzerfleischung, man kommt einfach nicht zueinander.** Heute ist das anders. Ich glaube, ich bin nicht einmal bereit, um eine Frau bis zur Selbstaufopferung zu kämpfen. Die Dinge sollen sich ganz natürlich entwickeln, ineinandergreifen. Mir keine Energie entziehen – sobald das passiert, gehe ich auf Abstand. Man stellt sich ja gleich vor, wie belastet ein Leben mit dieser Frau von Beginn an sein würde.

Eine glatte Oberfläche ist eine perfekte Oberfläche. So gesehen versinnbildlicht das Glatte unser Streben nach Perfektion. Nach absoluter Harmonie. Und Glattes ist nicht greifbar. Man rutscht schnell ab. So gesehen fügt sich das Bild des modernen Mannes der westlichen Welt perfekt in dieses Bild.

Allerdings leben wir in bewegten Zeiten. Alles verändert sich, und zwar immer schneller. Veränderung birgt immer Unsicherheit. Viele sind verunsichert, orientierungslos. Das Leben wird immer weniger planbar. Der Halt, ein Ankerpunkt, fehlt. In Magazinen werden geradezu verzweifelt immer neue Beziehungskonzepte vorgestellt, als hätten die jeweiligen Redakteure sie sich mal schnell ausgedacht, um als erste darüber schreiben zu können. Die ja religiös geprägte Idee der Ehe ist dabei, sich aufzulösen. In den Strukturen, in denen sich unsere Eltern noch bewegt haben, hat das ja auch noch irgendwie funktioniert. Aber diese Strukturen verschwinden mehr und mehr.

In dem Film *Fight Club* sagt Tyler Durden: „Wir sind eine Generation von Männern, die von Frauen großgezogen wurde. Ich frage mich, ob eine weitere Frau die Antwort auf unsere Fragen ist." Das ist natürlich eine drastische Formulierung, die aber auch sagt, dass wir die Antworten nicht in bewährten Strukturen finden, sondern in uns, herausgelöst aus diesen Strukturen. Der moderne Mann ist gerade dabei, genau das zu tun. Er ist auf dem Weg zu einem neuen Selbstverständnis.

Wir Männer sind aus unserer Rolle gefallen. Die alte Rollenverteilung wünscht sich ja nun wirklich niemand bei klarem Verstand zurück. Aber in bewegten Zeiten wie diesen ist es ganz natürlich, dass sich viele Frauen nach einer starken Schulter sehnen, an die sie sich lehnen können, die ihnen Halt gibt. Den haben nämlich viele verloren. Plötzlich wünschen sie sich panisch alte Rollenbilder zurück. Wenn ich es richtig verstanden habe, eine Art feinsinnigen, sensiblen und intellektuellen Überproleten. Sie wünschen sich ein Paradoxon. Es gibt nun mal immer weniger Männer, die in Handwerksberufen arbeiten, und die wenigsten von ihnen führen Konversation auf Feuilletonniveau. Frauen scheinen einen Typ Mann à la Hemingway zu wollen, einen Intellektuellen und Proleten gleichermaßen. Allerdings war dessen Macho-Attitüde ja auch nur eine große Selbstinszenierung, etwas Aufgesetztes, eine komplette Kompensierung der eigenen Komplexe. Hemingway war ein tieftrauriger Mann, der mit sich selbst nicht klarkam, darum war er ja auch Schriftsteller. Er hat einmal gesagt, dass es nichts Selteneres gibt als einen intelligenten Menschen, der glücklich ist. Und das hatte gute Gründe.

Auch wenn es schwer fällt, die Frauen sollten versuchen, sich zu entspannen. Sie sollten ihre Anspannungen lösen. Sie sollten die Dinge laufen lassen, denn genau das ist es, wonach sich Männer sehnen. Gerade in der Kennenlernphase. **Dass die Dinge ineinandergreifen, sich auf natürliche Art entwickeln, sich ungezwungen zusammenfügen. Ohne diesen Druck.** Man kann niemanden zu Liebe erziehen oder zwingen. Wenn man das versucht, kann es nur nach hinten losgehen. Aber wenn man sich verliebt, ganz ohne Druck, zählen all die Kleinigkeiten nicht mehr, die einen bei einer anderen Frau vielleicht stören würden.

Wenn man sich entschieden hat, wenn man in einer Beziehung ist, die Verliebtheitsphase langsam in einen Alltag mit all seinen Gewohnheiten und Problemen gleitet, dann erst beginnen die wahren Herausforderungen einer Beziehung. Und nur wenn man seinen Partner auch wirklich liebt, ist man bereit dafür.

Und das ist ja das Konzept der romantischen Liebe, die wir uns alle so wünschen.

Zu zweit gegen den Rest der Welt.

Charmantisch

Ehrlich gesagt überrascht es mich immer wieder, wenn mir Frauen erzählen, auf welche Art und Weise ihnen Männer zeigen, dass sie an ihnen interessiert sind. Es sind Männer, deren Selbstwahrnehmung irgendwie verzerrt zu sein scheint. Sie verstehen nicht, dass ihr Verhalten von Frauen weniger als Kompliment empfunden wird – eher als beängstigend.

Mir ist aufgefallen, dass Frauen von solchen Erlebnissen immer ziemlich emotionslos und routiniert sprechen, weil sie ja offensichtlich sehr häufig vorkommen. Sie haben sich daran gewöhnt. An die üblichen Abgründe ihres Alltags.

Als Mann gerät man ja naturgemäß nicht so häufig in Situationen dieser Art, aber manchmal gibt es dann doch diese Momente, die einem die Möglichkeit geben, solche Szenarien doch einmal mit den Augen einer Frau zu sehen. Sie mitzuerleben. Im wahrsten Sinne des Wortes.

Bei mir war das vor Kurzem der Fall. Ich telefonierte mit einer Freundin, die gerade auf dem Heimweg in einer Straßenbahn saß. Sie gehört zu den Menschen, die viel und gern reden, und gerade deshalb war es auffällig, dass sie plötzlich sehr einsilbig wurde.

„Ist alles okay?", fragte ich besorgt.

„Warte mal kurz", sagte sie. Ich hörte undeutliche Geräusche, und kurz darauf ein erleichtertes Aufatmen. Meine Freundin hatte offensichtlich ihre Stimme wiedergefunden. „So!", sagte sie. „Ich musste mich erst mal umsetzen."

Während sie mit mir sprach, hatte ein Mann versucht, mit ihr Blickkontakt aufzunehmen. Obwohl „Blickkontakt aufzunehmen" schon die falsche Formulierung ist: Er hatte sie durchdringend angestarrt. Man muss dazu sagen, dass ihr der Mann gegenüber saß. Ihre Köpfe waren nur einen knappen Meter voneinander entfernt. Da fühlt man sich schon eingeengt. Sie versuchte einen ablehnenden Blick, den der Mann irgendwie nicht wahrnahm. Er starrte sie weiterhin durchdringend an.

Vielleicht habe ich zu viele Filme gesehen, denn jetzt fiel mir ein, dass mir das Erlebnis irgendwie vertraut vorkam. **Irgendwie bekannt. Psychothriller beginnen mit solchen Szenen. Filme, in denen mit Toten zu rechnen ist. Mir lief ein kalter Schauer über den Rücken und ich konnte mir gerade sehr gut vorstellen, wie sie sich fühlte.**

Um sie nicht unnötig zu verängstigen, sprach ich diese Assoziation nicht an und erkundigte mich auch nicht, ob sie ihre Dose CS-Gas dabei hatte. Falls der Mann ihr folgte, wenn sie ausstieg. Eine Möglichkeit, die mir gerade sehr schlüssig erschien. Ich nahm mir vor, unser Telefonat fortzusetzen, bis sie zu Hause war. Vorsichtshalber. Als die Wohnungstür hinter ihr ins Schloss fiel, dachte meine Freundin wahrscheinlich gar nicht mehr an das unangenehme Erlebnis in der Straßenbahn – ich war es, der aufatmete.

Seitdem bin ich für Situationen dieser Art sensibilisiert.

Am Wochenende habe ich zum Beispiel einen Mann beobachtet, der nicht nur eine gestörte Selbstwahrnehmung zu haben schien, seine gesamte Wahrnehmung war irgendwie verzerrt. Er betrachtete die wirkliche Welt augenscheinlich durch einen Filter. Als würden alle Frauen, die ihn interessierten, T-Shirts mit dem Schriftzug „FUCK ME LIKE THE WHORE I AM" tragen. Und so verhielt er sich auch.

Als der Mann am helllichten Tag auf der Torstraße eine Frau ansprach, stand ich ganz in der Nähe.

„Haste Zeit?", fragte der Mann, als er auf sie zutrat.

Die Frau wackelte zögernd mit dem Kopf, sie versuchte wohl, ihn zuzuordnen. Vielleicht kannten sie sich ja. Er hatte die Frage schließlich sehr herzlich gestellt. Wie man mit einem guten Freund spricht. Dieses Zögern nutzte der Mann, denn die Frage war noch nicht zu Ende. Es gab noch einen zweiten, und zwar den entscheidenden – sagen wir mal, den aktivierenden – Teil.

„Wollen wa bumsen?", fragte der Mann mit einer Selbstverständlichkeit, dass ich einen Moment lang annahm, ich hätte mich verhört.

Die Frau sagte hastig, dass es jetzt zeitlich unpassend wäre, und ging schnell weiter. Ich blieb kurz stehen und wartete ab, bis sie an der nächsten Kreuzung verschwunden war. Falls der Mann ihr folgen sollte. Ich hatte mein Handy schon in der Hand, um die Polizei zu rufen. Glücklicherweise folgte er ihr nicht.

Als ich das Erlebnis fassungslos meiner Bekannten Susanne schilderte, winkte sie nur müde ab.

„Das ist doch noch harmlos", sagte sie.

„Harmlos?", wiederholte ich entgeistert.

„Ja", sagte sie und machte eine Kunstpause.

Dann lieferte sie mir den Beweis. Und dieser Beweis war ihre erste Begegnung mit Mirko.

Sie hatte Mirko auf der Hochzeit einer Freundin kennengelernt, und diese Begegnung gehörte nicht unbedingt zu den bemerkenswertesten Erlebnissen ihres Lebens. Er war ihr schon aufgefallen, als sie eintraf. Als sie ihn sah, zuckte unwillkürlich ihre Augenbraue hoch. Er hatte nämlich ziemlich viel getrunken. Schon jetzt.

Später beobachtete sie, wie er alle Frauen drängte, mit ihm zu tanzen. Alle lehnten ab, aber dann sah er Susanne und wankte auf sie zu.

„Hallo, schöne Frau?"

Oh Gott, dachte sie und zwang sich zu einem Höflichkeitslächeln.

Als Mirko sie dann zum Tanz aufforderte, gab sie aus irgendeinem Grund nach, vielleicht aus Mitleid, aber wohl eher, weil sie nicht „Nein" sagen konnte. Mirko griff ihre Hand und zog sie zur Tanzfläche. Dann schmiegte er sich unangemessen vertraut an sie, als würde der DJ gerade eine langsame Runde spielen. Sie spürte, wie sie sich versteifte, aber sie ließ es zu. Mirko wirkte irgendwie verschwitzt. Er hielt Susanne eng an seinem Körper, und jetzt fiel ihr ein, dass es ein Wort war, dass diese Situation treffend beschrieb: schwitzig.

Es ist alles so würdelos, dachte sie.

Dann wurde es allerdings noch würdeloser.

Mirkos Körper drängte sich an sie, sein Atem legte sich auf ihren Nacken, und jetzt spürte sie verzweifelt, wie er eine Erektion bekam. Er rieb mit rhythmischen Bewegungen seinen erigierten Schwanz an ihrem Körper. Es war demütigend. Es war widerlich. Er hatte sicherlich lange keine Frau mehr berührt. Wahrscheinlich stellte er sich gerade vor, wie sie miteinander schliefen. Auf der Herrentoilette vielleicht. Den Gedanken an die Geräusche, die jemand wie Mirko machte, wenn er mit einer Frau schlief, wollte sie dann doch lieber nicht zulassen. Aber dafür war es wohl jetzt zu spät.

Leider änderte sich jetzt auch die Musik. Der DJ spielte „The Power of Love" von *Franky goes to Hollywood.* Jetzt war es wirklich eine langsame Runde. Vermutlich wirkten sie wie ein verliebtes Paar. Vielleicht nahm der DJ an, dass Susanne die Frau war, die den Brautstrauß gefangen hatte. Die Frau, die als nächste dran war. Da war eine romantische Ballade wohl nur folgerichtig.

Wahrscheinlich verstand er sich als eine Art Amor. Obwohl sie die Vorstellung nicht zulassen wollte, sah sie den dicken Mann nackt und nur mit Pfeil und Bogen bewaffnet vor sich. Er hatte sicherlich einen stark behaarten Rücken. Ein Mann für eine Wachs-behandlung. Es war ein unangenehmes Bild, aber zumindest die einzig greifbare Ablenkung von Mirkos erigiertem Schwanz, der an ihrer Hüfte rieb.

Susanne warf hilfesuchende Blicke zu den anderen hinüber, die aber niemandem aufzufallen schienen. **Sie wusste nicht, wie sie sich verhalten sollte. Sie war hier auf einer Hochzeit. Sie konnte jetzt einfach keine Szene machen. Sie musste da jetzt durch.** Sie hielt durch. Bis zum Ende von „The Power of Love." Es war die acht-Minuten-Version. Sie war froh, dass die acht Minuten Mirko nicht genügten, um zum Orgasmus zu kommen.

Gott sei Dank machte der DJ mit „Girl you know it's true" von *Milli Vanilli* weiter. Die langsame Runde war vorbei. Ein guter Anlass, sich bei Mirko zu entschuldigen und schnell zur Bar zu gehen.

Allein.

„Oh Mann", sagte ich und spürte schon wieder dieses unangenehme Ziehen in der Magengegend.

„So kann man das wohl sagen", sagte Susanne. Aber es war noch nicht vorbei. Denn unglücklicherweise war Mirko kein Fremder mehr. Er gehörte ja irgendwie zum Bekanntenkreis. Sie begegnen sich hin und wieder auf Geburtstagen. Susanne senkt dann immer ihren Blick. Sie hofft, dass Mirko ihre Anwesenheit nicht bemerkt, und geht schnell an ihm vorbei.

Kürzlich war sie auf dem Geburtstag einer Freundin. Mirko war auch schon da. Leider. Gott sei Dank hatte er sie nicht bemerkt. Als sie ihn sah, zuckte unwillkürlich ihre Augenbraue hoch. Ihr Körper reagierte offenbar schon rein instinktiv auf Mirkos Anwesenheit. Er war das erste bekannte Gesicht hier. Sie hoffte, dass das nicht als Zeichen misszuverstehen war. Mirko stand mit zwei Frauen an der Bar. Er schien bereits auf Pegel zu sein.

Sie flüchtete sich in ein Gespräch mit zwei Bekannten, die dann allerdings verschwanden, um an die Bar zu gehen. Als sie ihnen lächelnd nachblickte, fiel ihr Mirko auf, der zu ihr hinübersah. Sie blickte schnell weg. Der Gedanke, Mirko könnte davon ausgehen, sie habe ihm gerade zugelächelt, verursachte ihr eine Gänsehaut. Und sie hatte ja schon sehr vielen Bekannten von seiner damaligen Anmaßung erzählt. Es hatte die Runde gemacht. Es war eine neue Geschichte. Über Dritte hatte sie erfahren, dass er alles abstritt. Auch heute noch. Drei Mal hatte er ihr schon wütend auf die Mailbox gesprochen, obwohl sie ihm nie ihre Nummer gegeben hatte. Seine Nummer hatte sie in der Telefonliste ihres Handys unter „Nicht rangehen" gespeichert.

Sie hoffte, er wäre nicht in einem Zustand, in dem er das jetzt auswerten wollte. Mit ihm darüber zu sprechen würde ihr das Gefühl geben, dass sie mehr verband, als eigentlich der Fall war. Dass sie überhaupt etwas verband. Dann sah sie aus den Augenwinkeln, dass Mirko sich auf sie zubewegte.

Er bewegte sich langsam.

„Und dann?", fragte ich neugierig, aber Susanne winkte entschlossen ab.

„Er denkt wirklich, ich steh auf ihn", sagte sie fassungslos. „Dass ich das rumerzählt habe, um mich für ihn interessanter zu machen."

„Mirko ist also deine unglückliche Liebe", lachte ich.

„Wenn es nach Mirko geht", erwiderte sie ernst.

Tja. So viel zum Thema verzerrte Selbstwahrnehmung.

Mir liegt es natürlich fern, meine Texte als Erziehungsauftrag zu verstehen, aber vielleicht sollte der eine oder andere doch mal reflektieren, wie sein Verhalten auf Frauen wirkt. Oder ob sein vermeintlicher Charme vielleicht doch eher Angst auslöst.

Mirko ist ja offensichtlich darüber hinaus, aber mit ihm werden sich ja wohl die wenigsten identifizieren können. Es gibt also noch Hoffnung.

Und machen wir uns nichts vor: Es würde die Welt auch besser machen.

Zumindest ein bisschen.

„Wahre Liebe ist doch nur ein Mythos"

Vor einigen Tagen hat mir eine Freundin erzählt, dass sie nicht mehr an die Liebe glaubt. Sie wirkte sehr dankbar, als sie mir davon erzählte, was daran liegen könnte, dass sie aus irgendeinem Grund häufig an Männer geriet, bei denen sie das Gefühl hatte, dass sie sich nicht einmal dann festlegen, wenn sie in einer Beziehung sind.

„Also mit Matthias, das war, als wär ich mit einem Single zusammen", hat meine Freundin oft die dreijährige Beziehung mit ihrem Exfreund zusammengefasst, die Anfang Juli in die Brüche gegangen ist. Ein Satz, den sie auf alle Beziehungen der letzten Jahre anwenden kann. Sie muss nur die Namen ersetzen. Inzwischen hat sie allerdings auch das Argument ersetzt.

„Liebe ist doch nur ein Mythos" sagte sie, als wir uns vor einigen Tagen zum Mittag trafen. „Eine Ersatzreligion, verstehste?"

„Na ja", sagte ich und machte eine skeptische Geste. Bevor ich jedoch etwas dazu sagen konnte, sprach meine Freundin bereits eindringlich weiter.

„Zweisamkeit ist doch nichts anderes als die Fortsetzung der Ich-Bezogenheit mit anderen Mitteln", sagte sie.

Puh, dachte ich. Fortsetzung der Ich-Bezogenheit mit anderen Mitteln? Was für ein Satz. Ein Satz, der mich auch ein wenig überforderte, vielleicht weil er so unterkühlt klang. Wie das Ende aller Emotionen.

Allerdings war mir auch aufgefallen, dass die Argumente meiner Freundin irgendwie auswendig gelernt klangen, was daran lag, dass es gar nicht ihre Argumente waren, wie sie mir gleich darauf erklärte. Sie hatte einen Artikel in der *F.A.Z.* gelesen, der schlüssig bewies, dass Liebe eigentlich gar nicht existiert. Dass wir das alles missverstanden haben. Noch am Abend schickte sie mir einen Link zu dem Artikel, der von knapp 20 000 Menschen geteilt worden war. So gesehen war sie nicht allein, die Thesen des Textes berührten offensichtlich ziemlich viele Menschen. Das war schon ziemlich beunruhigend, noch beunruhigender war jedoch der Titel des Textes.

Da stand „Egoistische Zweisamkeit – Ersatzreligion Liebe".

Okay, dachte ich und begann zu lesen. Natürlich enthält der Artikel Wahrheiten. Der Autor beschreibt, dass wir, sozialisiert von Filmen, der Werbung oder Liebesliedern, nach einem unerfüllbaren idealisierten Liebesentwurf streben, den es so einfach nicht gibt. Dieses Ideal ist zu unserer Ersatzreligion geworden. Wir wollen unbedingt die Hauptfiguren einer romantischen Liebeskomödie sein und scheitern gnadenlos an unseren eigenen Ansprüchen, die ja eigentlich die Ansprüche von Filmen wie *Liebe braucht keine Ferien* oder *Frau mit Hund sucht Mann mit Herz* sind. **Wir wollen ewige Verliebtheit und Selbstaufgabe und verzweifeln dann an der Erkenntnis, dass das Leben eben nur sehr selten einem Film ähnelt.**

Der Autor analysiert, zitiert und wertet aus, um letztlich festzustellen, dass eine Beziehung nichts weiter als eine Fortsetzung der Ich-Bezogenheit mit anderen Mitteln ist. Denn eigentlich geht es uns ja gar nicht darum, jemanden zu lieben, vor allem wollen wir geliebt werden. Genau genommen bleiben wir also in unserem Egoismus alle Singles, auch wenn wir in Beziehungen sind. Langsam verstand ich, warum der Text meiner Freundin so nah ging. Er beschrieb ja schließlich ihre unfreiwilligen Erfahrungen, ihr Leben gewissermaßen.

Aber da war noch etwas anderes, was mich beunruhigte. In einer Passage des Textes sagt der Autor, dass seine Schlussfolgerungen Ergebnis nüchterner Beobachtung sind. Und da liegt das Problem. Bei dem Wort „nüchtern". Dieser Text ist die kalte Analyse eines Fünfzigjährigen.

Als ich dreiundzwanzig war, unterhielt ich mich mit einem einundvierzigjährigen Mann über Frauen und Beziehungen. Er sprach ebenfalls sehr nüchtern über seine Erfahrungen mit der Liebe, sehr abgeklärt. Irgendwann fiel ihm wohl auf, dass ich mit leerem Blick eigentlich nur noch durch ihn hindurch starrte.

„Wie alt bist du eigentlich?", fragte er mich.

„Dreiundzwanzig", erwiderte ich.

„Scheiße, das hätte ich mal früher fragen sollen", sagte er schnell. „Jemandem in deinem Alter darf man so was noch gar nicht erzählen. Das nimmt dir doch alle Illusionen."

Was soll ich sagen, der Mann hat nicht unrecht.

Dem *F.A.Z.*-Artikel kann jeder zustimmen, der schon mal von der Liebe enttäuscht wurde. Er ist ein Halt für die Enttäuschten. Ein Argument. Aber wenn ich jetzt so darüber nachdenke, ist er nichts anderes als eine psychologisch untermauerte Gebrauchsanweisung zum Aufgeben. Ähnlich einer wissenschaftlichen Studie, die uns das Gefühl gibt, dass unsere Unzulänglichkeiten ja eher in unseren evolutionsbedingten Anlagen zu finden sind.

Ich kenne einen Mann, der immer mit wissenschaftlichen Zusammenhängen argumentiert, wenn ich ihn frage, ob er seine Freundin liebt. Offen gestanden bin ich mir nicht sicher, ob er sie jemals geliebt hat. Solche Argumentationen sind schließlich ein Ausweichen, und wer ausweicht, will nicht konfrontiert werden.

Nun gut, man kann natürlich sagen, dass der Mensch schon von seinen biologischen Anlagen her nicht für ein monogames Leben geschaffen ist, oder dass Männer am glücklichsten sind, wenn sie alle zwei bis drei Jahre die Partnerin wechseln, denn auch dazu gibt es wissenschaftliche Studien. Man kann es Ersatz- oder Pseudoreligion nennen oder Mythos, man kann es wissenschaftlich untersuchen oder mit chemischen Prozessen erklären. Man kann sie auseinandernehmen, analysieren, und wieder zusammensetzen. Man kann sie entzaubern und ihr das nehmen, was sie eigentlich ausmacht.

Die Frage ist nur, was die Konsequenz solcher Gedanken ist.

Kürzlich hat mich eine Bekannte bei einem Abendessen in der Wohnung einer Freundin darüber aufgeklärt, warum sich Frauen in Männer verlieben.

„Oxytoxin", sagte sie sehr akzentuiert. „Oxy-to-xin!"

Aus ihrem Mund klang es wie ein Zauberwort oder eine Art Beschwörung, und wenn ich es richtig verstanden habe, ist es das auch. Denn dieses Wort erklärt alles, wenn es nach meiner Bekannten geht.

„Oxytoxin ist ein Hormon, das die Bereitschaft steigert, uns auf andere Menschen einzulassen", referierte sie. „Wenn Frauen sich körperlich mit einem Mann einlassen, schütten sie extrem viel Oxytocin aus. Das heißt, sie fühlen sich total verliebt, neigen dazu, den Mann ihrer Wahl total zu überhöhen und leiden wie ein Tier, wenn ihre ‚Liebe' nicht erwidert wird. Was ich schon alles in Männer hineininterpretiert habe, weil ich verknallt war, obwohl er nicht der Richtige war."

„Interessant", sagte ich wohl nicht ganz euphorisch genug.

„Das ist wichtig", sagte sie eindringlich. „Das muss man den jungen Frauen sagen."

Natürlich kann man es den jungen Frauen sagen, aber ich frage mich, inwieweit das ihr Verhältnis zur Liebe generell beeinflusst. Sie werden skeptischer, abgeklärter und analytischer, obwohl es ja um Gefühle geht. Und diese drei Adjektive sollten nicht in einem Satz vorkommen, in dem auch das Wort Liebe vorkommt. **Es gibt einfach Dinge, über die man nicht zu sehr nachdenken sollte, das könnte einen daran hindern, sich fallen zu lassen.** Und darum geht es ja vor allem in der Liebe – sich mit Haut und Haar hingeben zu können.

Ich kenne einen Mann in meinem Alter, der mir vor einigen Monaten ein Buch namens *Lob des Sexismus* empfohlen und schließlich auch mit den Worten „Das ist was für dich" geschenkt hat. Ich habe hineingelesen und mich gefragt, was er da missverstanden hat. Das war nichts für mich. Ich gehöre nicht zur Zielgruppe. In dem Buch geht es darum, wie man „Frauen versteht, verführt und behält", wie es im Untertitel des Buches heißt. Ich habe es nicht durchgelesen, aber das, was ich gelesen habe, reicht mir schon. Irritierend ist, dass der Autor Frauen nicht als Menschen betrachtet, sondern eher als biologische Versuchsobjekte. So gesehen versteht er die Liebe als Versuchsanordnung. Die Thesen dieses Buches kann man wohl am schlüssigsten mit dem Satz „Liebe ist Mathematik" zusammenfassen.

Mein Bekannter hat mir erzählt, dass er einige Strategien bereits ausprobiert hat. „Es hat teilweise funktioniert", sagte er. „Aber es ist irgendwie ein komisches Gefühl. Es nimmt der Sache den Reiz, wenn man so eine Frau herumkriegt, also wenn es zu sicher ist."

„Reizvoll ist ja gerade das Unbekannte und nicht die Sicherheit", sagte ich.

Er nickte, obwohl ich schon den Eindruck hatte, dass ihm der Gedanke nicht gefiel. Er hatte sich schließlich eine Gebrauchsanweisung gekauft.

Dieses Strategiedenken ist ein Fehler, dieses Festhalten an einem festgelegten Plan. Gerade wenn es um Gefühle geht, kommt ja dann auch glücklicherweise oft das Leben dazwischen. Wie bei Singles, die eine zu konkrete Vorstellung von ihrem Traumpartner haben.

Eine meiner Exfreundinnen hat mir einmal erzählt, dass ich eigentlich gar nicht ihr Typ bin. „Ich steh eigentlich auf muskulöse, dunkelhaarige Männer mit braunen Augen", sagte sie.

Oh, dachte ich und schwieg. Ich war mir nämlich gerade nicht so sicher, ob das als Kompliment oder Beleidigung gemeint war. Mir lag die Frage „Warum bist du eigentlich mit mir zusammen?" schon auf der Zunge, aber vorsichtshalber verstand ich es als Kompliment. Ansonsten wäre ich ja ein Kompromiss, eine Art Zwischenlösung, und das wollte ich nun wirklich nicht.

Das ist jetzt schon einige Jahre her, und inzwischen weiß ich natürlich, dass das nicht ungewöhnlich ist. In dem wunderbaren Film *Und täglich grüßt das Murmeltier* gibt es eine Szene, in der Andie MacDowell Bill Murray erklärt, wie ihr Traummann denn so sein soll.

„Er ist viel zu bescheiden, um zu wissen, dass er perfekt ist", sagt sie. „Er ist intelligent, hilfsbereit, lustig, romantisch, couragiert. Er hat einen schönen Körper, braucht aber nicht alle zwei Minuten in den Spiegel zu gucken. Er ist nett, sensibel und sanft. Und er hat keine Angst, vor anderen Menschen zu weinen."

Bill Murray sieht sie irritiert an. Dann fragt er: „Aber wir sprechen immer noch von einem Mann, oder?"

Ähnlich ging es einem Freund vor ungefähr zehn Jahren, als ihm eine Frau während eines Dates erzählte, welche Männer so gar nicht zu ihr passen würden. Sie waren genau wie er. Sie haben sich trotzdem ineinander verliebt, und im vergangenen Mai wurden sie zum dritten Mal Eltern. Hätten sie den Artikel in der *FAZ* gelesen und verinnerlicht, wäre es vielleicht anders gelaufen.

Man sagt ja: **Niemand ist perfekt – bis man sich in ihn verliebt.** Ist es wirklich so einfach? Ich denke schon. Letztlich ist es eine Willensfrage. Der Willen ist das eigentliche Argument, denn – das wissen wir alle – wenn man dann zusammenkommt, fängt die Arbeit schließlich erst an.

Und zwar richtig.

BERUFUNG
BERUF

Generation Beziehungsunfähig

Es gibt immer mal wieder Momente, in denen ich mich frage, wie mein Leben aussehen würde, wenn ich an bestimmten Punkten andere Entscheidungen getroffen hätte. Es sind diese „Was-wäre-wenn"-Momente, in denen ich mir mich in einer anderen Version meines Lebens vorstelle. Am Wochenende ist es wieder passiert, als ich meine Eltern besucht habe, die in einem Einfamilienhausgebiet am Rand von Berlin wohnen.

Nach dem Mittagessen machten wir einen Spaziergang. Ich gehe ja immer mit ziemlich gemischten Gefühlen durch die Gegend, in der meine Eltern leben. Ich habe hier einen Teil meiner Kindheit verbracht, hatte aber immer das Gefühl, sehr weit weg zu sein von einem Leben, wie ich es mir vorstellte. **Aber als wir am Sonntag durch die menschenleeren Straßen liefen, begann ich, mein Leben mit dem Leben meiner Eltern zu vergleichen, an welcher Stelle sie standen, als sie in meinem Alter waren.** Sie waren verheiratet, hatten ein Haus, Kinder und zwei Autos, alles war geordnet. Sie waren weiter als ich. So gesehen bin ich verglichen mit ihrem Leben gnadenlos gescheitert. Und damit bin ich nicht allein.

Wenn ich mich in meinem Umfeld umsehe, sind Kinder, Häuser oder Autos die Ausnahme. Die meisten Dreißigjährigen, die ich kenne, besitzen keine Autos, und obwohl sie schon irgendwie gern Kinder hätten, empfinden sie es erst einmal noch als zu früh, Eltern zu werden – und natürlich wohnen sie auch nicht in Einfamilienhäusern, sie wohnen in WGs.

Der Literaturkritiker Marcel Reich-Ranicki hat sich schon vor Jahren darüber beschwert, dass viele deutsche Autoren ihre Debütromane erst mit Mitte dreißig schreiben. Heutzutage gilt man mit Ende dreißig noch als „Jungautor". Das lässt sich nicht nur auf die literarische Welt anwenden, es zieht sich quer durch alle Bereiche. **Die Dinge haben sich verschoben. Beruflich und privat.**

„Ist natürlich auch ’ne Geldfrage", erklärte mir mein zweiund-dreißigjähriger Bekannter Christoph, als ich ihn darauf ansprach, warum er eigentlich immer noch in einer WG wohnt. „Es ist ja auch so, dass sich die Bildungswege einfach verlängert haben. Nach dem Abitur war ich erstmal im Ausland, und dann hab ich angefangen zu studieren. Ich hab ja erst mit Ende zwanzig ‚richtig' gearbeitet, und dann auch noch als Praktikant." Heute gibt es den Begriff der Thirtysomethings. Zu denen passt es schon ganz gut, noch in WGs zu leben und sich für Kinder noch zu jung zu fühlen. Das Etikett soll einem das Gefühl geben, noch Zeit zu haben. Spielraum.

Christoph ist Journalist und seit zwei Jahren Single. Obwohl er sich unter Wert verkauft und gnadenlos unterbezahlt ist, ist er zuver-sichtlich. Er ist auf dem Weg. Er hat mir einmal erzählt, warum ihn seine Exfreundin verlassen hat: „Ich bin beziehungsunfähig, hat sie gesagt, sie hatte immer das Gefühl, mit einem Single zusammen zu sein. Die Arbeit wäre mir wichtiger als sie."

„Und? Hat sie recht?", fragte ich nach einer kurzen Pause.

„Klar hat sie recht", erwiderte Christoph. „Der Job ist mir ein-fach sehr wichtig. Ich könnte mir nie vorstellen, was Mittelmäßiges zu machen, und harte Arbeit ist der Preis, den man zahlt, wenn man sich selbst verwirklichen will. Wir haben uns auch pausenlos gestrit-ten, dieses ständige Problematisieren, das kann ich nicht gebrau-chen, das wirkt sich alles auf den Job aus."

Man muss dazu sagen, was der Begriff „Job" heutzutage eigentlich bedeutet. Die Generation unserer Eltern hatte einen Beruf *und* ein Leben. Es gab eine Trennung. Nach der Arbeit pflegten sie ihr Pri-vatleben. Heute ist das verschmolzen. **Ein Job ist heutzutage mehr als nur ein Job, ein Beruf hat den Anspruch einer Berufung.**

Das liegt auch daran, dass keine Generation so zwanghaft in dem Bewusstsein aufgezogen wurde, etwas Besonderes zu sein, wie die heutige. Darum war in keiner Generation der Wunsch so groß, sich selbst zu verwirklichen. Arbeit gilt als Ausdruck der eigenen Persön-lichkeit, der eigenen Wünsche und Träume. Man trennt nicht mehr zwischen Arbeit und Leben. Wenn man seine Träume verwirklicht, empfindet man seine Arbeit nicht als Arbeit, sondern als Leidenschaft.

Man unterscheidet nicht mehr zwischen Arbeit und Privatleben, sie sind miteinander verwoben. Die Grenze löst sich auf, auch durch unsere ständige Erreichbarkeit. Mit unseren Smartphones haben wir das Büro ja praktisch immer dabei. Der Mittelpunkt des Lebens hat sich auf den beruflichen Erfolg verlagert, ganz unbemerkt.

Das eigene „Ich" ist unser großes Projekt, die Arbeit ist da ja nur ein Detail. Wir sind mit uns selbst beschäftigt. Wir werden zu unserer eigenen Marke. Die Frage, was unsere Individualität am treffendsten versinnbildlicht, beschäftigt uns wie keine Generation zuvor. Wir modellieren unser Leben. Wir arbeiten an unserer Karriere, an unserer Figur und daran, unseren Traumpartner zu finden, als wäre unser Leben ein Katalogentwurf, dem wir gerecht werden wollen. Man entscheidet sich bewusst für Dinge, mit denen man sich einen angemessenen Rahmen für sein Leben zusammenstellt, die richtige Fassung gewissermaßen. Jedes Detail wird zum Statement, das unser Ich unterstreichen soll: Mode, Musikrichtungen oder Städte, in die man zieht, Magazine, wie man sich ernährt – und in letzter Konsequenz auch die Menschen, mit denen man sich umgibt. Im *Spiegel* habe ich schon vor einigen Jahren sinngemäß gelesen: Früher ging das Leben so: erwachsen werden, Beruf ergreifen, heiraten, Kinder und gut. Heute sind überall diese Stimmen, die flüstern, dass alles noch viel besser sein könnte: der Job, der Partner, das Leben und vor allem man selbst. Mit anderen Worten: Wir befinden uns in einem anhaltenden Zustand der Selbstoptimierung. **Wir wissen, dass alles noch viel besser werden kann. Bis es perfekt ist. Das Problem mit dem Perfekten ist allerdings, das man diesen Zustand nie erreicht.**

Die Beziehungs- und Bindungsunfähigkeit, von der heutzutage so viel geredet wird, ist nichts anderes als das Streben nach universeller Selbstverwirklichung, nach vermeintlicher Perfektion. Man weiß einfach, dass es irgendwo noch jemanden gibt, der besser zu einem passt, der das eigene Leben sinnvoller ergänzt. Und so richtig bewusst wird es einem, wenn Beziehungsprobleme auftauchen. Man will sich in seinem Selbstverwirklichungsprozess nicht eingeengt fühlen. Nicht abgelenkt werden.

Wenn das eigene Ego so groß ist, dass es unseren Partner ausblendet, wird schnell mal verdrängt, dass es in Beziehungen um eine gemeinsame Entwicklung der Persönlichkeit geht. Wenn man in einer Beziehung ist, lernt man sich selbst ja auch noch einmal neu kennen. Man sieht sich aus einer anderen Perspektive. Mit dem Blick des Partners. Er ist sozusagen der Spiegel. So gesehen sind Beziehungen eine gute Möglichkeit, sich als Mensch zu verbessern. Durch einen Blick von außen, denn Selbstwahrnehmung und Außenwirkung gehen selten Hand in Hand. Dieser Prozess führt natürlich immer mal wieder zu Konflikten, und wir sind immer weniger bereit dazu. Aber es ist ja nun mal so: Wer sich ausschließlich auf sich selbst beschränkt, verpasst eben auch alles andere.

Als ich an diesem Sonntag mit meinen Eltern durch das Einfamilienhausgebiet spazierte und daran dachte, dass meine längste Beziehung nur knappe drei Jahre gehalten hatte und ob eine Beziehung, in der beide Partner ihr Projekt „Ich" so sehr pflegen, überhaupt Bestand hat, begannen meine Eltern darüber zu sprechen, dass ich wieder Single bin. Sie sagten, dass ich doch eigentlich gerade gar keinen Kopf für eine Frau habe.

„Du kannst doch gerade keine Ablenkung gebrauchen", sagten sie. „Allein zeitlich würdest du doch Beziehung und Arbeit gar nicht unter einen Hut kriegen."

Tja, dachte ich. Ich arbeite an einem Roman, ich schreibe Kolumnen und habe gerade mit einem Drehbuch begonnen. Es passiert gerade ziemlich viel, und für mich war mein Beruf ja auch immer ein Mittel, mich selbst zu verwirklichen. Ein wichtiger Teil meines Selbstverständnisses.

„Du hast doch gerade viel zu viel mit dir selbst zu tun", sagte meine Mutter.

Ich nickte, wahrscheinlich hat sie recht. Sicher sogar. Aber ich weiß auch, sobald die Richtige kommt, wird mir das egal sein. Zumindest hoffe ich das.

Denn wer sich nur auf sich selbst beschränkt, der verpasst alles andere.

Tut mir leid, wenn ich eure Erwartungen nicht erfülle – aber meine sind mir wichtiger

Es gibt ja diesen schönen Satz: „Hol den Wodka, wir müssen über Gefühle reden." Das ist ein Satz, der auch meinen letzten Samstagabend gut zusammenfasst, obwohl ich davon natürlich noch nichts ahnte, als er begann. Ich traf mich mit meinem ehemaligen Mitschüler Markus, den ich fünfzehn Jahre lang nicht gesehen hatte.

Es gibt Menschen, die man jahrelang nicht gesehen hat, mit denen man sich aber versteht, als hätte man sich vor einigen Tagen zum letzten Mal getroffen. Markus ist einer dieser Menschen. Wir haben uns als Schüler gut verstanden und auch nach der Schulzeit immer mal wieder gesehen, verloren uns aber aus den Augen, als er sein BWL-Studium abschloss und aus beruflichen Gründen nach Frankfurt am Main zog. Vergangene Woche verbrachte er einige Tage in Berlin und schrieb mir, ob wir uns nicht mal wieder treffen wollten. Ich freute mich wirklich über seine Nachricht und sagte sofort zu.

Weil es das letzte warme Wochenende des Jahres war, trafen wir uns in einem Biergarten in Prenzlauer Berg. Als es kühler wurde, gingen wir ins Schwarzsauer, eine Bar in der Kastanienallee. Wenn man so wollte, holten wir dort den Wodka. Wir bestellten Wodka Lemon. Wir stießen an und sprachen darüber, was die letzten fünfzehn Jahre aus uns gemacht hatten. Irgendwann sagte Markus: „Manchmal wünsche ich mir, ich könnte nochmal von vorn anfangen."

Ich nickte, denn das ist einer dieser Gedanken, die ja sicherlich jeden einmal beschäftigen. **Wie es wäre, ein anderes Leben auszuprobieren. Wo man jetzt wäre, wenn man andere Entscheidungen getroffen hätte.** Dann erzählte Markus, dass er seit einigen Monaten in Therapie war.

„Burn-out", sagte er.

„Scheiße", sagte ich.

„Ja, war eine schwierige Zeit", sagte er und leerte seinen Wodka Lemon. „Hatte aber auch seine Vorteile." Die Therapie gab ihm zum ersten Mal Zeit, über Dinge nachzudenken, über die er nie nachgedacht hatte. Er begriff langsam, dass er immer nur funktioniert hat. Dass er nur das gemacht hat, was andere für richtig hielten.

„Weißt du eigentlich, warum ich BWL studiert habe?", fragte er bitter.

„Weil dein Vater BWL studiert hat?"

„Weil's mir meine Eltern geraten haben. Das war der Grund. Mehr nicht."

„Ich hab die Entscheidungen meines Lebens immer anderen überlassen", sagte er. „Mein Leben lang habe ich nur gehört: Du musst das und das machen – dann bist du glücklich. Und nur dann. Das Problem ist nur, ich habe ihnen geglaubt."

Natürlich kann man die Ratschläge seiner Eltern nachvollziehen. Sie wollten ihrem Sohn die bestmöglichen Voraussetzungen geben, um im Leben zu bestehen. Sie wollten einen perfekten Rahmen schaffen. Die Frage ist nur, wie man einen perfekten Rahmen definiert.

Auf dem Geburtstag eines Freundes hat mir ein überehrgeiziger Vater einmal erzählt, wie viel Wert er darauf legt, dass sein Sohn seine Doktorarbeit in Englisch verfasst. Das irritierte mich schon sehr, weil sein Sohn ja erst sieben Jahre alt war. Da plante man ja eigentlich noch nicht die Details seiner Dissertation. Der Junge tat mir jetzt schon Leid.

Manchmal denke ich, Eltern wie dieser Vater versuchen, eine Wunschvorstellung von sich selbst ins Leben der eigenen Kinder zu übersetzen. Sie projizieren die eigenen Wünsche auf den Nachwuchs. Der Mann schien seinen Sohn als beste Möglichkeit zu sehen, eine Vision von sich selbst Wirklichkeit werden lassen. Das erzeugt natürlich Druck, weil er die Ansprüche, die er an sich selbst stellt, auf sein Kind anwendet. Der Mann vergisst dabei allerdings, dass der Junge sieben Jahre alt ist, und nicht erwachsen.

Wenn ich jetzt so darüber nachdenke, kann man die Erwartungen ehrgeiziger Eltern ziemlich gut mit dem Wesen des Systems vergleichen, in dem wir leben und dessen Produkte wir ja auch sind. So gesehen sind wir dessen Kinder, und wie überehrgeizige Eltern hat es natürlich auch Erwartungen an uns. Erwartungen, die uns überfordern, wenn wir uns darauf einlassen. Es will, dass wir funktionieren – so wie es selbst. Wir sollen eine Version des Systems werden. Das ist das Ziel. Ein Ziel, dass uns zwangsläufig an unsere Grenzen stoßen lässt. Das Wesen unseres Systems strebt nämlich nach unbegrenztem Wachstum, auch oder vor allem bei uns selbst. Fertig wird man eigentlich nie. Der Kapitalismus will, dass wir mithalten wollen, dass wir immer weitermachen. Bis alles perfekt ist. Das Problem mit dem Perfekten ist allerdings, dass man diesen Zustand nie erreicht. Irgendwann stellt man fest, dass man seinen Ansprüchen nicht mehr genügt, dass man an seine Grenzen stößt. Die Diagnose „Burn-out" wurde ja nicht umsonst in den letzten Jahren so inflationär gestellt. Wir sollen funktionieren. Karriere machen, uns anpassen. Uns einpassen. Wer nicht funktioniert, gilt schnell als Versager, schon in der Schule.

Eine Freundin hat sich einmal bei mir über eine Zeugniskonferenz in der Grundschule ihrer Tochter beschwert, an der sie teilnahm.

„Jedes Kind wird dort im Arbeitsverhalten bewertet mit Sätzen wie ,Entspricht den Erwartungen in vollem Umfang' bis zu ,Entspricht nicht den Erwartungen'", sagte sie. „Ich finde das ganz schrecklich. Ich hab mir dann die Frage gestellt: Was heißt das eigentlich: ,Entspricht den Erwartungen'?"

Das ist eine gute Frage.

Den Erwartungen zu entsprechen bedeutet natürlich, sich in das bestehende System einzufügen. Der große Denkfehler dabei ist allerdings, dass das Schulsystem den heutigen schnelllebigen Zeiten nicht mehr gerecht wird. Die Funktion der Schule ist es ja eigentlich, die Schüler auf das Leben vorzubereiten. Sie zu Persönlichkeiten zu erziehen, die im Leben bestehen. Das sind derzeit leider Anforderungen, an denen es gnadenlos scheitert. Die Konzepte kommen nicht mehr hinterher. Das Prinzip, Dinge auswendig zu lernen, die einem vorgegeben werden, hat in der Vergangenheit ja noch irgendwie funktioniert, aber scheinbar Bewährtes funktioniert heutzutage einfach nicht mehr. Das Schulsystem ist überholt, sogar schon ziemlich lange. Nur heute wird das eben immer deutlicher. **Wir sind Schüler von heute, die in Schulen von gestern von Lehrern von vorgestern mit Methoden aus den Anfängen der industriellen Revolution auf die Probleme von übermorgen vorbereitet werden.** Das ist ein sehr wahrer Satz. Ein Satz, der sich nicht nur auf die Schule anwenden lässt.

Es gibt Dinge, die mir ganz unerwartet mehr über mich selbst erzählen, als ich immer angenommen habe. Wie vor einigen Monaten, als ich im Keller in einem Umzugskarton meine Zeugnisse der ersten neun Schuljahre wiederentdeckte. Und damit sozusagen auch mich, aber das wusste ich natürlich noch nicht. Ich las die Beurteilungen, so wie man sich alte Fotos ansieht, die einen an Dinge denken lassen, an die man seit Jahren nicht mehr gedacht hat. Die Beurteilungen meiner damaligen Lehrer schlugen jedoch eine Brücke in die Gegenwart, die ich so nicht erwartet hatte.

„Michael ist in seiner Leistungsanforderung sehr widersprüchlich", las ich in meiner Beurteilung der siebenten Klasse. „Obwohl er in Fächern, die ihn interessieren, sehr gute Lernergebnisse erzielte, arbeitete er insgesamt nicht kontinuierlich genug."

„Insgesamt nicht kontinuierlich genug" hieß wohl: „Fächer, die ihn nicht interessieren, gehen ihm am Arsch vorbei." So gesehen entsprach ich den „Erwartungen" wohl „mit Einschränkungen", wie man es heute wahrscheinlich formulieren würde. Was soll ich sagen, diese Beurteilung beschreibt mich auch noch heute ziemlich gut.

Karl Lagerfeld hat einmal gesagt: „Ich habe nur Talent für das, wofür ich mich interessiere." Auch das ist ein sehr wahrer Satz, der auch auf mich zutrifft. Ich habe immer nur gemacht, was mich interessiert. Ich habe in Platten-Labels gearbeitet, in Werbeagenturen und inzwischen als Schriftsteller. In allen Berufen, in denen ich gearbeitet habe, war ich ein Quereinsteiger. Ein Autodidakt. Der Vorteil von Autodidakten ist ihr Ehrgeiz, mit dem sie sich

Wissen aneignen, weil sie mit Herzblut an die Dinge herangehen. Ihr Anspruch sind die eigenen Erwartungen, nicht die der anderen. Wenn Erwartungen vorgegeben werden, macht man mit. Wenn eigene Erwartungen der Anspruch sind, geht man einen eigenen Weg. Und vielleicht ist das die Lösung. Den eigenen Weg zu gehen. Den Erwartungen nicht entsprechen, weil man seine eigenen hat.

Wie gesagt, Eltern wollen ja nur das Beste. Es gibt immer den Kampf zwischen den Lebenserfahrungen der Eltern und der Erwartungen ihrer Kinder. Das ist ja die soziale Funktion der Pubertät. Die Eltern werden zum Feind, weil man sich von ihnen lösen muss, um eine eigenständige Persönlichkeit zu werden. Um sich von ihnen zu emanzipieren.

Das lässt sich auch gut auf das System anwenden, in dem wir leben. Sich in einem bestehenden, scheinbar bewährten System einzurichten, impliziert natürlich Sicherheit. Aber diese Sicherheit ist gerade im Begriff zu kippen. In einer Zeit, in der sich die Schere zwischen Arm und Reich immer weiter öffnet, in der ich das Gefühl habe, dass Satiresendungen wie die *heute show* oder *Die Anstalt* mehr Wahrheiten vermitteln als die Nachrichten, in einer Zeit, in der sich sogar die konservative *F.A.Z.* fragt, ob das, was wir hier kultivieren, in die falsche Richtung läuft. Die Frage ist nur, wie schnell beispielsweise die Politik auf diese neuen Verhältnisse reagiert, in einem Land, in dem eher debattiert als entschieden wird. Es ist zu befürchten, dass sie das nicht hinkriegen. Sie sind überfordert. Sie stehen mit dem Rücken zur Wand.

Also liegt es an uns selbst.

Wahrscheinlich ist das sogar der Vorteil dieser schnelllebigen und unsicheren Zeiten. Wir werden praktisch zu einer neuen Pubertät gezwungen – von den scheinbar bewährten Verhältnissen, die einfach nicht mehr funktionieren. **Die heutigen Zeiten erfordern es geradezu, dass man nicht mehr funktioniert. Dass man aufbegehrt und den Erwartungen nicht entspricht.** Dass man neu denkt und einen Weg geht, der zu einem selbst am besten passt.

Seinen eigenen Weg.

Amen.

Du willst kein Geld verdienen, mein Kind – du musst nach Berlin!

Es gibt kaum ein besseres Gefühl, als einen Job zu kündigen, mit dem man unzufrieden ist, wenn man bereits einen neuen Arbeitsvertrag zu besseren Konditionen unterschrieben hat. Man sitzt seinem Vorgesetzten gegenüber, zu dem man immer freundlich sein musste, obwohl man ihn eigentlich nie so richtig leiden konnte, denkt an die Schikanen, Widerstände und unbezahlten Überstunden der letzten Jahre und weiß, dass das Gespräch, das man gleich führt, alles ausgleichen wird. Man blickt in die selbstzufriedenen Züge seines Chefs, der noch annimmt, der Mächtigere zu sein, und man weiß, dass seine Züge diese Zufriedenheit gleich verlieren werden, dass sich die Dinge umkehren. Es erinnert an eine Filmszene. An Edward Norton in *Fight Club* oder Kevin Spacey in *American Beauty*. **Eine Kündigung mit großer Geste. Ein Symbol. Ich habe das zwei Mal erleben dürfen. Es war ein sehr gutes Gefühl. Man hat die Kontrolle. Eine Sicherheit. Aber das Leben ähnelt selten Filmen.**

Gerade in Berlin.

Ich habe eine Bekannte, die seit einem knappen Jahr ziemlich unzufrieden mit ihrer Arbeit ist, auch weil sie unter ihrem Chef leidet, dessen Verhalten ein Kündigungsszenario à la *American Beauty* praktisch herausfordert. Sie arbeitet in einer Werbeagentur in Berlin-Mitte, hat studiert, sechs Jahre Berufserfahrung und leitet ein Team. Es war anzunehmen, dass es eine Frau mit ihrer Erfahrung nicht vor Probleme stellen sollte, einen neuen Arbeitsplatz zu finden. Die acht Bewerbungsgespräche, die sie in den vergangenen Wochen geführt hatte, verliefen erwartungsgemäß gut. Sieben der acht Firmen hätten sie sofort eingestellt. Sie hatte die Auswahl, sie konnte sich zurücklehnen und das passendste Angebot auswählen. Eine Wunschsituation.

Meine Bekannte schien das allerdings anders zu sehen. „Das war alles sehr ernüchternd", sagte sie müde, als sie mir vor Kurzem davon erzählte.

„Ernüchternd?", fragte ich. „Klingt doch alles sehr gut."

„Na ja", erwiderte sie und erklärte mir, dass die Gehaltsvorstellungen ihrer potenziellen Arbeitgeber sich nicht unbedingt mit ihren Erwartungen deckten.

„1 200 Euro", sagte sie. „Das war das höchste Angebot."

Oh, dachte ich und überschlug schnell, was mir nach Abzug meiner Fixkosten von einem solchen Betrag bleiben würde. Ich kam auf 100 Euro. Das war schon ziemlich ernüchternd. Am Tag wären das 3,30 Euro, und das war sogar noch ein wenig ernüchternder. Allerdings hatte meine Bekannte den Satz noch nicht beendet. Es fehlte noch ein Wort, und zwar das Wort „brutto."

„Wie bitte?", sagte ich. „1 200 Euro brutto?!"

Ich war mir nicht sicher, was sie bei diesem Wert herausbekam, aber ich wäre mit meinen Lebenshaltungskosten im Minus. Ich würde draufzahlen.

„Na ja", lachte ich bitter. „Zumindest ist es schon mal vierstellig."

Tja, dachte ich, willkommen in Berlin.

Wenn es für jemanden mit Studienabschluss und einigen Jahren Berufserfahrung unter solchen Verhältnissen schon schwierig ist, in dieser Stadt angemessen bezahlt zu werden, ist es für Menschen, die gerade am Anfang stehen, natürlich noch ein wenig schwieriger.

Vergangenes Wochenende hat mir ein vierundzwanzigjähriger Dresdener von seinen Plänen erzählt, nach Berlin zu ziehen, um ein Praktikum in einem Start-up zu machen. Er ist 24, hat weder studiert noch eine Ausbildung. Er erklärte mir, ihm würde ein Einstiegsgehalt von 1 000 Euro reichen. Erst einmal.

„Erst einmal?", fragte ich und warf ihm einen fassungslosen Blick zu. Er nickte großzügig. Offensichtlich war er der Auffassung, mit seinen Gehaltsvorstellungen zukünftigen Arbeitgebern so sehr entgegenzukommen, dass sie ihn praktisch einstellen mussten.

„Na ja", sagte ich vorsichtig. „eigentlich wird ein Praktikum in der Regel nicht bezahlt."

„Nicht mal in einem Start-up?", fragte er fassungslos.

„Nicht mal da", sagte ich, weil ich spürte, dass es so einfacher war. Es geht ja nicht wenigen jungen Leuten wie dem jungen Dresdner. Viele wollen nach Berlin ziehen. **Berlin ist eine Projektionsfläche, eine Folie für Träume, für die Sehnsucht, sich selbst zu verwirklichen.** Die Innenstadt ist von euphorischen, jungen Menschen bevölkert, die unbedingt in der Medienbranche arbeiten wollen. Man muss sich gegen viele Konkurrenten durchsetzen. Leider versuchen das die meisten, indem sie sich unter Wert verkaufen, oft in Form eines Jahrespraktikums.

Das Prinzip eines Jahrespraktikums habe ich ehrlich gesagt nie verstanden. Die Funktion eines Praktikums ist ja eigentlich, ein Gefühl für die Arbeitsweise einer Firma zu bekommen. Allerdings haben sich die Anforderungen da schon sehr geändert. Ein Praktikum ist heute ein unter- oder unbezahlter Fulltime-Job. Und vielleicht liegt es ja auch daran, dass sich diese Umsonst-Attitüde inzwischen auf eine beunruhigende Art verselbstständigt hat, was psychologisch gesehen gar nicht so uninteressant ist.

Kürzlich habe ich mich auf der Geburtstagsparty eines Freundes mit einem Mann unterhalten, der in der Filmbranche arbeitet. Es war schon beeindruckend, ihm zuzuhören. Da fielen Namen von Hollywoodstars, die offensichtlich zu seinem engsten Freundeskreis gehörten, zumindest klang es so. Er sprach von George, Russell, Brad und Angelina. Er erzählte von Produktionen, an denen er beteiligt war und die offensichtlich ohne seine Mitwirkung nie umgesetzt worden wären. Er schien einer der Leistungsträger der Firma zu sein, der Entscheider, auf den es letztendlich ankam. Er hatte diese „Ohne-mich-geht-hier-gar-nichts"-Attitüde, die mir eigentlich nie sehr sympathisch war. Ich konnte mich auch täuschen, aber er schien kurz davor zu sein, mir vorzuschlagen, ihn zu googeln, wenn ich wieder zu Hause war. Vielleicht wollte ich diesen Vorschlag irgendwie verhindern und fragte ihn, was er denn da genau macht, in dieser Filmproduktionsfirma. Er schien sich ja auf Vorstandsebene zu bewegen. Wenn man ihm zuhörte, sogar irgendwo darüber, wenn es das überhaupt gab. Eine Art Gott gewissermaßen. Das war der Moment, in dem sein Redefluss kurz ins Stocken geriet.

„Noch bin ich Praktikant", sagte er selbstbewusst.

Es dauerte einige Sekunden, bis mich diese Information erreichte. Also wirklich erreichte. Bis ich begriff, dass hier gerade irgendetwas überhaupt nicht zusammenpasste.

„Praktikant", sagte ich, und das Wort klang jetzt sogar aus meinem Mund wie „Vorstandsvorsitzender". Oder „Gott".

„Ja", sagte er. „Jahrespraktikant. Also jetzt noch ein knappes halbes Jahr."

„Und dann?", fragte ich.

„Dann mache ich eine Ausbildung", sagte er. „Wenn alles gut läuft."

Wenn alles gut läuft! Ich hatte gerade eine Stunde lang einem Mann zugehört, wie er die Welt aufteilte, und jetzt fiel alles in sich zusammen. **Aber wenn ich jetzt so darüber nachdenke, beschreibt ein Jahrespraktikant, der so spricht, als würde er die Geschicke einer Filmproduktionsfirma leiten, Berlin ziemlich gut.** Es ist eine Scheinwelt. Vielleicht geben sich deshalb so viele dieser Praktikanten, als wären sie die Entscheider ihrer Firma. Sie biegen die Wahrheit zurecht, um sich besser zu fühlen. Es produziert eine Welt, in der man von Beinahe-Millionären umgeben ist, wenn das Projekt, an dem sie gerade arbeiten, abgeschlossen ist. Bis es endlich soweit ist, arbeitet man als Barkeeper, um sein Jahrespraktikum zu finanzieren. Darum arbeiten hier viele in Berufen, die sie als einen Übergang verstehen. Sie richten sich in einem Übergang ein. Sie sind ewige Hoffnungsträger ihrer selbst. Es ist eine Rolle, in der man sich gut einrichten kann. Die Frage ist nur, wo das hinführt.

Die Antwort darauf gab mir ein befreundeter Fotograf, der sich kürzlich bei mir über diese Berliner Umsonst-Mentalität beschwerte.

„Also ganz ehrlich", sagte er. „Der Tag wird kommen, an dem kein einziger Kreativer mehr nach Berlin kommt, weil von dieser

Umsonst-Mentalität kein Mensch mehr leben kann. Wenn gute Leute mit Erfahrung dann auch noch zehn Nebenjobs machen müssen, um ihren Traum zu leben, läuft hier irgendetwas richtig falsch." Wir schwiegen kurz, bevor er fortfuhr: „Aber es gibt sicherlich jemanden, der auch das nächste Projekt für reiche Unternehmen umsonst macht."

Tja, dachte ich, den gibt's wohl. Und das ist das Problem.

Man sollte sich seines Wertes bewusst sein. Das Gehalt oder Honorar ist das wahre Kriterium, mit dem ein Arbeitgeber oder Kunde zeigt, wie sehr er unsere Arbeit schätzt. Wenn sie ihm nichts wert ist, seid ihr ihm auch nichts wert. Man darf sich nicht unter Wert verkaufen. Sich nicht verarschen lassen, und vor allem nicht sich selbst verarschen. Aber leider ist es ja so: Wenn sich etwas durchgesetzt hat, ist es nur schwer wieder rückgängig zu machen.

Manchmal stelle ich mir vor, was passieren würde, wenn alle diese Selbstausbeuter kündigen würden. Innerhalb einer Woche oder sogar eines Tages. Mit großer Geste, wie Kevin Spacey oder Edward Norton. Was wäre, wenn plötzlich keiner von ihnen mehr bereit wäre, sich ausbeuten zu lassen. Wenn die hippen Unternehmen der Berliner Mitte von einem Tag auf den anderen keine Mitarbeiter haben, die für 450 Euro oder weniger eine 60-Stundenwoche ableisten. Wenn sie gezwungen würden, umzudenken, sich den Gegebenheiten anzupassen. Wenn sie erkennen würden, dass nur der wirklich gute Arbeit leistet, den man auch angemessen bezahlt.

Was wäre, wenn, liebe Leser.

Was wäre, wenn.

Du musst dein Ändern leben

Als ich noch als Art Director in einer Kölner Werbeagentur arbeitete, gab es einen Kollegen, der sich oft bei mir beschwerte, wie sehr er unter seinem Arbeitsalltag litt. Er versicherte mir zwei Jahre lang, in den nächsten Wochen zu kündigen. Spätestens.

Das ist jetzt mehr als zehn Jahre her.

Mein ehemaliger Kollege arbeitet immer noch dort. Und er beklagt sich immer noch. Wenn wir manchmal telefonieren, fühle ich mich wie ein Zeitreisender. Nichts hat sich verändert. Und so wie ich das einschätze, wird sich auch nicht mehr viel verändern.

Was soll ich sagen, der Mann ist nicht allein.

Ich kenne nicht wenige Leute, die den Impuls spüren, ihr Leben zu ändern. Denen es nicht unbedingt schlecht geht, aber eben leider auch nicht gut. **Eigentlich haben sie andere Pläne. Eigentlich! Es sind „Eigentlich"-Sätze, mit denen sie ihr Leben beschreiben.** Ein Gefühl, das mir nicht fremd ist.

Die meisten Menschen kennen sicherlich das Gefühl, noch einmal neu anfangen zu wollen. Auszubrechen. Seinem Leben eine neue Richtung zu geben. Man blickt auf sein Leben und fragt sich: „War's das? Soll es das gewesen sein? Bin ich der Mensch, der ich eigentlich sein wollte?" **Es sind Momente, in denen man begreift, dass man seine Träume in den letzten Jahren irgendwie aus den Augen verloren hat. Ganz unbemerkt.**

Tja.

Mit unseren Träumen ist es ja so eine Sache. Jeder träumt davon, erfolgreich zu sein, etwas Bedeutendes schaffen, etwas zu hinterlassen. Man will der Welt etwas hinzufügen.

Wir sind auch alle ein wenig degeneriert. Weil wir ja durch das Fernsehen in dem Glauben aufwuchsen, dass wir alle mal Millionäre, Filmgötter oder Rockstars werden. Das sagt zumindest Brad Pitt zu Edward Norton in dem wunderbaren Film *Fight Club*. Dann fügt er hinzu: „Werden wir aber nicht – und das wird uns langsam klar!"

Meine vierzehnjährige Nichte ist ein gutes Beispiel für die These von Tyler Durden, der Figur, die Brad Pitt in *Fight Club* verkörpert. Sie hat mir kürzlich von ihren Berufsplänen erzählt. „Entweder ich spiele in einem Tarantino-Film mit", sagte sie, „oder ich werde Psychologin."

Tarantino oder Psychologie. Eine Kombination, die bereits Geschichten erzählt, aber vielleicht beschreiben die Pläne meiner Nichte unsere Gesellschaft ja am besten.

Wenn wir älter werden und unsere Träume mit der Wirklichkeit zusammenstoßen, können sie schnell bröckeln. Ich habe beispielsweise eine Freundin, die sehr modebewusst ist. Ich kenne niemanden persönlich, der leidenschaftlicher über das Thema spricht als sie. Sie kennt sich aus. Sie ist informiert. Wenn man so will, lebt sie es. Ich konnte sie mir immer gut in der Redaktion einer dieser Hochglanzmagazine wie *Vogue* oder *Wallpaper* vorstellen.

Ihr Traum war es, Modedesign zu studieren. Ich sah ihr zukünftiges Leben schon klar vor mir. Darum überraschte es mich sehr, als sie diesen Traum verwarf, um sich für ein Studium zu immatrikulieren, von dem ich zuerst gar nicht wusste, dass es überhaupt existiert: Immobilien-Management.

„Immobilien-Management?", fragte ich.

„Ist erst mal vernünftiger", sagte sie.

„Oh", dachte ich.

Das Wort „vernünftig" begann in ihrem Leben vorzukommen. Meine modebewusste Freundin lenkte allerdings sofort ein, als sie meinen skeptischen Blick sah. „Ist natürlich nur vorübergehend", sagte sie.

Nun ja.

Es war ein „vorübergehend", das nach sechs Jahren immer noch anhält. Und so wie es aussieht, ist es inzwischen zu einem „niemals" geworden. Sie verstand das Studium als einen Übergang. Einen Übergang, an den sie sich im Laufe der Jahre gewöhnt hat. Sie glitt in ein Leben, das sie gar nicht vorgehabt hatten zu führen. Heute arbeitet sie bei einem Immobilienmakler. Sie hat praktisch aufgegeben, bevor sie den ersten Schritt gemacht hat. Inzwischen scheint der Begriff „vernünftig" ihr Leben zu bestimmen. Ich kenne sie schon ziemlich lange, aber ich bekomme sie und diesen Beruf irgendwie immer noch nicht zusammen. Es passt einfach nicht.

Als ich sie einmal darauf ansprach, sagte sie: **„Ich bin eben erwachsen geworden." Ich bin mir nicht sicher, ob sie sich der Tragik dieser Bemerkung bewusst ist.**

Wenn sich meine Eltern hin und wieder laut fragen, wann ich denn nun endlich erwachsen werde, ist das natürlich kritisch gemeint. Ich sehe ihre Kritik allerdings eher als Kompliment. Es heißt ja immer wieder, man müsse sich sein inneres Kind erhalten. Den unbedarften, frischen Blick. In Möglichkeiten zu denken, nicht in Grenzen. Das ist die Rebellion der Jugend gegen ihre Eltern: der Konflikt zwischen den Erfahrungen der Eltern und den Erwartungen ihrer Kinder. Es ist dieser irrationale, kindliche Blick, den sich die Leute bewahrt haben, die ihre Träume umzusetzen versuchen. **Es gibt natürlich Menschen, die Berufs- und Privatleben strikt trennen. Sie arbeiten, um sich ihre Freizeit zu finanzieren. Das sind die Menschen, in denen das Kind bereits gestorben ist.**

Mein Freund Markus hat Architektur studiert, ein Beruf, der prädestiniert ist, etwas zu hinterlassen. Natürlich hatte auch er während des Studiums große Pläne. Er wollte Spuren hinterlassen. Die von ihm entworfenen Gebäude sollten Skylines bestimmen. Inzwischen plant und entwirft er Altenheime, die im Umland von Berlin gebaut werden. Im Büro nennen sie die Gebäude „Senioren-Residenzen", aber das macht es wohl auch nicht unbedingt besser. So gesehen arbeitet er seit acht Jahren in einer Variante seines Traumberufes und es sieht auch nicht aus, als würde sich das in nächster Zeit ändern.

Wer Architektur studiert hat, um mit Mitte dreißig Altenheime zu bauen, muss sich wie ein Radio-Moderator fühlen, der jahrelang bei Jugendradio Fritz gearbeitet hat, und dann ansatzlos zu dem 50-plus-Sender Antenne Brandenburg gewechselt ist. Es ist schon beunruhigend. Markus trägt im privaten Rahmen häufig

Ramones-T-Shirts, wahrscheinlich um sich selbst irgendwie zu beruhigen. Aber es scheint nicht zu funktionieren, zumindest lässt sein Gesichtsausdruck darauf schließen.

Kürzlich hat er mir erzählt, dass seine Firma gerade eine Senioren-Residenz am Hackeschen Markt baut, einer der touristenreichsten Gegenden Berlins. Auf den engen Bürgersteigen wälzen sich die Massen. Es ist eine Gegend, die alten Menschen sehr deutlich machen kann, dass sie nicht mehr mitmachen dürfen. Hier stehen sie eigentlich nur im Weg. Und fühlen sich älter als sie sind. So gesehen ist Markus nicht nur der Altenheimarchitekt, er ist der gnadenlose Altenheimarchitekt.

Die „Senioren-Residenz" ist inzwischen gebaut. Manchmal sehe ich einen der unsicheren, überforderten Bewohner vorsichtig das Gebäude verlassen. Dann frage ich mich, welchen Charakter jemand haben muss, der sich so etwas ausdenkt. Und wer in Gottes Namen solche Bauvorhaben genehmigt. Offensichtlich Leute, denen Menschen egal waren. Und denen Geld alles bedeutet.

Und das ist das Problem: das Geld. Die Sicherheit, die man nicht aufgeben will. Sie ist der Grund für den fehlenden Mut vieler, sich zu ändern. Veränderung hat oft auch mit Einschränkungen zu tun. Veränderung nimmt die Sicherheit. Darum funktionieren auch viele Beziehungen noch, die eigentlich nur noch aus den Resten einer Beziehung bestehen. Sicherheit macht träge. Man bevorzugt die sichere Zufriedenheit, man lebt einen Kompromiss und bezeichnet das als vernünftig. Irgendwann stellt man fest, dass man so viele Kompromisse gemacht hat, dass das eigene Leben zu einem Kompromiss geworden ist.

Als ich neunundzwanzig Jahre alt war, stellte ich fest, wie sehr ich mich plötzlich auf die Wochenenden freute, wie schnell sie vergingen und wie ungern ich an die Montage dachte. Ich hasste sie. **Aber Montage sind gar nicht so übel. Es war mein Job, der mir das Gefühl gab, meine Tage und Wochen zu verschwenden.** Ich bewegte mich nicht mehr. Ich suchte nach Anfängen, nach Impulsen, um wieder Schwung zu nehmen. Ich wollte meinem Leben eine neue Richtung geben. Etwas machen, was mir wieder Spielraum gab. Eine Perspektive. Ich hatte das Gefühl, noch nicht fertig zu sein, dass es noch etwas gab, das danach kommt.

Die eigentliche Tragik war jedoch, dass ich als ein Leistungsträger der Agentur galt. Ich wurde für eine Arbeit geschätzt, die ich als Zeitverschwendung empfand. Allerdings konnte sich meine Eitelkeit dem Lob nicht entziehen. Als würde man für eine Charaktereigenschaft geschätzt, die man selbst als Fehler sieht. Es war ein Missverständnis, das die Dinge einfacher machte. Und dann war da ja auch noch das Geld, das ich verdiente und das mir einen Lebensstil bot, an den ich mich gewöhnt hatte. Es war ein Teufelskreis. Mir ging es wie vielen, die die Fehler in ihrem Leben in den Umständen suchen. Aber das ist eine Ausrede. Letztlich liegt es in jedem selbst.

Irgendwann war es soweit. Ich kündigte, zog nach Berlin und machte ein Jahr frei, um einen Roman zu schreiben. Ich spürte endlich diese Aufbruchstimmung, nach der ich mich so sehnte. Aber ich stellte auch fest, wie schwierig es ist, mit wenig Geld auszukommen, wenn man vorher viel zur Verfügung hatte. Einen Traum zu verwirklichen ist natürlich mit harter Arbeit verbunden, mit Ausdauer und Rückschlägen. Aber ich hatte eine Idee von meinem Leben. Ein Ziel.

Und darum geht es: sein Leben nicht zu verschwenden, denn wir haben nur eins. Wir haben nur begrenzt Zeit. Darum sollte man das Beste daraus machen. Wir leben glücklicherweise in einem Land, in dem das möglich ist.

Also nutzt eure Talente, verwirklicht eure Träume. Wagt etwas. Springt. Bevor ihr das Wort „eigentlich" durch Worte wie „hätte" und „wäre" ersetzen müsst. Durch Worte, die verpasste Chancen umschreiben.

Denn dann hat man sich arrangiert. Dann hat man wirklich aufgegeben.

Endgültig.

Ich mach da so'n Projekt

Einmal wurde DJ Koze in einem Interview gefragt, warum er eigentlich nicht in Berlin lebt. „Alle ziehen doch gerade nach Berlin", sagte der Interviewer. DJ Koze erwiderte, dass nur Idioten nach Berlin ziehen, darum bleibt er lieber in Hamburg. Das klingt hart, und es ist natürlich polemisch ausgedrückt. Aber es gibt offen gestanden Momente, in denen ich dem Mann recht geben muss.

Es ist schon richtig, von Berlin geht ein Sog aus. Meine Freundin Vivian ist Musikerin und lebt momentan in Dresden. Sie will unbedingt nach Berlin. Man kann nicht sagen, dass sie an der Provinzialität Dresdens verzweifelt, es ist eher so, dass sie dort an Grenzen stößt. Als Künstler braucht man Großstädte, um wahrgenommen zu werden. Darum ist Brecht von Augsburg nach Berlin und Shakespeare von Stratford-upon-Avon nach London gezogen. Und auch Vivian ist an dem Karrierepunkt, an dem sie die Großstadt braucht, um wahrgenommen zu werden.

Wie gesagt, von Berlin geht ein Sog aus. Leider nicht nur für Menschen wie Vivian. Menschen wie sie machen ehrlich gesagt nur einen beunruhigend geringen Anteil aus, denn vor allem zieht die Stadt Leute an, die mitmachen wollen. Sie leben hier, weil es cool ist. Mehr nicht.

Sie wollen dazugehören. Zur Szene. Darum gibt es auch so viele DJs in Berlin, das ist der einfachste Weg. Wer nach Berlin zieht, wird erst einmal ein DJ, der nicht auflegt, oder arbeitet an den Bars der Clubs, um Teil der Szene zu sein. Noch einfacher ist, einfach nur auf die richtigen Partys zu gehen, auf Gästelisten zu stehen oder sich geschmacklos zu kleiden, um originell zu wirken. Das reicht heutzutage ja schon.

Irgendwie gibt es keine Inhalte mehr. Darum wirken die Gesichter vieler Gäste dieser angesagten Bars in der Torstraße so leer. So inhaltslos. Wie weiße Leinwände.

In den Cafés und Restaurants der Innenstadt sitzen Leute, die hier den ganzen Tag zu verbringen scheinen. Manchmal fragt man sich schon, auf welche Art sie ihren Lebensunterhalt verdienen. Es scheint ja ein angenehmes Arbeiten zu sein, sie verbringen den ganzen Tag in Cafés und telefonieren.

Früher habe ich die Cafés um den Hackeschen Markt ja auch für hip gehalten. Jetzt weiß ich natürlich, dass es Touristencafés sind, woraus sich ja auch schließen lässt, wie die Besucher dieser Cafés einzuschätzen sind: Sie leben noch nicht lange in der Stadt. Sie sind im Urlaub. Sie sind Touristen, die ein wenig länger bleiben. In den Nächten tauschen sie dann die Cafés und Restaurants gegen die Mitte-Clubs, deren Getränkepreise ja inzwischen ebenfalls für Touristen angelegt worden sind. Im Urlaub achtet man ja nicht so aufs Geld, auch wenn er ein paar Jahre dauert.

Das ist es, was Berlin seinem Ruf als Kreativmetropole entgegenzusetzen hat.

Das passt auch ganz gut zu der Aussage eines Bekannten, der seit einigen Jahren in New York lebt. Er hat mir einmal erklärt, dass er immer mal wieder gern in Berlin ist, weil man sich hier so schön ausruhen kann.

„Es fehlt der Druck", sagte er.

Und das fasst es ganz gut zusammen. Die Kreativmetropole Berlin ist eine Stadt für diejenigen, die sich ausruhen. **Hier wird viel geredet, aber selten etwas umgesetzt.**

Ich kenne einen Mann, der seit Jahren an einem Drehbuch schreibt. Er arbeitet als Barkeeper, um das zu finanzieren. Wenn ich mich erkundige, wie sein Projekt läuft, antwortet er gut gelaunt: „Es läuft, es entwickelt sich."

Mein Bekannter bleibt optimistisch. Immer noch. Er redet seit fünf Jahren von diesem Drehbuchprojekt. Inzwischen habe ich allerdings den Eindruck, der eigentliche Plan ist gar nicht das Drehbuch, der Plan ist, darüber zu reden. Vermutlich wird mein Bekannter nie fertig werden. Aber so wie es aussieht, kommt es darauf auch nicht an.

Beunruhigend war jedoch ein Gespräch, das wir vor einigen Wochen führten und in dem er mir erzählte, dass er 10 000 Euro Schulden hat.

„10 000 Euro", sagte ich fassungslos.

„Abgerundet", erklärte er gemütlich. „Irgendwie muss ich mein Projekt ja finanzieren."

Ich nickte, obwohl mich ein solcher Betrag schon unruhig machen würde. Ich überschlug, wie lange er benötigen würde, um die Schulden abzuzahlen, weil ich ja auch seine Einkommenssituation kenne.

Ich kam auf 17 Jahre. Abgerundet.

„Wann ist es denn fertig?", fragte ich.

„Na ja", sagte er, „ich feile noch an den Feinheiten. Wenn das Drehbuch fertig ist, mach ich erst mal ein Jahr frei."

Ein Jahr frei. Ganz entspannt. Das Selbstverständnis eines Bong-Rauchers.

Aber was soll ich sagen, mein Bekannter passt zu dem neuen, hippen Berlin. **Vielleicht beschreibt er die Stadt sogar am besten. Zu diesem Bild des Unfertigen, das man mit Berlin verbindet.** Sie passen gewissermaßen zur Philosophie. Allerdings scheint der wichtigste Bestandteil dieser Philosophie zu sein, Fehler als Stil umzudefinieren. Das scheint ein Prinzip der Stadt zu sein.

Kürzlich war ich mit meinem Freund Christoph in einem italienischen Restaurant in der Münzstraße in Berlin-Mitte essen, das sich in einem dieser grauen Plattenbauten befand, die kurz vor der Wende fertig gestellt wurden und die damals als Vorzeigewohnungen galten. Inzwischen kann man sich die Gebäude auch ganz gut in Rumänien vorstellen. Wenn man vom Alexanderplatz Richtung Münzstraße blickt, wirken sie einfach nur störend. Ich habe mich oft gefragt, warum sie nicht abgerissen werden. Aber sie zu erhalten passt dann doch zum Prinzip der Stadt.

So gesehen sind die Hipster die wahren Berliner. Sie kleiden sich geschmacklos und verkaufen das als Stil. Ihre Rebellion ist es, perfekte Konsumenten zu sein. Sie passen zu den hässlichen

Plattenbaufassaden der Münzstraße, in denen sich die Filialen teurer Marken befinden. Die Mieten müssen eine Zumutung sein. Ein Hugo-Boss-Manager hat einmal in einem Interview erzählt, dass es nur zwei Hugo-Boss-Filialen gibt, die sich nicht rechnen. Weltweit. Und zwar die in New York und die am Hackeschen Markt.

Das erinnert an das Ende der Neunzigerjahre, in denen ja viele Zugezogene angenommen haben, es wäre ein Erlebnis, in Plattenbauten zu wohnen, weil ein Coca-Cola-Werbespot und ein paar Musikvideos in den Hochhäusern am Platz der Vereinten Nationen spielten.

In der Münzstraße sprachen Christoph und ich über den Drehbuchautor, den er ebenfalls kennt.

„Alter!", sagte Christoph deutlich. „Ich versteh die Leute nicht. Die denken einfach nicht weiter. Berlin ist so ein asoziales Pflaster, es zieht solche Leute an. Wenn ich schon diese Leute sehe, die immer an irgendwelchen Projekten arbeiten, den ganzen Tag mit ihrem MacBook im Café sitzen und letztendlich doch alle von Hartz IV leben."

„Na ja", sagte ich vorsichtig, denn ganz so pauschal kann man das natürlich nicht sagen, aber ich kam gar nicht dazu, etwas hinzuzufügen, denn Christoph war schon weiter.

„Das ist irgendwie alles so – ich weiß nicht – das ist so eine Scheinwelt. Es ist schwer, Leute zu finden, die auch mal ein bisschen weiter denken. Die sind nicht alle ewig dreißig. **Viele verstecken sich ja hinter Sätzen wie ‚Ich mach Projekte'. Wenn man reiche Eltern hat, dann kann man das machen.**"

Aus irgendeinem Grund hatte ich das Gefühl, unseren Freund verteidigen zu müssen, und sagte: „Aber das ist ja auch das Image der Stadt. Und es sind ja auch solche Leute …"

„… die Berlin so bunt machen?" rief Christoph. „Scheiße! Wie die Leute in diesem besetzten Haus in Friedrichshain, das sie vor ein paar Jahren geräumt haben? Hast du das mitbekommen? Die haben Ausgleichswohnungen in Weißensee angeboten bekommen. Die wollten sie nicht, war ihnen nicht zentral genug."

Ich machte eine abwehrende Geste, weil ich das Gefühl hatte, dass unser Gespräch gerade in eine falsche Richtung lief, aber Christoph schien sich wieder zu beruhigen. Ich fragte mich, was er wohl wählt, und offen gestanden wunderte es mich ein bisschen, warum Christoph nicht begriff, wie sehr die Leute, über die er sich so aufregte, eigentlich zu Berlin passen.

Genauso wie die Berliner Lokalpolitik. Das Phänomen in der Berliner Lokalpolitik ist ja nicht, dass sich die Eröffnung des Flughafens permanent verschiebt und immer teurer wird oder dass mit der „East Side Gallery" ein kulturelles und historisches Denkmal abgerissen wird, weil wirtschaftliche Interessen wichtiger sind. **Das wirkliche Phänomen ist, dass die Verantwortlichen keine Konsequenzen dafür tragen müssen.** In anderen Bundesländern wäre die Karriere beendet, wenn ein Politiker über ein solches Großflughafenprojekt gestolpert wäre. In Berlin lehnte sich Klaus Wowereit schmunzelnd zurück, sagte ein paar ruhige Worte und saß es aus. Ganz entspannt. Der Mann ist ein Berliner Phänomen. Ein Fehler, der zum Stil umdefiniert wurde.

Heiner Müller hat einmal gesagt: „Sollte Geschichte stattfinden, wird Berlin der Anfang sein."

Das war 1982. Da hatte er schon recht, wenn man die Entwicklungen der folgenden Jahre sieht. Aber heute? Ehrlich gesagt bin ich mir nicht sicher, ob dieser Satz heute noch zutrifft. Es sieht nicht gut aus. Ich fürchte, Müllers Worte sind inzwischen überholt.

Wollen wir hoffen, dass ich nicht recht behalte.

Bitte!

Es herrscht Krieg da draußen

Als ich noch als Angestellter gearbeitet habe, stellte es mich hin und wieder vor Rätsel, warum einige meiner Kollegen überhaupt in einer Beziehung sein konnten, wie es möglich war, dass sich jemand in sie verlieben konnte – vor allem, wenn man davon ausging, wie sie sich im Arbeitsalltag gaben.

Ich spreche von dieser Art Kollegen, die annehmen, sie würden ihre Mitarbeiter mit Sätzen motivieren, die in Filmszenen ausreichen, um eine Figur festzulegen, gegen die die Zuschauer sind. Sätze wie: „Es steht nicht in meiner Stellenbeschreibung, dass ich freundlich zu inkompetenten Mitarbeitern sein soll." Oder: „Das ist eine Werbeagentur, und kein Resozialisierungsprojekt."

Ich habe mich oft gefragt, wie es möglich ist, dass sich jemand in einen Menschen verlieben kann, der sich so im Berufsleben gibt. Inzwischen weiß ich, dass es gar nicht so abwegig ist. **Ein Mensch kann sich im Berufsleben sehr von dem Menschen unterscheiden, der er im Privatleben ist. Sie können einander sogar ausschließen. Es sind verschiedene Rollen, zwei Gesichter.** Sozusagen zwei Versionen derselben Person.

Ich weiß das, aber auch heute frage ich mich manchmal, ob sich die Partner bestimmter Menschen in sie verliebt hätten, wenn sie sie als diejenigen kennengelernt hätten, die sie im Berufsleben sind.

Aber es gibt Momente, in denen diese Fassaden aufbrechen können, auf Weihnachtsfeiern zum Beispiel. Das liegt natürlich am Alkohol. Kollegen, die man zu kennen glaubt, offenbaren plötzlich äußerst ungewohnte Seiten ihres Charakters. Man lernt sie gewissermaßen aufs Neue kennen.

Das muss nicht immer vorteilhaft sein.

Vor einigen Jahren hat mich beispielsweise auf einer Weihnachtsfeier eine meiner Kolleginnen zur Seite genommen und wortlos zur Bar gezeigt, an der sich unser Teamleiter Alex mit dem

Geschäftsführer unserer Firma unterhielt. Ihr Blick war fassungslos, sie schien gerade etwas gesehen zu haben, das ihr die Sprache verschlug.

Ich folgte ihrem Blick und war ebenfalls fassungslos. Ich rang sogar einen kurzen Augenblick nach Worten, bevor ich begriff, dass ich meine Fassungslosigkeit irgendwie gar nicht in Worte fassen konnte, denn das, was wir da sahen, konnte uns nur die Sprache verschlagen. Wir sahen unseren Teamleiter lachen.

„Es ist das erste Mal, dass ich eine menschliche Regung an ihm sehe", sagte meine Kollegin ergriffen, aber auch mit einem Hauch Angst in ihrer Stimme. Alex lachte nämlich eher selten. Er grüßte auch selten. Wenn man ihn auf dem Büroflur grüßte, erwiderte er die Begrüßung mit einem unwilligen Laut, als wäre er ein gefährliches Raubtier, das gestört wurde, und das war, glaube ich, auch das Selbstbild des Mannes.

Er war Anfang vierzig, aber das sah man nicht. Er hatte volles Haar, perfekte Zähne und erinnerte an Dieter Bohlen. Er konnte Sätze sagen wie: „Du solltest mal darüber nachdenken, deinen Kleidungsstil zu ändern – dein Aussehen passt nicht zur Corporate Identity der Company." Oder auch: „Weißt du, deine fachliche Kompetenz stelle ich gar nicht infrage, du leistest hier wirklich gute Arbeit. Aber ich will ehrlich zu dir sein, du bist mir nicht sympathisch, und ich arbeite nur gern mit Menschen zusammen, die mir sympathisch sind."

Unser Teamleiter war gewissermaßen eine entmenschlichte Bohlen-Variante, was schon einiges heißt, denn schon Dieter Bohlen gilt ja nicht unbedingt als großer Menschenfreund.

Er hatte wohl auf einem Führungskräfteseminar gelernt, Mitarbeiter wären nur zu motivieren, indem man eine Angstkultur aufbaute. Dazu passte auch seine Lieblingsfloskel. Sie lautete: „Es herrscht Krieg da draußen." Alex hielt sich offenbar für einen Kriegshelden, und bedauerlicherweise hatte er auch irgendwann begonnen, sich so zu kleiden.

Der Anlass meiner letzten längeren Unterhaltung mit ihm war mein Mitarbeitergespräch. Ich wurde gelobt, was mir egal war.

Wirkliche Anerkennung zeigte die Geschäftsführung meiner Auffassung nach damit, wie viel Geld ihr ihre Mitarbeiter wert waren. Als es schließlich um das Gehalt ging, zeigte er sich als Meister der vagen Formulierung. Alex hielt einen zwanzigminütigen Monolog. Teilweise verstand ich nicht einmal, was der Mann da überhaupt erzählte. Irgendwann warf er einen Blick auf die Uhr, erzählte von dem Krieg, der da draußen herrscht, und betrachtete den silbernen Totenkopfring an seiner rechten Hand.

Dann sagte er: „In Anbetracht der schwierigen wirtschaftlichen Situation haben wir im Controlling durchrechnen lassen, in welcher Höhe sich die Company eine Gehaltsanpassung leisten kann: 2,9 Prozent des derzeitigen Bruttogehaltes. Mehr kann ich dir nicht bieten".

Es klang wie: „Dieses Gespräch ist jetzt beendet" oder „Es herrscht Krieg da draußen". Aber darauf lief bei dem Mann ja irgendwie alles hinaus.

Auf Alex selbst und den Krieg da draußen.

Ich schwieg, blickte auf seine glänzenden Armeeschuhe, auf die Armeehose und das schwarze enganliegende T-Shirt. Ich hatte das Gefühl, als würde ich hier mit John Rambo meine Gehaltserhöhung verhandeln. Der lachte ja auch selten. Ich dachte, dass es eigentlich eine Zumutung war, in diesem militanten Aufzug ein Mitarbeitergespräch zu führen. Es herrschte schließlich nicht für jeden Krieg da draußen. Lange würde es wohl nicht mehr dauern, bis der Mann in der Firma eine Waffe trug. Vielleicht machte er gerade eine Therapie, und diese Imageänderung war Teil seines Selbstfindungsprozesses. Blieb nur zu hoffen, dass er niemanden niederschoss, bevor er sich fand. Es war schon verstörend. Der Mann war Entscheider in einer der umsatzstärksten Werbeagenturen der Stadt. Ein Leistungsträger in Deutschland.

Tja.

Solche Menschen lösen in einem Impulse aus. Zum Beispiel den Impuls zu kündigen. Ich meine, nicht einfach nur zu kündigen, sondern mit einer Botschaft zu kündigen. Alex hätte eine Kündigung verdient, wie Edward Norton in dem Film *Fight Club* hatte. Er hatte eine Kündigung verdient, die ein Symbol war. Damit er endlich mal aufwachte. Aber davon war ja irgendwie nicht auszugehen. Auf der Weihnachtsfeier lachte er immer noch dieses herzliche Lachen, das nicht zu ihm passte. Er wirkte gelöst. Wahrscheinlich diskutierte er gerade Theorien über die Schnittmenge der aktuellen wirtschaftlichen Situation und diversen Kriegsschauplätzen. Nicht unbedingt ein angemessenes Thema auf einer Weihnachtsfeier, aber ein Thema, in dem er sich wohl zu Hause fühlte.

„Dieser Typ hat überhaupt keine Menschenkenntnis, überhaupt keine Empathie", sagte meine Kollegin. „Das ist kein Führungsverhalten. Das geht eigentlich gar nicht, was er da macht. Der Mann ist 'ne soziale Zeitbombe. Der kann irgendwann jemanden an die Wand fahren und merkt's nicht mal. So ist der."

„Ich glaub, der kriegt das gar nicht mit", sagte ich. „Das kommt gar nicht bei ihm an."

Meine Kollegin nickte traurig, bevor sie ein wenig verzweifelt zur Bar ging, um sich noch einen Drink zu holen.

Einige Stunden darauf ergab es sich, dass ich mit Alex' Frau ins Gespräch kam, die ebenfalls auf der Weihnachtsfeier war. **Als wir uns kurz über ihn unterhielten, schienen wir über verschiedene Menschen zu sprechen.** Sie zeichnete das Bild eines warmherzigen, umsichtigen und verantwortungsvollen Menschenfreundes.

Ich war irritiert. Irgendetwas passte hier ganz und gar nicht zusammen. Die Fassade des unbarmherzigen Kollegen schien aufzubrechen, der Mensch wurde sichtbar. Ich sagte nicht mehr viel, ich stellte nur noch Fragen, denn unsere Unterhaltung wurde immer interessanter.

Dann wurde sie jedoch für meine Begriffe ein bisschen zu interessant.

Weil seine Frau wohl schon ein wenig angetrunken war, zeigte sie mir ganz begeistert auf ihrem Handy die vielen kurzen Gedichte, die er ihr in den letzten Monaten geschrieben und als SMS geschickt hatte.

Es waren Liebesgedichte.

Mein Blick glitt über die Zeilen und ich spürte, dass gerade etwas passierte. Ich sah den Mann mit anderen Augen. Aber nicht so, wie ich es eigentlich erwartet hätte. Er war mir peinlich. Es fiel mir schwer, den Mann ernst zu nehmen. Als Vorgesetzten. **Es gibt Dinge, die man dann wohl doch nicht von seinem Vorgesetzten wissen will. Seine unbeholfene lyrische Seite gehört dazu.**

Aber trotz dieses peinlichen Gefühls war es ein Schlüsselmoment. Ein Moment, in dem ich begriff, wie sehr sich der Privatmensch Alex von dem Alex im Berufsleben unterschied.

Es war ein Moment, der mich geprägt hat, denn immer wenn ich sehe, wie unbarmherzige und cholerische Vorgesetzte mit ihren Mitarbeitern umgehen, stelle ich mich vor, wie weich, sensibel und verletzbar sie sich wohl im Privatleben geben.

Bis letzten Freitag, als ich meine ehemalige Kollegin traf, die mir erzählte, dass sich unser martialischer Teamleiter kürzlich einen Bauernhof gekauft hat, um dort Wein anzubauen.

„Auf einem Sechzig-Quadratmeter-Feld, das er selbst bestellt", sagte sie.

„Das klingt ja richtig romantisch", sagte ich. Ein Wort, das ich mit ihm früher nie verbunden hätte. Inzwischen passte es. Das schien meine Theorie zu bestätigen.

„Ach ja, und er hat sich von seiner Frau getrennt", sagte meine Kollegin.

„Wie bitte?", sagte ich.

„Ja", sagte sie.

Sie erzählte, dass er sich von ihr mit der Feststellung getrennt hatte, dass er jetzt beruflich noch einmal richtig durchstarten wolle. „Und du bist nicht die Frau, die dazu passt", sagte er.

„Scheiße", sagte ich.

Das war doch mal ein Scheidungsgrund. Der Mann hatte seine Art, sich im Berufsleben zu geben, im Privatleben angewandt. Wahrscheinlich war meine These ja doch zu weit hergeholt. Die Tragik eines Menschen, der sich mit solchen Argumenten von seiner Frau trennt, ist es ja offensichtlich, ohne Gewissen auf die Welt gekommen zu sein. So wie ja auch Jean-Baptiste Grenouille, der Protagonist von Patrick Süskinds Roman *Das Parfum*. Es gibt Parallelen.

Wenn man allerdings an Grenouilles Ende denkt, sieht die Zukunft von Alex nicht unbedingt rosig aus. Womöglich hatte er sich ja aus ähnlichen Gründen diesen Bauernhof gekauft, aus denen sich Grenouille in eine Höhle auf dem Gipfel dieses französischen Gebirges zurückgezogen hat, um sich in dieser Abgeschiedenheit selbst zu finden.

Wir wissen ja alle, dass Grenouille feststellen muss, dass da nichts ist, was es sich zu finden lohnt. Dieses Szenario kann ich mir bei Alex auch ganz gut vorstellen. Vielleicht war die Idee mit dem Bauernhof ja doch nicht so gut.

Er sollte lieber zu Hause bleiben, in der Firma. Er braucht etwas, das ihn ablenkt, um nicht mit sich allein zu sein. Da draußen herrscht schließlich Krieg.

DREISSIG IST DAS NEUE ZWANZIG

Der Zwölfjährige in mir

Als meine Eltern Rentner wurden, erzählte mir meine Mutter von ihren Ängsten, in einigen Jahren nur noch über das Wetter, Krankheiten und das Essen zu sprechen. Das Wetter, Krankheiten und das Essen gelten als klassische Rentnerthemen, und meine Eltern sind noch nicht bereit, sich in eine Rentnerrolle zu fügen. Sie befürchten, dass diese Themen zu ihrem Hobby werden können.

„Man ist so alt, wie man sich fühlt", sagte meine Mutter entschlossen, allerdings spürte ich ihre Angst, sie würde – ganz unbemerkt – in diese Rolle gleiten. Veränderung nimmt man erst wahr, wenn sie stattgefunden hat. In dem Film *Whiskey mit Wodka* sagt der Schauspieler Henry Hübchen: „Man wird nicht älter. Irgendwann wacht man morgens auf und ist alt." Ein Satz, der Angst macht. Vielleicht hatte meine Mutter daran gedacht. Vielleicht fürchtet sie auch das Gefühl, aufgegeben zu haben, wenn sie beginnen sollte, über Krankheiten zu sprechen, als wären sie eine Art Hobby.

Meine Mutter spricht mir aus der Seele, vielleicht weil in meinem Leben häufig Momente vorkommen, in denen mich Freunde als „Zwölfjährigen, gefangen im Körper eines Erwachsenen" charakterisieren.

So gesehen habe ich noch 55 Jahre Zeit, psychologisch gesehen. Ich kenne allerdings Menschen in meinem Alter, die schon weiter sind. Wenn ich es richtig einschätze, werden sie sehr glückliche Rentner sein. Eigentlich sind sie es jetzt schon, wenn man von ihren Interessen, Themen und Befindlichkeiten ausgeht.

Ich habe einen Bekannten, der, seitdem er mit seiner Freundin zusammen ist, im Rentnerhimmel angekommen ist. **Wenn wir uns gelegentlich zum Essen treffen, ist er ein Mittdreißiger, wenn man ihn zu Hause anruft, scheint er um vierzig Jahre gealtert zu sein.** Essen ist das große Thema ihrer Beziehung. Wenn er mit seiner Freundin telefoniert, besprechen sie, was sie abends essen werden. Manchmal habe ich das Gefühl, als würde jedes ihrer

Gespräche darauf hinauslaufen. Auch wenn es um etwas ganz anderes geht. Manchmal stelle ich mir vor, wie mein Bekannter an Sonntagvormittagen in diesen Werbebeilagen blättert, die immer kostenlos im Briefkasten liegen, und die Sonderangebote mit seiner Freundin auswertet. Vielleicht mit Sätzen wie: „Kiek ma, Jeflügelfrikadellen sind im Anjebot. Is dit billig!" Und das ist ein Gedanke, der mir schon Angst macht.

Ähnlich ging es mir an einem Morgen vor ungefähr zehn Jahren, als ich noch in einer Kölner Werbeagentur arbeitete. Ich war gerade im Büro eingetroffen und ging schnell in die Küche, um mir einen Kaffee zu machen. Es war einer dieser Tage, an denen einem irgendwie der Schwung fehlt. Genau genommen hatte ich noch nicht einmal Anlauf genommen, der Tag war weiter als ich. Nach dem ersten Kaffee würde sich das hoffentlich ändern. Nach dem ersten Kaffee musste sich das ändern. Ich würde mir einen doppelten machen, und eine halbe Stunde später dann noch einen.

Als ich die Küche betrat, standen zwei Kolleginnen an der Kaffeemaschine und unterhielten sich. Ich stellte mich zu ihnen und wartete. Mir fiel auf, dass sie sich sehr ähnlich sahen, was daran liegen konnte, dass beide die gleiche Haarfarbe und -länge trugen. Auch ihr Lachen klang sehr ähnlich. Sie lachten zu viel und leider auch zu laut.

Als ich sechs Minuten später auf die Uhr sah, wartete ich immer noch. Sie schienen mich nicht wahrzunehmen, was offenbar an ihrem Gesprächsthema lag. Leider, muss man wohl sagen, denn seitdem ich die Küche betreten hatte, sprachen sie über das Wetter.

Das Wetter.

Ein Thema, bei dem es ja eigentlich nicht allzu viel zu lachen gibt, aber es war ja auch ein Thema, über das es mit Anfang zwanzig eigentlich nicht viel zu besprechen gab, eher mit Mitte sechzig. Das gab der Szene etwas Surreales. Zwei junge blonde Frauen, die sich beunruhigend ähnlich waren, besprachen angeregt Themen, über die sich eigentlich Rentner unterhalten.

Mein Blick glitt langsam an ihren langen Haaren hinunter, in dem man sich fast verlieren konnte. Sie waren lang und blond und das Haar schimmerte im Licht der Morgensonne. Wahrscheinlich brauchten sie zwei Stunden, um ihre Frisur so hinzubekommen. Offensichtlich waren sie Frühaufsteherinnen.

Als ich den Blick wieder hob, war ihr Gespräch verstummt. Ich blickte in ihre Gesichter, die nicht mehr lachten. Ihre Augenbrauen zuckten skeptisch nach oben. Offenbar nahmen sie an, ich hätte ihnen seit meinem Eintreffen auf den Hintern gestarrt, und gewissermaßen versucht, mental zu onanieren. Und so sahen sie mich auch an. Es waren „Von-dir-habe-ich-das-erwartet-du-notgeiler-Wichser"-Blicke. Unglücklicherweise wurde ich auch noch rot. Ich versuchte ein entschuldigendes Lächeln. Wahrscheinlich sah ich jetzt wirklich wie ein notgeiler Wichser aus, und ich fühlte mich auch tatsächlich wie ein ertappter Teenager.

Die Frauen tauschten einen vielsagenden Blick und gingen schnell an mir vorbei. Bedauerlicherweise war mir aufgefallen, dass sich etwas in ihre entrüsteten und vielsagenden Blicke mischte, das auch nicht unbedingt besser war. Es gab eine neue Geschichte, freuten sich diese Blicke, und sie würden sie erzählen. Sie würden es allen erzählen. Wenn man so wollte, hatte ich gerade das Wetter abgelöst. Die Legende begann Gestalt anzunehmen. Es war nur zu hoffen, dass in den nächsten Tagen keine Abmahnung wegen sexueller Belästigung auf meinem Schreibtisch lag.

Ein guter Start in den Tag, dachte der Zwölfjährige in mir. Dann machte ich mir einen Kaffee. Einen Doppelten. Ungefähr acht Jahre später verwarf ich den Gedanken, einen Kaffee zu trinken – zugunsten eines Gin Tonic. Es war letzten Sommer. Ich hatte mich gegen sechzehn Uhr mit einer Frau namens Manuela im Café Schoenbrunn getroffen. Es war unser erstes Date und sie war wirklich attraktiv, wie ich fand, allerdings verlor sich ihre Attraktivität im Laufe der folgenden Stunde. Und das hatte gute Gründe. Gründe, aus denen man einen Gin Tonic bestellt, obwohl man ja eigentlich einen Milchkaffee bestellen wollte.

Es begann mit einer harmlosen Frage. „Und, was hast du letzte Woche gemacht?", fragte ich.

„Ach, da gibt's gar nicht so viel zu erzählen", sagte sie. „Ich war letzte Woche krankgeschrieben. Mittelohrentzündung."

„Oh", sagte ich und schwieg einige Sekunden. Ich wollte das Thema nicht vertiefen, aber irgendetwas musste ich ja sagen. Dann fiel mir noch eine Frage ein.

„Tut so etwas eigentlich weh?", fragte ich.

„Eigentlich sogar ziemlich", sagte sie und sah mich dankbar an.

„Oh", sagte ich noch einmal.

„Ich hab Antibiotika bekommen und die Schmerzen waren nach einem Tag weg", sagte sie. „Das ist sehr ungewöhnlich. Ich bin sozusagen ein kleines Wunder."

Ich nickte. Ein kleines Wunder. Aha.

Ich war mir nicht sicher, wo ich jetzt anknüpfen sollte, um elegant das Thema zu wechseln, aber Manuela war schon weiter. Sie schien häufig krank zu sein, und leider schien sie auch gern über ihre Krankheiten zu reden. Es gibt Themen, über die ich bei einem ersten Date ungern spreche. Krankheiten gehören dazu. Ich bin irgendwie nicht in der Lage, ungezwungen über Krankheiten zu reden. Es ist kein Thema, das mich betrifft. Man darf mich jetzt nicht falsch verstehen, natürlich kann man mit mir über Krankheiten sprechen, allerdings finde ich es schon ein wenig schwierig, wenn man mit mir über Krankheiten spricht, als wären sie ein gemeinsames Hobby. Unsere Basis gewissermaßen. Und bei ersten Dates geht es ja darum, Gemeinsamkeiten zu finden, auf denen man aufbauen kann.

Nun ja.

Manuela erzählte von ihren Rückenproblemen, einem Hörsturz und ihren Hautproblemen. Nach einer Viertelstunde hatte ich begriffen, dass es keine Gemeinsamkeiten gab, die wir herausarbeiten konnten. Wir lebten beide in Berlin, mehr war da offensichtlich nicht. Als die Bedienung kam, verwarf ich den Gedanken an einen Milchkaffee, bestellte einen Gin Tonic und versuchte der Bedienung mit einem Blick zu verstehen zu geben, dass der Drink möglichst viel Gin enthalten sollte. Ich glaube nicht, dass sie ihn verstanden hat.

„Ich hab ja auch ganz schlimme Haut", sagte Manuela, als die Bedienung verschwunden war. „Das sieht man jetzt durch das

Make-up nicht. Ich hab jetzt auch wieder Kortison bekommen, weil meine Augenlider so geschuppt haben."

„Oh", sagte ich, inzwischen schon zum neunten Mal. Es wurde langsam unappetitlich. Glücklicherweise aßen wir nicht.

„Ja, mir sind Schuppen von den Augenlidern gefallen", sagte Manuela. „Richtige Hautfetzen. Ungelogen. Ich musste abends kratzen, und wenn ich gekratzt hab, waren die morgens immer total angeschwollen."

So detailliert hatte ich das gar nicht erwartet. Ich hoffte, dass sie nicht gleich von irgendwelchen Ekzemen, Pilzen oder ihrer Darm- und Vaginalflora erzählen würde. Ich fühlte mich in der Defensive, als wäre ich ihr ausgeliefert.

Ein Zwölfjähriger, der im Körper eines Enddreißigers gefangen war, traf sich mit einer Vierundsiebzigjährigen im Körper einer Neunundzwanzigjährigen. Das waren zweiundsechzig Jahre Altersunterschied. Größer als zwischen meiner Großmutter und mir. Das war alles sehr beunruhigend.

Allerdings hat Manuelas Ansatz einen entscheidenden Vorteil: Sie ist einer der glücklichen Menschen, die sich nie zu alt fühlen. Aber leider gehört sie – im Gegensatz zu mir – zu einer Minderheit. Es gibt Erhebungen, in denen festgestellt wurde, dass sich der Deutsche durchschnittlich acht Jahre jünger fühlt als er ist. **Wenn man sich jünger fühlt, als man ist, und auch das entsprechende Leben führt, beginnt einen irgendwann der Körper mit einer gewissen Konsequenz an sein physisches Alter zu erinnern.** Die Regenerationsphasen nach langen Nächten sind da ein gutes Beispiel. Als ich Anfang zwanzig war, konnte ich an drei aufeinanderfolgenden Tagen ausgehen, ohne dass es mir ernsthaft schlecht ging. Inzwischen spüre ich eine Party, die ich am Freitag besucht habe, sonntags immer noch. Und ich kenne nicht wenige Menschen in meinem Alter, die sie montags noch spüren.

Ich habe einen Bekannten, den dieses Problem seit einigen Jahren quält. Bei ihm ist es allerdings eher eine ästhetische Frage, denn er beschäftigt sich sehr intensiv mit seinem Haaransatz. Er bemüht sich, nicht so genau hinzusehen, wenn er morgens vor dem Bade-zimmerspiegel steht.

„Noch geht's", sagte er kürzlich zu mir. „Noch kommt es auf die Lichtverhältnisse an."

Er erzählte mir traurig, dass er die meiste Zeit seiner morgend-lichen Toilette damit verbringt, sein Haar in die richtige Position zu bringen. Mit Haarwachs funktioniert das ziemlich gut, aber er weiß auch, dass er es irgendwann nicht mehr kaschieren kann. Allerdings hat er auch für diese Zeit einen Plan. Wenn es einmal lächerlich sein würde, sein verbliebenes Haar jeden Morgen in neue Zusam-menhänge zu schieben, würde er sich eine Glatze rasieren, eine dieser großen Designer-Hornbrillen kaufen und sich einen Voll-bart wachsen lassen. Hin und wieder würde er vielleicht auch einen Hut tragen.

„Hüte sind ja wieder im Kommen", sagte er. Ich nickte ver-ständnisvoll.

Nun ja, ich weiß nicht, irgendwie finde ich es unwürdig, Hüte zu tragen, um Haarausfall zu kaschieren. Aber diese Bedenken würde ich wahrscheinlich ebenfalls hinter mir lassen, wenn es bei mir ein-mal so weit sein sollte. Wenn man keine Wahl mehr hat, verschiebt sich schnell die Perspektive.

Wenn ich jetzt so darüber nachdenke, bin ich mir nicht einmal sicher, ob meine Kopfform es überhaupt zulässt, mit einer gewis-sen Würde Glatze zu tragen. Christian Kracht hat einmal gesagt, der Schriftsteller und Glatzenträger Nick Hornby erinnert ihn immer irgendwie an einen Penis. Eine Befürchtung, die einem Mann schon sehr nah gehen kann.

Vor einigen Wochen war mein Bekannter wegen seines Pro-blems beim Arzt – bei einer „Haarsprechstunde". Er hat ein halbes Jahr auf den Termin gewartet, das Gespräch dauerte zehn Minu-ten. Ein halbes Jahr für zehn Minuten, in dem ihm ein Experte versicherte, dass es eigentlich schon zu spät war. In seinem Alter würde es immer schneller gehen, sagte der Arzt. Man könnte den Prozess nur verlangsamen, indem man täglich Medikamente nahm. Teure Medikamente, die Nebenwirkungen wie Depressionen und

Erektionsprobleme auslösten. Und man müsste sie immer nehmen, gewissermaßen bis zum Lebensende. Ein Preis, der meinem Bekannten dann doch zu hoch war. Er versucht sich damit zu trösten, dass er ja noch ein paar Jahre Zeit hat und dass es auch Frauen geben soll, die Männer mit Glatze mögen. Viel Trost ist das nicht, vor allem, wenn einem Christian Krachts Nick-Hornby-Charakterisierung einfällt. Aber man darf nicht allzu sehr darüber nachdenken, denn auch solche Gedanken können zu einer Art Hobby werden.

Letztlich ist es eine Frage der Eitelkeit, das ist der Preis, wenn man sich acht Jahre jünger fühlt – durchschnittlich. Aber das ist nicht der einzige Preis. Ich kenne nicht viele Leute in meinem Alter, die Eltern sind. Man plant seine Kinder mit Mitte, Ende dreißig. Junge Eltern legen wir schnell sozial fest, was ja schon irgendwie traurig ist, obwohl das Klischee meistens zutrifft, was eigentlich noch trauriger ist.

Vierzigjährige gelten als die neuen Dreißigjährigen, aber wenn meine Eltern über vierzigjährige Söhne ihrer Bekannten sprechen, fällt mir auf, wie alt das klingt. Bis mich der Gedanke irgendwie ganz unerwartet trifft, dass ich ja selbst in dem Alter bin.

Als ich vorletztes Wochenende meine Eltern besuchte und einige dieser unreifen Scherze machte, die meine Mutter eigentlich nicht so mag, fragte sie energisch: „Michael, wann wirst du endlich mal erwachsen?"

Ich sah sie dankbar an.

Es ging dem Zwölfjährigen in mir näher, als ich dachte.

„Männer reifen, Frauen welken"

Am letzten Dienstag fiel mir während einer Raucherpause auf der sonnenbeschienen Terrasse meines Büros auf, dass mein Bekannter Jan, der mich gerade besuchte, auffallend gut aussah. Irgendwie gesünder und frischer als sonst. Irgendwie – wie soll ich sagen – jünger. Die Spuren, die sein Lebensstil in den letzten zehn Jahren hinterlassen hatte, waren verschwunden. Ich sah ihn beeindruckt an, obwohl mir auch aufgefallen war, dass seine Haut vor allem um die Augenpartie eine ungewohnte Struktur hatte. Jan war offensichtlich in Besitz eines Geheimnisses. Das Rauchen hatte er ja offensichtlich nicht aufgegeben, aber womöglich hatte er seine Ernährung umgestellt. Vielleicht war es so einfach.

Es war noch einfacher.

„Dit is Concealer", sagte Jan, als ich ihn darauf ansprach. Dann fügte er schnell und auch ein wenig peinlich berührt hinzu: „Sieht man dit?"

„Nur, wenn man ganz nah ran geht", sagte ich vorsichtshalber, obwohl man es schon sah, wie ich fand. Dann sagte ich schnell: „Aber nur, wenn man es weiß."

Was sollte ich auch sonst sagen. Jan zog beruhigt an seiner Zigarette. „Puh", dachte ich. Da hatte ich wohl gerade noch mal die Kurve gekriegt.

Concealer also.

Ein Produkt, von dem ich bisher nur ein vages Bild hatte. Aber nachdem ich, an meinen Arbeitsplatz zurückgekehrt, im Internet recherchiert hatte, wusste ich: Ob als Stick, Pinsel oder Creme – Concealer sind echte Allroundtalente. Sie mogeln Fältchen und Augenschatten weg, modellieren die Konturen und lassen das Gesicht leuchten.

Jetzt hatte ich ein Bild.

Jan ist achtunddreißig, ein Alter offenbar, in dem man sich etwas einfallen lassen muss, um anderen zu beweisen, dass

man jung geblieben ist. Ich fragte mich, ob er Stick, Pinsel oder Creme benutzte.

Es ist schon schwierig mit dieser unangenehmen Diskrepanz zwischen gefühltem und gelebtem Alter. Ich habe ja schon erwähnt, dass sich der Durchschnittsdeutsche circa acht Jahre jünger fühlt, als er tatsächlich ist. Das passt. Wenn man allerdings nach dem Aufstehen sein Gesicht im Badezimmerspiegel erblickt, passt es irgendwie doch nicht mehr so richtig.

In solchen morgendlichen Badezimmerspiegelmomenten kann es nämlich vorkommen, dass man mit vierunddreißig schon mal wie gelebte einundvierzig wirkt. Wenn man dann auch noch schlecht geschlafen hat, fühlt man sich auch noch so alt, wie man gerade aussieht. Und wenn man bedenkt, dass man sich ja eigentlich 8,3 Jahre jünger fühlt, ist man in der letzten Nacht praktisch um fünfzehn Jahre gealtert. Das kann sehr deprimierend sein.

Man spürt einen Druck. Den Druck, jetzt unbedingt etwas unternehmen zu müssen. Und zwar sofort. Man könnte das Rauchen aufgeben, weniger trinken, sich bewusster ernähren oder mehr schlafen. Oder – man könnte Make-up benutzen.

Ich kenne einen Mann in meinem Alter, der schon vor einigen Jahren begonnen hat, Make-up zu benutzen. Es begann ebenfalls an einem Morgen, an dem er hilflos sein verquollenes Gesicht und seine Augenringe im Badezimmerspiegel betrachtete. Dann fiel sein Blick auf das Make-up, das eine Frau, die nach einer Clubnacht bei ihm übernachtet hatte, in seinem Badezimmer vergessen hatte.

Er benutzte es.

Mein Bekannter hat natürlich einen Anfängerfehler gemacht. Er hat sich nicht beraten lassen. Denn unglücklicherweise traf das Make-up seinen Hautton irgendwie nicht so richtig, weil dessen ursprüngliche Besitzerin neben ihrem auffallend blondierten Haar auch eine solariumstrapazierte Haut besaß. Mein Bekannter ist eher ein blasser Typ. Aber in diesem hilflosen Moment vor dem Spiegel schien ihm der Unterschied nicht aufzufallen. **Ihm fiel aber auf, dass sich etwas veränderte, und vielleicht reicht das in solchen Momenten schon. Er begann, täglich Make-up zu benutzen.**

Einige Tage darauf drangen erste Gerüchte zu mir, mein Bekannter leide an einer schweren Krankheit, über die er mit niemandem sprach. Wenn man nicht darüber spricht, gehen alle vom schlimmsten aus. Aber er war auch noch auffallend gut gelaunt, was es irgendwie noch tragischer und verzweifelter machte. Ich werde nie vergessen, wie ich ihm an einem Nachmittag begegnete. Er scherzte und lachte. Ich konnte gar nichts sagen. Die Ringe unter seinen Augen wirkten so dunkel, als hätte er Krebs im Endstadium. Das konnte ich nicht ignorieren.

Ich sprach ihn darauf an.

Anfangs war er ein bisschen sauer. Wie jemand, den man so diskret wie möglich darauf anspricht, dass er Mundgeruch hat. Aber inzwischen ist er – wie auch Jan, der sich in Make-up-Dingen klugerweise von seiner Freundin beraten ließ – auf Concealer umgestiegen.

Obwohl der Effekt wirklich erstaunlich ist, bin ich irgendwie nicht der Typ, der Make-up benutzt. Zu meinem dreißigsten Geburtstag hat mir eine Freundin eine Q10-Gesichtscreme geschenkt. Es war eins dieser Scherzgeschenke, die man mit zunehmendem Alter immer häufiger bekommt und die mich immer ein wenig verwirren. Das Geschenk meiner Freundin verwirrte mich nicht nur, es verunsicherte mich. Ein Jahr lang stand die kleine Dose wie ein Vorwurf in meinem Badezimmerschrank. Dann warf ich sie unbenutzt weg.

Inzwischen haben sich die Dinge geändert.

Ich benutze jetzt seit einigen Jahren eine Gesichtscreme, fünfzig Milliliter für knapp vierzig Euro. **Der Preis ist eine Frechheit, aber ich habe den Eindruck, dass sie mich frischer wirken lässt.** Und darum geht es wohl. Man darf mich jetzt nicht falsch verstehen. Ich bin kein Mensch, der annimmt, mein Leben wäre sinnlos gewesen, bevor ich begonnen habe, Hautpflegeprodukte zu benutzen. Dann müsste ich mir vermutlich wirklich Sorgen machen. Aber ab dreißig muss man schon ein wenig auf seine Haut achten. Ich habe das Gefühl, etwas tun zu müssen. Ich kann mich sogar an den auslösenden Moment erinnern.

Ich war vierunddreißig und eigentlich sehr zufrieden damit. Vierunddreißig war ein gutes Alter. Es kann schließlich kein Zufall sein, dass James Bond vierunddreißig ist, und auch James Kirk. Zwei Phänomene der Popkultur waren in meinem Alter. Das war ein beruhigender Gedanke.

Ich hatte mich gerade von meiner damaligen Freundin getrennt. Sie war zehn Jahre jünger als ich. Obwohl die Trennung von mir ausgegangen war, hatte in den letzten Tagen etwas auf mir gelastet. Es fehlte dieses befreiende Gefühl, das ich nach unserer eher problemorientierten Beziehung eigentlich erwartet hatte. Um mich abzulenken, ging ich mit meinem Bekannten Sascha auf eine Geburtstagsparty. Drei Frauen feierten in einem Restaurant am Arkonaplatz, das Weltempfänger heißt, ihre vierunddreißigsten Geburtstage. Als wir die Stufen hinunterstiegen, die in das Kellergewölbe unter dem Weltempfänger führten, in dem die Party stattfand, spürte ich auch endlich das Gefühl, auf das ich in den letzten Tagen gewartet hatte. Das Leben hat mich wieder, dachte ich und stellte fest, dass ich lächelte.

Als wir kurz darauf an der Tanzfläche standen, lächelte ich nicht mehr. Sascha hatte sich offenbar in der Adresse geirrt. Wir waren hier falsch. Auf der Tanzfläche tanzten einige angetrunkene Frauen zu südamerikanischer Musik. Das erzählte schon Geschichten. Zu südamerikanischer Musik tanzen Frauen mittleren Alters, um sich jung zu fühlen und um sich gegenseitig zu versichern, wie jung sie geblieben sind. Ihre Blicke erzählten die Geschichten jedoch noch ein wenig detaillierter. Solchen Frauen begegnet man auf erotischen Lesungen, oder sie lesen Bücher wie *Feuchtgebiete* in der S-Bahn, während sie das Buch so halten, dass auch jeder sehen kann, was sie da lesen. Es waren die einschüchternden Blicke von Singlemüttern. Wir waren hier offensichtlich auf der falschen Party.

Als ich Sascha darauf hinwies, sagte er lächelnd: „Nee, nee – wir sind hier schon richtig." Er legte lachend seinen Arm um meine Schulter und machte mit der Hand eine Geste, die den Raum umfasste. Dann sagte er: „Sie sind in unserem Alter."

Der Satz klang wie: „Gewöhn dich schon mal dran."

Ich dachte an meine Exfreundin und war mir gerade nicht so sicher, ob ich mich daran gewöhnen wollte. Dann sagte ich verzweifelt: „Wo ist die Bar? Ich brauch jetzt einen Drink."

„Männer reifen, Frauen welken", sagte Sascha, als würde das alles erklären. Und vielleicht erklärte das ja auch alles. „Wat willste trinken?"

„Ist mir egal, irgendwas mit Wodka", konnte ich nur sagen.

Sascha nickte. Wahrscheinlich dachte er dasselbe wie ich. „Irgendwas mit Wodka" klang in Bezug auf diese Party wie „Ich habe nur reagiert".

Nach dem vierten Wodka Lemon lernte ich doch noch eine Frau kennen, die ich nicht unattraktiv fand. Irgendwann küsste sie mich sehr unvermittelt und ich ließ es zu. **Ich war mir nicht sicher, ob ich zu müde war, um nachher mit ihr zu schlafen.** Wir verließen die Party, als die Sonne aufging. Als wir die Straße betraten, sah ich sie zum ersten Mal bei Tageslicht. Als sie ins Taxi stieg, versuchte ich so müde wie möglich auszusehen. Dann sagte ich: „Ich glaub, ich fahr jetzt doch lieber nach Hause. Ich bin wirklich ziemlich müde."

Sie sah mich entgeistert an. Dann rief sie atemlos: „Dann fick dich doch selbst."

Sie zog die Tür des Taxis zu und ich dachte, dass das ein angemessener letzter Satz für diesen Abend war. Ein folgerichtiger Satz. Dann dachte ich nur noch daran, dass die Frau in meinem Alter war. Drei Tage später kaufte ich mir die erste Gesichtscreme meines Lebens. Für alle Fälle.

Wer, wenn nicht wir?

Vor Kurzem hat mir eine sehr gute Freundin an einem netten Samstagabend gesagt, dass sie schwanger ist.

„Wahrscheinlich", sagte sie.

Es war ein „Wahrscheinlich", das klang, als wüsste sie nicht genau, ob sie sich jetzt darüber freuen oder ob sie sich eher Sorgen machen sollte.

Wir saßen an dem langen Tisch in ihrem Esszimmer. Neben ihr saß ihr Freund. Der erste Mann ihres Lebens, mit dem sie sich vorstellen kann, ein Kind zu bekommen. Sie ist achtundzwanzig Jahre alt. Den beiden geht es gut. Alles passt. Eigentlich.

Charles Bukowski hat einmal gesagt, das Problem der Welt wäre, dass die Dummen voller Selbstvertrauen und die Intelligenten voller Zweifel sind. Vielleicht hat er da recht. Zumindest lässt sich seine These auch auf meine Freundin anwenden.

„In den nächsten zwei Jahren kann sich beruflich so viel entscheiden", sagte sie. Ich nickte, weil auch ich weiß, dass ein Kind diese Pläne zerfallen lassen kann. Vor allem für eine Frau. „Eigentlich ist es noch zu früh", sagte sie, und ihr Freund machte eine zustimmende Geste, obwohl die Wärme in seinen Augen etwas anderes erzählte.

Sie hatten natürlich darüber geredet. Dann hatte ihr Freund erst mal einen Schwangerschaftstest gekauft. Sie würde ihn morgen früh, gleich nach dem Aufstehen, benutzen. Die Kassiererin des Drogeriemarktes hatte gelächelt und ihm einen spannenden Nachmittag gewünscht. Es war ein herzliches Lächeln, sagte er. Die Frau an der Kasse war sich der Sache offensichtlich sicherer als sie selbst. **Es ist natürlich wahr, die Geburt eines Kindes fährt wie eine Axt ins Leben. Es wird geteilt, in die Zeit davor und die Zeit danach. Alles ändert sich.** Da will man sich schon sicher sein. Man will seinem Kind eine schöne Kindheit bieten. Ihm Dinge ermöglichen. Ihm Sicherheit bieten. Finanzielle Sicherheit.

Man wartet auf den richtigen Zeitpunkt. Den Zeitpunkt, an dem alles perfekt sein wird. Darum ist es meistens noch zu früh. Darum entscheidet man sich für ein „Erst mal nicht."

Vorsichtshalber.

Am Montag danach rief mich meine Freundin an, um mir zu sagen, dass sie doch nicht schwanger ist. Sie wirkte gelöst, aber man hörte ihr an, dass die Zweifel und das Nachdenken der letzten Tage noch gegenwärtig waren. Aber irgendwann sagte sie dann diesen Satz.

Sie sagte: „Eigentlich müsste man sich ja freuen, wenn man schwanger ist."

„Tja", dachte ich. Da hat sie wohl recht.

Es gibt diese kleinen Momente, die einem das Große deutlich machen. Das war einer dieser Momente. Ein Moment, in dem man wieder mal begreift, was schief läuft in unserem Land.

Es ist natürlich auch ein systembedingtes Problem.

Der ideale Bürger unseres Systems hat ja nun mal keine Kinder. Es braucht schließlich seine Arbeitskraft. Wenn man niemanden hat, auf den man Rücksicht nehmen muss, ist man flexibel. Wenn man jeden Standortwechsel mitmacht und die Überstunden nicht zählt. Wenn einem vor allem die Arbeit Sicherheit und Bestätigung gibt. Wenn man immer und überall erreichbar ist. Durch Smartphones gibt es unzählige Wege, wie man mit einem in Kontakt treten kann. Sie sind das beste Mittel, Berufs- und Privatleben zu mischen, seine Wohnung als zweites Büro zu nutzen.

Und es gibt natürlich diesen vorgegebenen Plan. Den Plan, nach dem sich so viele richten. Studium, Auslandsaufenthalt, Karriere, den richtigen Partner, Kinder. Ein Plan, der es gar nicht zulässt, Eltern zu werden, bevor man Ende zwanzig ist. Man ist ja heutzutage schon sozial festgelegt, wenn man mit Anfang zwanzig Kinder bekommt. Das ist natürlich ein Klischee, aber irgendwoher müssen die Klischees ja kommen. Und leider treffen sie ja auch viel zu oft zu.

Wenn es darum geht, seine beruflichen Träume zu verwirklichen, geht es schließlich auch darum, die richtigen Umstände zu schaffen, um ein Kind zu bekommen. Es erinnert mich ein bisschen an die Suche nach der Traumfrau. Man strebt nach einem idealisierten Bild, das es so nie geben wird. Ich war ja auch schon mehrmals lange Single. Nicht, weil ich keine Wahl hatte, sondern weil ich nie das Gefühl hatte, die Richtige gefunden zu haben. Mir fiel es vor allem an Kleinigkeiten auf, die mich störten. **Kleinigkeiten, die mich bei der richtigen Frau einfach nicht gestört hätten.** Ich wusste, dass es dauern kann, bis ich die Richtige finde. Und ich wusste, sobald die Richtige kommt, werde ich aufhören, Single zu sein, und das am liebsten für immer. Wenn ich jetzt so darüber nachdenke, lag es wohl auch daran, warum es mir so schwer gefallen ist, die passende Frau zu finden. Ich suchte nach einer Frau, mit der ich mir Kinder vorstellen konnte.

„Meine Freundin ist mir lieber als meine Traumfrau, denn sie ist echt", sagt ein Mann in den Film *500 Days of Summer*.

Dieser Satz lässt sich auch auf die Geburt eines Kindes anwenden. Die meisten Eltern in meinem Alter, die ich kenne, haben ihre nicht geplant. Es waren Unfälle. Das Kind ist irgendwie dazwischengekommen. Man hat sich einfach entschieden, das Kind zu bekommen. Man hat den Gedanken zugelassen. Vielleicht ist es sogar das Beste für das Kind.

Natürlich gibt es in meinem Umfeld auch Wunschkinder. Ich kenne Leute, die gerade ein Kind bekommen haben, um ihre Beziehung zu retten oder um ihr wieder einen Sinn zu geben. Ein Kind als Paartherapie. Ich hoffe, es funktioniert. Ich hoffe es für das Kind.

Es ist selbstverständlich ein naturgegebenes Bedürfnis, Kinder zu bekommen. Aber mit fortschreitendem Alter kann sich der Kinderwunsch gerade bei Frauen schnell verselbstständigen.

Wenn die Torschlusspanik beginnt.

Ich kenne nicht wenige Frauen, die ab Ende zwanzig vergangene Beziehungen als verschwendete Zeit betrachten. Sie sehen es als verlorene Jahre. Sie könnten schon weiter sein. Das klingt hart. Das klingt, als hätte ihr Kinderwunsch nicht allzu viel mit ihrem Exfreund zu tun. Und vielleicht ist es sogar so. Eine neunundzwanzigjährige Frau hat mir einmal erzählt, dass ihr ein Kind wichtiger ist als ein Freund. Ich kenne auch ihren Exfreund. Sie hat sich von ihm getrennt, weil er sich noch keine Kinder vorstellen konnte. Als sie mir davon erzählte, sah ich sie fassungslos an. **„So weit darf es nicht kommen", dachte ich. „Niemals."** Aber ich bin ein Mann, ich bin in der komfortablen Situation, die Uhr nie ticken zu hören.

Es ist ja leider so, dass immer weniger Menschen immer später Kinder kriegen. Die Lebenserwartung steigt. Inzwischen sterben weniger Menschen als geboren werden. Unsere Gesellschaft veraltet. Ein Bekannter hat mir erzählt, dass im Jahr 2030 jeder zweite Berliner älter als fünfzig sein wird, was ich schon ziemlich bemerkenswert finde. Auf erschreckende Art.

Als meine Mutter in meinem Alter war, war sie schon seit 21 Jahren Mutter, aber das kann man natürlich nicht vergleichen. Als meine Schwägerin im letzten Jahr der DDR ihr erstes Kind bekam, war sie 23. Sie erzählt manchmal von den skeptischen Blicken der Krankenschwestern. 1989 galt man mit 23 Jahren in der DDR ja schon als Spätgebärende.

Das war natürlich systembedingt. Oder sagen wir so: mangelwirtschaftsbedingt. Durch den dauerhaften Wohnungsmangel in der DDR hatte man erst ein Recht auf eine Wohnung, wenn man verheiratet war, und erst ein Kind war die Möglichkeit, eine größere Wohnung zu beziehen. Das sind natürlich keine erstrebenswerten Verhältnisse, aber das Prinzip junger Eltern ist richtig. **Ich glaube schon, dass man sich mit seinem Kind einfach besser versteht, wenn der Altersunterschied nicht zu groß ist.** Dass man dann einen stärkeren Bezug zueinander hat.

Als meine Eltern kurz nach der Wende zum ersten Mal nach Freiburg reisten, wo mein Bruder damals lebte, fanden sie es schon überraschend, dass dort auffallend viele Kinder in Begleitung ihrer Großeltern zu sehen waren. Das Familienleben schien in der Gegend generationenübergreifend sehr gut zu funktionieren. Aber es waren natürlich nicht Oma und Opa, die da auf ihre Enkel aufpassten, es waren Mama und Papa. Das hat meine Eltern erschreckt.

Inzwischen haben sie sich daran gewöhnt. Das Phänomen ist zur Normalität geworden. In den Jahren nach der Wende nahm ja die Zahl der Geburten in der ehemaligen DDR drastisch ab. Um zwei Drittel! Tja, so kann man einen Systemwechsel auch beschreiben.

Ich bin inzwischen vierzig Jahre alt, und ich weiß, ich werde einer dieser Väter sein, die meine Eltern damals so erschrocken angesehen haben.

Man darf über manche Dinge nicht zu viel nachdenken. Aber man denkt zu viel nach. Man wägt ab. Man schiebt es auf. Man wartet ab. Man findet immer Gründe, die dagegen sprechen. Sätze wie „Erst mal nicht" ziehen sich durch unser Leben. Aber leider ist es ja nun mal so: Immer warten wir auf richtige Zeitpunkte. Für Umzüge, für Kündigungen, für Trennungen – oder eben für Kinder. Es ist ein Sicherheitsdenken, das trügerisch sein kann. Es kann uns die schönsten Momente unseres Lebens kosten.

Als ich vier Monate mit meiner damaligen Freundin zusammen war, sind wir zusammengezogen. Hin und wieder gestehen mir Freunde, dass sie unser schnelles Zusammenziehen doch sehr gewundert hat. Sie fanden es überstürzt. Sie hatten schließlich schon Wetten laufen, wie lange es halten würde. Ich glaube das nicht. Ich glaube, dass man dann eben früher merkt, ob es funktioniert oder nicht.

Ich kenne eine Frau, die in getrennten Wohnungen eine fünfjährige Beziehung geführt hat, in der sie ihren Freund zwei oder drei Tage in der Woche sah. Dann machten sie einen zweiwöchigen Urlaub. Sie hatten noch nie so viel Zeit am Stück miteinander verbracht. Direkt nach diesem Urlaub haben sie sich getrennt. Letztlich haben zwei Singles fünf Jahre miteinander verbracht. Mehr nicht. Sie haben nie den nächsten Schritt gewagt, weil sie es nicht wollten, sich das aber nie eingestanden haben.

Und darum geht es. Sich darauf einzulassen. Dinge zuzulassen. **Vielleicht sollten wir uns eine einfache Frage stellen: Was macht das Leben lebenswert?**

Mir haben schon einige Väter davon erzählt, wie sie ihr Kind zum ersten Mal im Arm gehalten haben. Es muss ein überwältigendes, kaum fassbares Erlebnis sein.

Irgendwie strebt ja jeder danach, der Welt etwas zu hinterlassen. Etwas Bedeutenderes als ein Kind kann man nicht hinterlassen. Es ist der Grund, aus dem wir hier sind.

Wenn man sich immer und immer wieder sagt „Erst mal nicht", kann es sein, dass man irgendwann feststellt, dass man sich immer zu jung gefühlt hat – und plötzlich zu alt ist.

Ganz unerwartet.

In der StayFriends-Welt

Einige kennen das vielleicht. Dieses ernüchternde Gefühl, wenn man zufällig ehemaligen Mitschülern begegnet, die man seit Jahren nicht mehr gesehen hat. Es ist ein bisschen wie bei StayFriends. Ich habe mich irgendwann einmal bei dem Portal angemeldet, aus diesen melancholisch-nostalgischen Gründen, die man manchmal so hat. Ich entdeckte viele meiner ehemaligen Mitschüler, und es war erschreckend. Ich betrachtete die Fotografien und begriff, wie alt man mit Mitte dreißig sein kann. Nicht nur, was das Aussehen betrifft. Die Menschen auf den Fotos schienen nichts mit meinen Erinnerungen zu tun zu haben.

Darum gehe ich nicht zu Klassentreffen. Ich möchte mir meine Erinnerungen nicht kaputtmachen. Und auch als ich von meiner ehemaligen Mitschülerin Julia die Einladung zu ihrer Hauseinweihung erhielt, beschloss ich, nicht hinzugehen. Denn so wie ich das einschätzte, würde es auch so eine Art Klassentreffen sein.

Ich habe Menschen nie verstanden, die die Städte wechseln können wie ihre Hemden, aber Menschen, die ihr Leben in einem Umkreis von zehn oder zwanzig Kilometern verbringen, beunruhigen mich. Julia hatte es ganze sieben Kilometer weit geschafft. Als sie zum dritten Mal Mutter wurde, war sie mit ihrem Mann aus Köpenick in eine Doppelhaushälfte in Biesdorf-Süd gezogen. Biesdorf-Süd ist ein Berliner Stadtteil, der zum größten zusammenhängenden Einfamilienhausgebiet des Landes gehört. Und vielleicht war das auch einer der Gründe, der mich davon abhielt, Julias Einladung anzunehmen. Diese Vorstellung einer nicht enden wollenden Aneinanderreihung von Einfamilienhäusern.

Mein Freund Andreas ist der einzige meiner damaligen Mitschüler, den ich noch regelmäßig sehe. Auch er erhielt Julias Einladung. Er fragte mich, ob ich hingehen würde.

„Nein", erwiderte ich bestimmt.

„Allein muss ich da auch nicht hingehen", sagte er.

„Geh doch", sagte ich. „Wird bestimmt lustig."

Es war ironisch gemeint, aber irgendwie überzeugte es Andreas. Er ging hin. Am vergangenen Samstag war er da. Am Sonntag rief er mich aufgelöst an.

Irgendetwas war passiert.

„Und? Wie war's?", fragte ich behutsam.

„Na ja", sagte Andreas.

Er wusste nicht einmal genau, wo Biesdorf-Süd lag, sagte er, aber mit Julia verband er Erinnerungen, durch die es ihm vorstellbar schien, sich auch heute noch gut mit ihr zu verstehen. Aber Biesdorf-Süd? Allein das Wort deprimierte ihn. Er hätte das nicht begründen können, aber darauf kam es auch nicht an.

Als er klingelte, öffnete ihm eine Frau mit gerötetem Gesicht, die er nicht kannte. Sie lachte laut und machte eine einladende Geste. Als er den Hausflur betrat, reichte sie ihm ein Glas Prosecco. **Es war merkwürdig, sie wirkte, als hätte sie sich ihre gute Laune vorgenommen. Sie hatte trotz ihres Lachens diesen tragischen Zug um die Mundwinkel.** Und auch ihre Augen lachten nicht. Er trank vorsichtshalber von dem Prosecco. Als er das Glas absetzte, gab ihm die Frau ihre Hand und stellte sich mit Uli vor.

Uli! Andreas hasste Spitznamen, wahrscheinlich weil es Spitznamen wie „Uli" gab. Sie nahmen Frauen ihre sexuelle Attraktivität.

„Hallo Ulrike", sagte er. „Weißt du, wo Julia ist?"

„Ich glaub, sie ist im Garten", sagte sie.

Er nickte ihr zu und verließ schnell den Flur, durchquerte die Küche und stieg die kleine Treppe hinunter, die in den sehr kleinen Garten führte. Es waren ungefähr dreißig Gäste. Es gab viele gerötete Gesichter. Andreas erkannte niemanden.

Dann sah er Julia, die mit auffälligen Gesten auf zwei Frauen einredete, die ihn an Ulrike erinnerten.

Gott, dachte er, sie waren in seinem Alter und verloren bereits ihre sexuelle Attraktivität. Es lag wohl an der Frisur. Er versuchte, in den Gesichtern der Frauen etwas Bekanntes zu entdecken. Vermutlich kannte er die beiden sogar, vielleicht gab es gemeinsame Erinnerungen, die sie verbanden.

Es war alles so weit weg. Zu weit weg. Er spürte, wie er eine Gänsehaut bekam. Er war stehen geblieben, als würde sich etwas in ihm sträuben, das alles zu nah an sich herankommen zu lassen. Dann hörte er Julia seinen Namen rufen und tat so, als würde er sich suchend umsehen. Sie winkte ihm lachend zu. Andreas winkte lachend zurück.

„Andi, schön, dass du da bist", rief Julia. Über ihrer Oberlippe sammelten sich kleine Schweißtropfen.

„Alles Gute zum Geburtstag", sagte er. Sie umarmten sich und Andreas überreichte ihr sein Geschenk. Einen Zeitungsständer für das Gästebad. In der Einladung hatte Julia jedem geschrieben, was sie sich von ihm wünschte. Sie hatte ein Foto mitgeschickt und sogar die Adresse des Geschäfts angegeben, in dem es erhältlich war. Hier wurde nichts dem Zufall überlassen. Es wäre nicht überraschend gewesen, wenn Julia den Zeitungsständer auf Andreas Namen hätte zurücklegen lassen. Es hätte zu ihr gepasst. Sie war eine Pragmatikerin. Wahrscheinlich hatten ihre Eltern sie geprägt, die von Gästen, die bei ihnen übernachteten, Teppichabnutzungsgebühren verlangten und von Weihnachtsgeschenken die Preise entfernten, um sie mit teureren Preisschildern zu bekleben. Julia hatte unter ihnen gelitten, aber mit den Jahren war sie ihnen immer ähnlicher geworden. Sie konnte nicht aus ihrer Haut.

Das Sektglas, das ihm Ulrike gegeben hatte, war inzwischen leer. **Er war immer noch ein Fremder unter Freunden. Er würde etwas Härteres brauchen, um das zu ändern.** Julia stellte die beiden anderen Frauen vor: „Janine, Verena, das ist der Andreas."

„Der Andreas?", dachte er.

Er verstand nicht, wie man Vornamen mit Artikeln versehen konnte. Es klang nicht richtig. Es klang unpassend und aufgesetzt. Sie hatten doch früher nicht so gesprochen. Sicherlich sprach so der Leiter der Fielmann-Filiale, in der Julia angestellt war, und sie hatte es sich angewöhnt, um ihm sympathischer zu sein. Die Janine und die Verena waren sicherlich Kolleginnen. Alle drei hatten einen ähnlichen Stil. Sie waren stark geschminkt und trugen Brillen, die alle Fielmann-Mitarbeiter tragen mussten, wie ihm ein Bekannter einmal erzählt hatte. Brillen mit aufwendigen Gestellen, die sie älter wirken ließen.

„Bist du eigentlich bei StayFriends?", fragte Julia.

„Ich hab mich dort ja auch angemeldet", sagte Verena. „Wen man da so alles wiederfindet."

„Nein", sagte er, „ich bin nicht bei StayFriends."

„Du musst dich unbedingt anmelden, jeder ist gerade da."

„Ach?", sagte er.

Er fragte sich kurz, wen sie mit „jeder" meinte. **Er kannte keine StayFriends-Benutzer. Er hatte nie darüber nachgedacht, sich dort anzumelden. Er war bei Facebook. Vermutlich erzählte das schon die ganze Geschichte. Der wahre Schnitt durch die Gesellschaft.**

„Ich werd's mir mal ansehen", sagte er.

Andreas brauchte jetzt eine Ausrede. Er würde zum Buffet gehen. Das Buffet war immer eine gute Ausrede.

Als er die kleine Treppe zum Garten hinunterging, fiel ihm ein dicker, schwarz gekleideter Mann auf. Der Mann stand mit zwei Frauen am Buffet. In der einen Hand hielt er ein Wasserglas, in der anderen eine Flasche Rotwein, aus der er sich oft nachschenkte, wobei er konsequent Wein verschüttete. Als der Dicke bemerkte, dass Andreas zu ihm hinübersah, lachte er dröhnend, winkte ihm zu und rief seinen Namen. Sie schienen sich zu kennen. Die Gesichtszüge kannte er, und auch das Lachen kam ihm bekannt vor, aber er konnte den Mann nicht einordnen. Noch nicht.

„Mensch Andi, wie lang ist dit jetzt her, zehn Jahre? Mensch, wie jeht's dir?"

Es war Jochen. Jochen Schwuchow. Nach seinem T-Shirt zu urteilen, schien er immer noch diese deprimierende Musik zu hören, die er Andreas schon damals ständig in den Schulpausen vorgespielt hatte und die einem den Nachmittag versauen konnte.

Jochen berlinerte sehr stark. Er hatte ja damals schon sehr liebevoll Grammatikfehler in seine Rhetorik integriert, aber irgendwie war es Andreas früher gar nicht so aufgefallen.

„Jedenfalls ist aus ihm kein Snob geworden", dachte Andreas.

Jochen trug seine dünnen, langen Haare zu einem Zopf, was seinen Haaransatz unvorteilhaft betonte. Er hatte sich offensichtlich nie Gedanken über Haaransätze gemacht, und bei seinem Gewicht und seinem Kleidungsstil kam es darauf wohl auch nicht mehr an.

„Bin gerade erst gekommen", sagte Andreas.

Das war keine Antwort auf Jochens Fragen, aber das schien ihn nicht weiter zu stören. Jochen leerte sein Glas, schenkte sich nach, und prostete ihm zu.

Worüber sollte er mit einem Mann sprechen, der wie ein Metzger aussah? Er versuchte es mit einem: „Wie geht's dir? Siehst gut aus", obwohl er schon ziemlich fassungslos war, in welche Richtung sich Jochen verändert hatte, der wie ein älterer, fetter, verlebter Bruder von dem Jochen Schwuchow seiner Vergangenheit wirkte. Sein Gesicht glänzte. Man sah ihm seine Leberwerte an. Er sah ziemlich fertig aus, irgendwie langzeitarbeitslos. Eine Karikatur seines damaligen Mitschülers. „Großer Gott", dachte er. Wenn der Mann die Haare anders tragen würde, würde sein Gesicht wie das einer älteren Dame wirken. Das war schon erschreckend. Vielleicht wäre es vorteilhaft, wenn sich Jochen einen Bart wachsen lassen würde.

Die ältere Dame, zu der Jochen Schwuchow beinahe geworden war, strich sich verlegen über den Bauch.

„Juht jeht's", sagte sie. „Muss ja."

Andreas nickte.

„Ick fahr jetzt Fahrrad, jeden zweiten Tag", sagte Jochen, der sich immer noch verlegen über den Bauch strich. Es klang wie eine Rechtfertigung, offenbar hatte Andreas mit seiner Frage eine Wunde berührt.

„Ach? Cool", sagte er. „Richtige Touren?"

„Nee, nee. Mit meinem Fahrradtrainer zu Hause."

„Ah", sagte Andreas und lachte. „So'n Ding hat meine Oma auch."

„Ach, Lydia iss übrijens ooch da", sagte Jochen.

„Ach ja, Lydia", sagte Andreas vorsichtig. „Seid ihr immer noch zusammen?."

„Schon fast zwanzig Jahre", sagte Jochen stolz.

„Zwanzig Jahre", sagte Andreas mit leerem Blick.

Er blickte zur hinteren Fassade der Doppelhaushälfte. Es war deprimierend. Das hier war kein Leben, es war ein Weitermachen. Arbeiten, Kinder in die Welt setzen, hin und wieder einen Kredit aufnehmen, um sich eine neue Couchgarnitur zu finanzieren, oder eine neue Küche. Sie sparten sich von einer größeren Anschaffung zur nächsten. So konnte man auch ein Leben verbringen.

Er musste hier weg. Er nahm sich vor, in einer halben Stunde aufzubrechen. Spätestens.

Vier Stunden später stand er auf dem menschenleeren Bahnsteig „Elsterwerdaer Platz". Auf dem Display der Zeitanzeige leuchtete eine vierzehn. Vierzehn Minuten noch. Andreas ließ seinen Blick ungeduldig über Biesdorf-Süd gleiten. „Es gibt wohl nichts Deprimierenderes, als in einer Gegend wie Biesdorf-Süd vierzehn Minuten auf einen Zug warten zu müssen", dachte er. Er vergewisserte sich auf der Anzeige, dass er auf der richtigen Seite des Bahnsteigs stand. Versehentlich in den Plattenbaubezirk Hellersdorf zu fahren, hätte er jetzt nicht ausgehalten. Er wollte zurück, nicht noch weiter weg.

„Das tu ich mir nie wieder an", sagte Andreas, als er seine Schilderungen beendet hatte.

Ich nickte. Er hatte eine verzerrte Welt beschrieben, sozusagen eine entstellte Version unserer Erinnerungen. Ich kenne Julia und auch Jochen, aber für mich sind sie noch ein verklärter Teil meiner Jugend. Für Andreas ja nun nicht mehr. Der Zauber hatte sich aufgelöst.

Ich atmete auf. Offenbar hatte ich alles richtig gemacht.

„Das tu ich mir nie wieder an", sagte Andreas noch einmal bestimmt.

Ich verstand ihn.

Ich verstand ihn sogar sehr gut.

Berlin ist nicht *Berlin – Tag & Nacht*

Zu den Konstanten, die sich durch meinen Alltag ziehen, gehört es, dass ich oft von Menschen nach dem Weg gefragt werde. Das passiert mir ständig, mindestens einmal am Tag, als hätten sich die eifrigen Berlin-Touristen irgendwie abgesprochen. An Kreuzungen, auf U-Bahnhöfen oder in Supermärkten – und gelegentlich auch an Orten, an denen jemand wie ich lieber für sich ist.

Vor ziemlich genau einem Monat hat mich ein Mann auf der Toilette der Goldfisch-Bar in Friedrichshain angesprochen. Während ich pinkelte!

„Tachchen", sagte er gutgelaunt, stellte sich ans Pissoir neben mir und öffnete seine Hose.

„Hallo", erwiderte ich knapp, und versuchte ihn irgendwie auszublenden. Wenn ich auf die Toilette gehe, will ich ich allein sein. Ich kann mich irgendwie nicht entspannen, wenn jemand neben mir steht. Aus den Augenwinkeln bemerkte ich allerdings, dass der Mann mich von der Seite musterte. Es war schon sehr aufdringlich.

Sprich mich nicht an, dachte ich, sprich mich jetzt bitte nicht an.

Dann sprach er mich an. „Sag mal, kennst du dich hier aus?", fragte er.

Ich verzog schmerzvoll das Gesicht. Der Mann kannte nicht nur keine Berührungsängste, ihm fehlte wohl auch das Gespür für richtige Zeitpunkte. Ich war kurz davor, ihn anzupinkeln, um das deutlich zu machen. Aber weil ich für Statements dieser Art nicht der richtige Typ bin, versuchte ich diese Botschaft in meinen Blick zusammenzufassen. Ein Blick, den er irgendwie missverstand. Er empfand ihn offensichtlich als ein: „Na klar, Alter, beim Pinkeln unterhalte ich mich immer am liebsten", denn er fragte mich in gemütlichem Plauderton, wo man denn in der Gegend gut ausgehen konnte. Ich antwortete einsilbig und habe ihm dann das Matrix empfohlen, einen grauenhaften Club am U-Bahnhof Warschauer Straße. Das war meine Rache, und er hatte sie verdient.

In solchen Momenten frage ich mich, warum so viele Touristen um Gottes willen gerade mich ansprechen, wenn sie nicht weiterwissen. Ich rede mir gern ein, dass ich diese Aura ausstrahle, eine Souveränität, die jedem schnell begreifbar macht, dass ich hierher gehöre, ein Kenner der Stadt. Aber ich fürchte, dass es wohl eher daran liegt, dass ich ungefährlich wirke. Jemand, der einem nicht gleich eine reinschlägt, wenn man ihn anspricht. Bei mir ist man im gefährlichen, touristenfeindlichen Berlin, das man so aus dem Fernsehen kennt, auf der sicheren Seite. Manchmal stelle ich mir vor, es gibt Seminare, in denen man Touristen beibringt, wie sie ihre Berlin-Reise überleben. „Fragt mal den unrasierten, blonden Typen im Jackett", höre ich den Seminarleiter sagen. „Der ist harmlos. Der tut euch nichts."

Das muss auch der junge Mann gedacht haben, der mich Anfang August auf der Oberbaumbrücke ansprach.

„Entschuldigung", sagte er mit leicht hessischem Akzent. „Kennst du dich hier aus?"

„Kommt drauf an", sagte ich. „Wo willst du denn hin?"

„Weißt du, wo hier genau *Berlin – Tag & Nacht* gedreht wird?", fragte er.

„*Berlin – Tag & Nacht*", sagte ich. „Keine Ahnung."

Der junge Mann sah mich entgeistert an. „Kommst du überhaupt aus Berlin?", fragte er.

Offenbar war er der Auffassung, dass jeder Berliner, der etwas auf sich hält, diese Serie sieht, auch um sich selbst ein wenig besser zu verstehen.

Als ich sagte, dass ich hier geboren und aufgewachsen bin, entspannten sich seine Züge. „Ich bin der Silvio", sagte er, und dann erzählte mir Silvio, dass er kürzlich nur aus einem Grund nach Berlin gezogen war. Dieser Grund war die Serie *Berlin – Tag & Nacht*.

„Dieses Lebensgefühl", sagte er. „Das gibt's nur hier. Verstehste?"

„Na ja", sagte ich, und dann erst einmal gar nichts mehr. Silvios Ansatz war auf eine absurde, aber auch beunruhigende Art originell. Er war in die Stadt gekommen, um ein Leben zu führen wie die Protagonisten von *Berlin – Tag & Nacht*! Das muss man sich erst einmal auf der Zunge zergehen lassen.

Nun ja. Es war ein Plan, dessen Verwirklichung sich allerdings als nicht allzu einfach herausstellte. Er war Anfang des Monats in die Stadt gezogen, die ihn seitdem nur enttäuscht hatte. Berlin wurde einfach nicht das Berlin, das er sich so wünschte. Die Stadt hatte sich ihm entzogen, schon jetzt. Und jetzt war ich ja auch noch da.

„Also, ich will dir ja nicht deine Illusionen nehmen", sagte ich, „aber Berlin ist nicht wie *Berlin – Tag & Nacht*. Das könnte auch in Köln-Porz spielen, zumindest sehen die Hauptdarsteller so aus."

Ich habe genau eine Folge der Serie gesehen. Aus Recherchezwecken. Es war sehr quälend. Sie erinnert mich irgendwie an einen Pornofilm, nicht nur weil die Protagonisten wie Pornodarsteller aussehen und reden, auch die notdürftige Handlung wirkt wie ein Porno, aus dem die Sexszenen herausgeschnitten worden sind. Und wenn ich jetzt so darüber nachdenke, beschreibt das die Serie schon am besten.

Silvio sah mich verzweifelt an, und jetzt tat er mir sogar ein bisschen leid. Aber dann fiel mir etwas ein. „Versuch's doch mal in Hellersdorf", sagte ich.

„Hellersdorf", sagte er.

„Na dann viel Glück noch", sagte ich zum Abschied.

„Ja, danke", sagte Silvio und überquerte die Brücke Richtung Kreuzberg.

Ich blickte ihm kurz nach, und plötzlich spürte ich, wie sich mein Mitleid für ihn verlor. Das hatte gute Gründe. Silvio fand die Figuren, die in *Berlin – Tag & Nacht* vorkommen, ja offensichtlich cool. Er konnte sich mit ihnen identifizieren. Ein beliebtes Argument von Fans der Serie ist ja ihre Authentizität, obwohl die meisten Fans das Wort wahrscheinlich nicht einmal fehlerfrei aussprechen können. Ich frage mich nur, warum man sich mit Figuren mit so offensichtlichen intellektuellen Defiziten überhaupt identifizieren möchte, aber offenbar beschreiben sie wirklich ein Lebensgefühl, das vielen nah ist. Sonst wäre die Serie ja nicht so enorm erfolgreich.

Und das ist eine Entwicklung, die ich besorgniserregend finde. Selbst in den entwürdigendsten Reality-Formaten auf RTL II werden Menschen, die die Vorlage für die Figuren von *Berlin – Tag & Nacht* sein könnten, als abschreckendes Beispiel dargestellt. Das hat sich mit dieser Serie verschoben. Jetzt sind sie Helden, Identifikationsfiguren und damit wohl auch auch Rechtfertigung für die eigenen Unzulänglichkeiten, die eigene Dummheit, die eigenen Peinlichkeiten. Diese Figuren sind Vorbilder. Das macht die Serie so gefährlich.

In dem Ridley-Scott-Film *Gladiator* sagt ein Senator: „Was ist Rom? Der Pöbel ist Rom. Wer den Pöbel kontrolliert, der kontrolliert auch Rom." Vielleicht ist das ja auch die Tradition, in der sich RTL II sieht.

Ich finde es schon beunruhigend, dass ein Format wie *Berlin – Tag & Nacht* das Berlin-Bild des Landes prägt, aber ich befürchte, je weiter man sich von der Stadt entfernt, desto realistischer wird Berlin durch sie wahrgenommen. Aber Silvio, der junge Mann von der Oberbaumbrücke, war ja jetzt hier. Ganz nah dran. Er konnte suchen, wo er wollte, Berlin würde einfach nicht *Berlin – Tag & Nacht* werden. Das nahm ich zumindest an, naiv wie ich war.

Was soll ich sagen, ich hatte mich getäuscht.

Am letzten Donnerstag habe mit einem Freund telefoniert, der gerade von einer halbjährigen Islandreise zurückgekehrt war. Er erzählte mir, dass er einige Tage zuvor zum ersten Mal wieder über den Alexanderplatz gelaufen war.

„Unglaublich", sagte er. „Die sehen alle aus wie in dieser Serie *Berlin – Tag & Nacht*."

„Vielleicht liegt es an Primark", sagte ich hilflos, denn als ich jetzt so darüber nachdachte, erfüllen die Menschen, die mit Primark-Tüten über den Alexanderplatz laufen, wirklich das Klischee von *Berlin – Tag & Nacht*. Zumindest ästhetisch, und wenn es nach der *FAZ* geht, auch moralisch. Dort habe ich gelesen, dass Moral nur von außen an die Protagonisten herangetragen werden kann. So funktionieren sie. Ihnen fehlt jegliches eigene moralische Empfinden. Das macht sie den Primark-Kunden ähnlich, also Menschen, die bedenkenlos T-Shirts für einen Euro kaufen oder Jeans, die fünf Euro kosten, ohne sich darüber Gedanken zu machen, wie solche Preise zustande kommen. Menschen, die nicht weiterdenken. So wie die Darsteller von *Berlin – Tag & Nacht*.

Gestern war ich noch einmal auf dem Alexanderplatz, um das zu überprüfen, und was soll ich sagen, mein Freund hatte recht. Die meisten hier wirkten wie Statisten aus *Berlin – Tag & Nacht*. Einen Moment lang hatte ich wirklich das Gefühl, in einer Szene der Serie vorzukommen. Ich könnte der Außenseiter sein, der, dem man ansieht, dass er nicht dazugehört. Eine Fehlbesetzung. Mir fiel Silvio ein. Der Alexanderplatz war die Antwort auf seine Frage. Ein Touristenziel. Die Serie schien sich hier zu verwirklichen.

Ich blickte über den gesichtslosen Platz, der voller Menschen war. Mein Blick glitt über die jungen Leute, denen man ansah, dass sie hier waren, weil sie nichts mit sich anzufangen wussten. Sie wirkten wie Gestrandete zwischen all dem Beton. Ihre Blicke waren leer. Sie hatten keine Ideen in ihrem Leben, erzählten ihre Gesichter, es gab nur noch Konsum. Ich spürte, wie fremd ich mich hier gerade fühlte.

Ich ging hastig die Stufen hinunter, die zur U-Bahn führten. Ich musste hier weg. Ganz schnell.

In ein anderes Berlin.

Ein Berlin, das mir näher war.

„Vom Stapeln wird die Scheiße auch nicht sauber"

Kürzlich hat mir meine Freundin Nathalie von dem Film *World War Z* erzählt. Zumindest hätte das ein unbeteiligter Dritter annehmen können, wenn er uns zugehört hätte. Aber Nathalie sprach nicht über den Film, sie erzählte, was in den letzten vier Wochen so in ihrem Leben passiert ist. Das war beunruhigend, *World War Z* ist nämlich ein Zombiefilm, in dem sich Brad Pitt mit einer Seuche konfrontiert sieht, die gerade dabei ist, die Menschheit auszurotten. Weil es ein Hollywoodfilm ist, gibt es natürlich ein Happy End. Bei Nathalie war ich mir da nicht so sicher.

Wir waren um 21 Uhr in einer Bar in Friedrichshain verabredet. Ich kam eine Viertelstunde zu spät, aber Nathalie war noch nicht da, zumindest nahm ich das an. Dann hob eine Fremde im hinteren Teil der Bar ihre Hand und gab mir ein Zeichen, näher zu kommen. Sie meinte offensichtlich mich. Als ich an den Tisch trat, hätte ich sie fast nicht erkannt. Es war Nathalie. Sie trug eine Sonnenbrille, obwohl es hier ziemlich dunkel war. Es war ein sehr großes Gestell, das drei Viertel des Gesichts verdeckte.

Als ich mich setzte, behielt sie ihre Sonnenbrille auf, und auch als der Kellner unsere Bestellung aufnahm, nahm sie die Brille nicht ab. Eigentlich verstehen wir uns sehr gut, aber diesmal kam unser Gespräch nur schleppend in Gang, was daran gelegen haben könnte, dass ich mich ungern mit Leuten unterhalte, die eine Sonnenbrille tragen. Sie verunsichern mich. Ich will Menschen in die Augen sehen, wenn ich mit ihnen rede.

Als ich sie vorsichtig bat, die Brille vielleicht abzunehmen, winkte sie nur müde ab.

„Lieber nicht", sagte sie traurig. Offensichtlich war etwas passiert, und es schien etwas Einschneidendes gewesen zu sein.

Als unsere Drinks serviert wurden, begann Nathalie von dem Wochenende zu erzählen, das alles verändert hatte. Alles hatte sehr romantisch begonnen. Mit einer Liebesgeschichte. Über einen Freund hatte sie einen Mann kennengelernt, mit dem sie sich sehr gut verstand. Sie trafen sich oft. **Alles lief gut, so gut, dass er ihr vorschlug, gemeinsam einige Tage in seiner Wohnung zu verbringen. Das war ein Fehler, aber das ahnte sie natürlich noch nicht.**

Nathalie freute sich auf ein paar entspannte Tage, an denen sie den Alltag hinter sich lassen konnte. Als sie die Wohnung betrat, war auch noch alles in Ordnung. Als sie dann jedoch einen kurzen Blick in die von dreckigem Geschirr überquellende Spüle in der Küche warf, spürte sie, dass hier dringender Handlungsbedarf herrschte, wenn sie sich länger als einen Tag in der Wohnung aufhalten wollte. Als sie das Bad sah, wurde der Impuls noch stärker. Sie vermied es, etwas zu berühren, wenn sie die Räume betrat, und als er am nächsten Morgen unter der Dusche war, begann sie die Küche zu säubern – vor dem Frühstück. Sie fühlte sich irgendwie bei dem Gedanken unwohl, Nahrung zu sich zu nehmen, die in dieser Küche zubereitet worden war.

„Ich hab ja immer Sterilium dabei", sagte sie. „Für alle Fälle."

Sterilium ist eine Flüssigkeit, die Ärzte vor Operationen benutzen, um ihre Hände zu desinfizieren.

„Es war so widerlich", sagte Nathalie. „Die offene Flasche stand die ganze Zeit neben mir. Ich hab mir alle drei Minuten die Hände desinfiziert."

Alle drei Minuten? Ich habe Sterilium einmal benutzt, man spürt praktisch, wie es wirkt. Alle Keime werden in Sekunden vernichtet, aber in Nathalies Fall half es nicht, wie sie nur einen Tag nach dem gemeinsamen Wochenende feststellte.

Es begann am Dienstag. Mit Herpes.

„Bei Herpes muss man ja eigentlich nicht zum Arzt gehen", sagte Nathalie, benutzte ihre handelsübliche Herpescreme und wartete erst einmal ab, bis die Infektion nachlassen würde. Allerdings entdeckte sie schon am nächsten Morgen, dass sie nicht nachließ, sie stellte leider einen gegenteiligen Effekt fest. Als sie ihr Gesicht im Badezimmerspiegel begutachtete, entdeckte sie einen rötlichen

Ausschlag um ihren Mund herum. Am Nachmittag hatten die Rötungen ihr Auge erreicht. Es breitete sich aus. Und es wurde immer schlimmer.

„Das waren so richtige Beulen", erzählte sie. „Überall. Wenn eine an der einen Stelle endlich verschwand, kam an einer anderen Stelle die nächste. Du glaubst nicht, wie ich ausgesehen habe. Nicht mal Schminke hat geholfen."

Man muss dazu sagen, dass ihre Mutter Ärztin ist. Als sie den Zustand von Nathalies Gesicht sah, rief sie geschockt eine befreundete Hautärztin an. Offenbar war es klug, schnellstmöglich einen Arzt zu konsultieren. Plötzlich musste alles sehr schnell gehen. Eine knappe Stunde später fand sich Nathalie bereits im Sprechzimmer der Hautärztin wieder, die ihr allerdings mit der Diagnose „So etwas habe ich noch nie gesehen" auch nicht unbedingt Mut machte.

„Das ist nicht nur eine Infektion", sagte sie fassungslos. „Das ist eine bakterielle Superinfektion. Ich verschreibe Ihnen jetzt erst mal ein Antibiotikum."

Nathalie wurde krankgeschrieben. Sie verließ ihre Wohnung zwei Wochen lang nur, um sich Essen zu kaufen. In der Öffentlichkeit trug sie ausschließlich eine sehr große Sonnenbrille, damit sie niemand erkannte. Sie verschwand aus ihrem sozialen Leben, weil sie niemanden anstecken wollte. **Jetzt klangen Nathalies letzte Wochen sogar für mich wie Szenen aus dem Film *World War Z*, nur das Brad Pitt nicht vorkam.** Und so sah ich sie wohl auch an.

„Aber in einer Woche kann ich wieder arbeiten", sagte sie beruhigend, obwohl sie wie eine Überlebende klang, und dann, nach einer nachdenklichen Kunstpause: „Ich glaube nicht, dass es das Bad war. Es war die Küche. Die Spüle."

Neben das Waschbecken hatte der Mann ein Handtuch gelegt, auf dem sich ein Geschirrabtropfgestell befand. „Das Handtuch lag wahrscheinlich da, seitdem er eingezogen war", sagte Nathalie. Dann machte sie einen folgenschweren Fehler. Sie entfernte das Abtropfgestell und hob das Handtuch an. Schimmelflocken füllten den Raum, eine grünlich-graue Schicht bedeckte die Spüle. Sie sprang zurück, aber es war zu spät.

„Ich war kontaminiert", sagte sie.

Inzwischen sehen sich die beiden nicht mehr. Sie antwortet nicht einmal mehr auf seine Nachrichten. Erst am Wochenende schrieb er ihr: „Du bist so hot! Viel hotter als Sasha Grey." Aber selbst der Vergleich mit der ehemaligen Pornodarstellerin half nicht. Er hatte es versaut. Oder sagen wir es so: Sein Hygienebewusstsein hatte es versaut.

Tja.

Das ist natürlich ein drastisches Beispiel, aber es verdeutlicht einen sehr charakteristischen Unterschied zwischen Mann und Frau. Das unterschiedliche Bewusstsein für die Sauberkeit der eigenen Wohnung.

Ein Unterschied, der mir nicht fremd ist.

Ich kenne das aus meiner WG-Zeit. Ich war Anfang zwanzig, es war eine Männer-WG, und irgendwie hatten wir den Moment verpasst, aufzuteilen, wer wann die Küche reinigte. Das führte natürlich dazu, dass sie von niemandem gesäubert wurde. Die Küchentür wurde bereits einige Monate später nicht mehr geöffnet. Die Küche wurde nicht mehr betreten, sie war praktisch eine Quarantänezone. Wir hatten wohl Angst, was uns dahinter erwarten würde. Heute ist mir nicht einmal mehr klar, wie wir uns damals ernährt haben, offensichtlich von Nahrungsmitteln, die nicht zubereitet werden mussten. Als wir auszogen, warfen wir unser gesamtes Geschirr in den Müll, es zu reinigen hätte einfach keinen Sinn gehabt.

Hätten wir eine Mitbewohnerin gehabt, wäre das anders gelaufen. Eine Freundin hat mir aus ihrer WG-Zeit erzählt, in der sie mit einem Mann zusammenlebte, der benutzte Teller nicht abwusch, sondern auf die Spüle stapelte. Meine Freundin ist ein sehr resoluter Mensch, als es ihr zu viel wurde, führte sie ihn in die Küche, wies auf den Stapel Teller und pöbelte: **„Vom Stapeln wird die Scheiße auch nicht sauber."** Es scheint gewirkt zu haben. **Männer brauchen da wohl einen gewissen Druck.**

Als ich zum ersten Mal mit einer Frau zusammenzog, gab mir ein Bekannter den Rat, eine Putzfrau zu engagieren.

„So schnell wie möglich", sagte er. Sein Rat schien existenzieller zu sein als ich annahm, denn er fügte eindringlich hinzu: „Sonst hält die Beziehung nicht." Das Putzen der Wohnung wäre eine der häufigsten Ursachen für Streitigkeiten, sagte er.

Eine Putzfrau also, dachte ich. Nun ja, ich hatte nichts dagegen. Ich spielte ja schon seit Jahren mit dem Gedanken, weil ich mich wirklich zwingen muss, meine Wohnung zu säubern. Wenn es gut lief, überwand ich mich alle zwei Wochen dazu. Meistens lief es allerdings schlecht. Man darf das jetzt nicht falsch verstehen, bei mir sah es immer ordentlich aus, man durfte nur nicht genauer hinsehen.

Ich betrachte Putzen als Zeitverschwendung. Es gibt mir nichts. Es gibt so viele Tätigkeiten, die für mich wertvoller sind. Ein Irrtum, werden jetzt einige einwenden.

Frauen haben mir erklärt, warum sie gern ihre Wohnung putzen. Um sich zu erden, um runterzukommen oder um nach dem Putzen mit einem guten Gefühl in der frisch gereinigten Wohnung zu stehen. Sie sozusagen wieder bewusster wahrzunehmen. Wenn man seine Wohnung putzt, sieht man schnell die Ergebnisse der Arbeit, was im Leben ja nicht so oft vorkommt. **Das Wohnungsputzen scheint meditative, psychoanalytische Eigenschaften zu besitzen. Es gibt einem neue Kräfte, ein Neuanfangsgefühl. Leider habe ich das nie empfunden.** Es ist mir fremd. Genauso fremd, wie mein Vorschlag meiner Freundin war, als ich ihr von der Idee einer Putzfrau erzählte.

Sie sah mich einige Sekunden an und schwieg fassungslos. Nachdem sie sich gefasst hatte, sagte sie: „Ich lass' doch keine Fremde in meinen privaten Sachen herumwühlen."

„Scheiße", dachte ich. Sie stellte die Vertrauensfrage. Das war ein Killerargument.

Wir haben das dann aufgeteilt. Weil meine Freundin ja wusste, dass meine Fähigkeiten nicht ausreichen, um ihren Sauberkeitsansprüchen zu genügen, wischte ich und saugte Staub, bevor sie an die

Tiefenreinigung ging. Aber auch nachdem ich Staub gesaugt hatte, besichtigte meine Freundin mit mir die Ecken der Wohnung, die ich ausgelassen hatte, obwohl ich mir schon sehr viel Mühe gegeben hatte. Als würden wir meine Unbedarftheit besichtigen. Irgendwann hat sie das aufgegeben. Glücklicherweise. Es verletzt einen schon sehr, derart mit seinen Schwächen konfrontiert zu werden.

Wir hatten ganz offensichtlich ein unterschiedliches Verhältnis zu Staub, zu Sauberkeit generell. Als ich allein lebte, habe ich einmal in der Woche Wäsche gewaschen. Naiv, wie ich war, nahm ich an, dass wir in einer gemeinsamen Wohnung mit zwei Wäschen pro Woche auskommen würden. Was soll ich sagen, die Waschmaschine lief jeden Tag. Offenbar gab es immer irgendwie mehr zu reinigen, als ich jemals vermutet habe. Die Nebenkostenabrechnungen haben mir schon im ungeöffneten Zustand Angst gemacht.

Aber natürlich habe ich auch die Vorteile gesehen. Ich lebte in einer sauberen Wohnung, wahrscheinlich in der saubersten eigenen Wohnung meines Lebens. Und es stimmt schon, so ungern ich auch putze, es ist wirklich ein gutes Gefühl, in einer frisch gesäuberten Wohnung zu stehen. Man nimmt sie wirklich bewusster war. Allerdings spürte ich auch immer dieses leichte Unwohlsein, weil ich wusste, dass diese Sauberkeit keinen Bestand hat. In sieben Tagen musste ich wieder ran. Das Prinzip der Vergänglichkeit wurde mir unmittelbar bewusst. Ein ewiger Kreislauf. Als würde ich mich wiederholen. Sinnlos wiederholen.

In diesen Momenten weiß ich, dass ich den Gedanken an eine Putzfrau noch nicht aufgegeben habe.

Wenn die Musik zu laut ist

Vor einigen Tagen ist es wieder passiert. Auf dem Heimweg vom Büro hat mich eine junge, nicht unattraktive Frau angesprochen. Das klingt nach einem vielversprechenden Anfang, nicht wahr? Da liest man doch gern weiter. Aber der Satz ist noch nicht zu Ende. Leider, muss man wohl sagen. Die junge Frau fragte mich nämlich nach dem Weg.

Ich war irritiert. Die Art, wie sie mir die Frage stellte, irritierte mich. „Entschuldigung", sagte sie. „Können Sie mir sagen, wo die Oderberger Straße ist?"

Oh, dachte ich hilflos.

Sie hatte „Sie" gesagt. Sie! Eine Anrede, die mich offensichtlich mehr bewegt, als sie mich wohl bewegen sollte. Sie trifft mich. Immer noch.

Es gibt ja immer diese schon erläuterte Diskrepanz zwischen gefühltem und gelebtem Alter. Ich bin heute vierzig. Als ich Mitte zwanzig war, klang vierzig – großer Gott – das klang alt. Richtig alt. Es ist noch gar nicht so lange her, dass ich mir ein Leben jenseits der vierzig gar nicht vorstellen konnte. Ich konnte mir nicht vorstellen, dass es irgendeinen Sinn ergeben würde. Inzwischen sehe ich das selbstverständlich ein wenig anders, denn natürlich fühle ich mich jünger. Und doch überraschen mich manchmal meine Gedanken, die die Gedanken eines Vierzigjährigen sind.

Am nächsten Tag erzählte ich meinem Bekannten Thomas von meinem Erlebnis mit der jungen Frau. Thomas ist in meinem Alter. Als ich meine Erzählung beendet hatte, nickte er wehmütig und sagte: „Micha, wir sind alt."

„Na ja", sagte ich und machte eine abwehrende Geste.

„Doch", sagte er mit unglücklicher Miene, und dann begann er es auch gleich zu beweisen.

Vor einigen Wochen machte Thomas an einem Sonntagnachmittag mit seinem Hund einen Spaziergang, der an dem

Bar25-Nachfolge-Club Kater Holzig vorbeiführte. Er war noch nie im Kater Holzig gewesen, also beschloss er, sich den Club einmal anzusehen. Das war sicherlich nicht uninteressant. Man hört ja viele Geschichten. Er ging zum Einlass und erkundigte sich bei dem Türsteher, ob man hier mit Hund eigentlich auch reinkam.

Der Türsteher musterte Thomas kurz, bevor er freundlich erwiderte: „Nein! Aber ohne Hund würdest du hier auch nicht reinkommen."

„Da hab ich mich wirklich alt gefühlt", sagte Thomas.

Ich sah ihn mitleidig an, sagte aber nichts dazu, denn offen gestanden war ich mir nicht sicher, ob es am Alter lag. Es lag wohl eher an Thomas. Er hat diese Ausstrahlung.

Eine Ausstrahlung, die mir bereits letzten Sommer aufgefallen ist, als wir mit einigen Freunden auf der Dachterrasse des Berliner Clubs Weekend waren. Die Dachterrasse befindet sich in der sechzehnten Etage des Haus des Reisens am Alexanderplatz. Man hat einen wunderbaren Blick über die Stadt. Es war ein wirklich lustiger Abend, der bis in die frühen Morgenstunden des folgenden Tages dauerte, aber als ich ihn einige Tage darauf in einem Telefonat mit Thomas auswertete, klang es, als hätten wir einen vollkommen anderen Abend erlebt.

Es war ein Telefonat, in dem ich etwas Beunruhigendes feststellte. Während Thomas redete, spürte ich, wie sich mein Blickwinkel verschob. Ich betrachtete die Welt plötzlich aus der Perspektive von Thomas. Ich sah den Abend mit seinen Augen. Mit anderen Worten: Ich alterte, und das in verstörend kurzer Zeit.

Wenn man die Welt mit den Augen von Thomas betrachtet, waren wir in einer dieser Diskotheken, in denen diese schreckliche minimalistische Techno-Musik gespielt wurde, die klang, als hätte der DJ den ganzen Abend nur einen Song laufen lassen.

Es fiel Thomas schwer, das Gefühl zu beschreiben, das er hatte, seitdem wir eingetroffen waren. Wahrscheinlich fühlten sich Väter so, wenn sie an Sonntagnachmittagen mit dem Kinderwagen Menschen begegneten, die gerade aus dem Berghain kamen. Einmal hatte er sogar versucht zu tanzen, aber er kam sich wie ein Mitarbeiter der Sektion Diskothek beim Komitee für Unterhaltungskunst der DDR vor, der sich unter die Gäste mischte, um zu beweisen, dass er so war wie sie. Er war sich nicht sicher, ob das die richtige Metapher war, allerdings schienen die Frauen auf der Tanzfläche das ähnlich zu sehen, zumindest wirkten ihre Blicke so.

„Und die Musik war auch viel zu laut", sagte Thomas.

Ich sah ihn an und dachte an seine Kater-Holzig-Erfahrung. Die Geschichte mit dem Hund passte. Der Türsteher hatte ihn als eine Art Alterstourist wahrgenommen. Der Mann schien ein guter Menschenkenner zu sein. Thomas hat sich der Rolle eines Vierzigjährigen ergeben, zwei Jahre bevor er überhaupt vierzig wurde. Und das ist schon ziemlich erschreckend.

Es ist natürlich eine Einstellungsfrage. Es geht nicht um das physische Alter, es geht darum, wie alt man sich fühlt.

Ein gutes Beispiel ist meine Mutter.

Letztes Jahr lag eine Einladung zur „Goldenen Henne", der Gala der Zeitschrift *SUPERillu* in meinem Briefkasten, einem Magazin, das die *Süddeutsche Zeitung* einmal als „die Psychotherapeutin der Ostdeutschen" bezeichnet hat. Ich wusste zuerst gar nicht so richtig, ob ich hingehen sollte. Ich gehöre ja nicht unbedingt zur klassischen *SUPERillu*-Klientel.

Aber dann fiel mir meine Mutter ein. Sie kennt die Ost-Stars, von denen mir die meisten Namen gar nichts sagen. Sie sind Teil ihrer Jugend. Für meine Mutter konnte der Abend einen nostalgischen Wert haben.

Ich fragte sie, und natürlich sagte sie zu.

Die After-Show-Party begann gegen elf. In meiner Familie gibt es diese Regel, nach zweiundzwanzig Uhr nicht mehr meine Eltern anzurufen. So gesehen würden wir höchstens bis zwölf bleiben und dann langsam aufbrechen. Zumindest nahm ich das an. Ich sah auf die Uhr. Es war halb zwölf. Wir waren jetzt anderthalb Stunden über der Zweiundzwanzig-Uhr-Regel. Innerlich stellte ich mich schon mal darauf ein, bald zu gehen.

Allerdings stellte ich schnell fest, dass hier – entgegen meiner Erwartungen – doch ziemlich viele Leute anwesend waren, die ich kannte. Ich wurde häufig begrüßt, und allen stellte ich natürlich meine Mutter vor. Zu diesen Begrüßungen muss man sagen, dass in Bezug auf das Siezen bei meiner Mutter eine umgekehrte Mechanik greift als bei mir. Sie mag es nicht, wenn sie sofort und von jedem geduzt wird. Das Duzen hat für sie einen gewissen Wert. Allerdings war sie an diesem Abend damit konfrontiert, dass sich ihr jeder mit Vornamen vorstellte. Man ging davon aus. Und was soll ich sagen, schon bei der ersten Begrüßung verschob sich für mich auch hier die Perspektive.

Aus meiner Mutter wurde „die Heidi".

Das war an sich schon ungewohnt, allerdings war das erst der Anfang, denn dann lernten wir über eine befreundete *SUPERillu*-Redakteurin Steffen kennen. Steffen war nicht unsympathisch, allerdings spürte ich schon nach einigen Minuten, dass hier gerade irgendetwas nicht passte. Dann begriff ich es. **Wie ja auch ich war Steffen Single, und während wir uns unterhielten, tanzte sein Blick ungeduldig über die Menge. Steffen war auf der Jagd.** Eine Situation, die mir nicht unvertraut ist. Unter Singles in meinem Alter. Aber diesmal war Heidi dabei.

Als mich Steffen inzwischen schon zum vierten Mal auf „die Blonde dahinten" hinwies, spürte ich mit einem Seitenblick auf Heidi, dass hier gerade zwei Welten aufeinander prallten. Die heimelige, reine und heile Welt, die meine Eltern verkörpern, und die Mittdreißiger-Singleparty-Welt prallten aufeinander. Es war irgendwie unpassend. Aber auch das sollte sich bald ändern. Meine Mutter ist eine sehr kommunikative Frau, was Steffen natürlich schnell erkannte. Als ich mit neuen Gläsern von der Bar zurückkehrte, musste ich feststellen, dass Steffen dieses Talent für seine Zwecke nutzte. Er benutzte Heidi. Sie war Teil seiner Strategie.

Man sagt ja, dass Hunde oder kleine Kinder hilfreich sein können, um Frauen kennenzulernen. Aber wenn man so wollte, funktionierte Heidi besser. Wenn Steffen eine Frau gefiel, ging meine Mutter wie zufällig zu ihr und begann ein unverbindliches Gespräch. Dann stellte sie der Frau Steffen vor und verschwand. Sie ebnete ihm den Weg. Ich stand mit Heidis zweiter

Weißweinschorle an der Tanzfläche und beobachtete die beiden fassungslos. Es war unglaublich. Irgendetwas passte hier gerade ganz und gar nicht zusammen.

Steffen benutzte Heidi als Wing-Woman. Und so wie es aussah, war sie eine Wing-Woman, wie sie sich Barney Stinson aus der Serie *How I met your Mother* besser nicht hätte wünschen können. Steffen lernte an diesem Abend viele Frauen kennen.

Irgendwann blickte ich auf die Uhr und fragte Heidi, wie spät es wohl war.

„Kurz nach zwölf?", fragte sie.

„Nicht ganz", sagte ich lächelnd. „Es ist halb vier."

Halb vier! Mit der Uhrzeit traf die Wirklichkeit ein. Wir verabschiedeten uns, und Steffen versicherte Heidi, seine Mutter beim nächsten Mal ebenfalls mitzubringen. Dann riefen wir uns ein Taxi. Um 4:20 Uhr schrieb mir Heidi noch einmal, wie schön der Abend gewesen war.

Der Schauspieler Anthony Quinn hat einmal gesagt: „Auch als Sechzigjähriger kann man sich wie vierzig fühlen. Allerdings nur noch eine halbe Stunde am Tag."

Tja. Heidi hatte einige Stunden geschafft. Und das ist das Schöne, was man als Sohn ja selten wahrnimmt. Sie hat sich ihrer Rentnerrolle nicht ergeben. Das ist außerdem das Wichtigste. Nicht zu kapitulieren! Es geht nicht um Fakten, es geht um das Empfinden. **Man ist erst alt, wenn die Musik zu laut ist, und nicht, wenn man in einem bestimmten Alter ist.**

In der *Berliner Zeitung* habe ich vor einiger Zeit eine Prognose gelesen, nach der in zwanzig Jahren mehr als die Hälfte der Berliner Bevölkerung älter als fünfzig sein soll. Heutzutage gelten die Vierzigjährigen ja schon als die neuen Dreißigjährigen. Vermutlich fühlt man sich in dreißig Jahren mit siebzig wie Mitte dreißig. Wahrscheinlich haben wir dann sowieso keine Wahl.

Aber was soll ich sagen, es würde mich freuen.

„Jung und dumm – die passt zu dir"

Ziemlich genau drei Monate nach meinem achtunddreißigsten Geburtstag stellte ich der Frau, die ich einige Stunden zuvor auf einer Geburtstagsfeier kennengelernt hatte, eine Frage.

Ich fragte: „Und, was studierst du?"

Es war eine harmlose Frage, allerdings war es auch eine Frage, die alles änderte. Wir kannten uns seit ungefähr drei Stunden, wir hatten uns gut unterhalten, unser Gespräch griff ineinander, alles stimmte. Oder sagen wir so: Alles stimmte, bis die Frau meine Frage beantwortete.

„Ich studiere nicht", sagte sie, bevor sie den Satz noch einmal präzisierte. „Ich studiere noch nicht", sagte sie.

„Noch nicht?", dachte ich.

Dann sagte sie: „Ich geh noch zur Schule."

Es war dieser Moment, in dem die Frau, mit der ich mich in den letzten Stunden so gut unterhalten hatte, zu einem Mädchen wurde.

„Wie alt bist du denn?", fragte ich erschrocken.

„Achtzehn", erwiderte sie stolz. „Seit einer Woche."

Seit einer Woche. Seit einer kurzen Woche. Das war der Moment, in dem das Mädchen, das gerade aus der Frau geworden war, zu einem Kind wurde.

„Aha", sagte ich hilflos. „Herzlichen Glückwunsch nachträglich."

Ich war vor drei Monaten achtunddreißig geworden. Das waren zwanzig Jahre Altersunterschied. Sie wurde geboren, als ich in der dreizehnten Klasse war. Sie hatte vor drei Jahren zum ersten Mal Sex, ich hatte zwei Jahre vor ihrer Geburt zum ersten Mal mit einer Frau geschlafen. Die Zusammenhänge, in die ich unsere Alter setzte, wirbelten in meinem Kopf, und mit jedem neuen Bezug wurde es schlimmer.

„Aha", sagte ich noch einmal, weil ich nicht so richtig wusste, was ich noch sagen sollte. Jetzt war ja irgendwie alles besprochen. Die Themen waren uns ausgegangen.

Durch eine Zahl.

Man kann jetzt natürlich einwenden: „Alt werden se von janz alleene." Oder auch, dass es nicht darum geht, wie alt man ist, sondern darum, wie gut man sich versteht. Das ist sicherlich richtig, allerdings ist es – wie so oft im Leben – schon etwas komplizierter. Wenn man Single ist, hat man ja schon gewisse Vorstellungen davon, wie die Frau, mit der man zusammenkommen möchte, so sein soll. **Man zimmert sich ein Idealbild. Und je länger man Single ist, desto unwirklicher und realitätsferner wird dieses Bild.** Ich habe beispielsweise einen Freund, der als Texter in einer Werbeagentur arbeitet und inzwischen seit drei Jahren Single ist. Er hat sehr konkrete Vorstellungen, wie seine zukünftige Freundin so sein soll.

Er wünscht sich eine Nichtraucherin, weil er selbst starker Raucher ist und sich in eine Nichtraucherin zu verlieben ein guter Antrieb wäre, das Rauchen aufzugeben. Er sucht eine Frau, mit der ihn gemeinsame Themen verbinden, die in einem ähnlichen Beruf arbeitet, aber nicht in der Werbung, sie darf nicht zu jung sein, zu alt – also über dreißig – schon gar nicht, und wenn sie jung ist, darf sie nicht mehr studieren. Mein Freund hat sich in einem Regelnetz verfangen. Seine Vorstellungen sind die eines Human Resource Managers, der nur Mittzwanziger mit der Berufserfahrung von Mitt- oder Enddreißigern einstellt. Wahrscheinlich lebt er bereits zu sehr in einer Welt, deren Vorstellungen sich nach den Filmen richten, die er im Kino sieht.

So wird das wohl nie was.

Meine Vorstellungen sind nicht ganz so konkret wie die meines Bekannten, aber auch ich kann mich natürlich der idealisierten Idee einer zukünftigen Freundin nicht entziehen.

Ich suche ja nach einer Frau, die an einer ähnlichen Stelle im Leben steht. Mit ähnlichen Zielen und ähnlichen Erwartungen an die mittelfristige Zukunft. Es geht um Gemeinsamkeiten und um einen ähnlichen Problemhorizont. Ich möchte mich mit meiner Freundin eigentlich nicht mehr über Klausuren unterhalten. Klausuren haben nichts mit meinem Leben zu tun. Und eine Zwanzigjährige hat ja die letzten inzwischen gut zwanzig Jahre Erfahrungen, die ich hinter mir habe, noch vor sich. Vielleicht würde ich mich gut mit ihrem Vater verstehen, weil er im gleichen Alter wie mein älterer Bruder ist, aber auch dieser Gedanke beunruhigt mich irgendwie.

Die Frage ist, was man von einer Beziehung erwartet. Und in meinem Alter denkt man natürlich auch daran, ob man sich mit der Frau, die man mag, auch Kinder vorstellen kann. Das erhöht die Ansprüche. Und das macht es nicht unbedingt einfacher.

Ach ja, die Frauen.

„Das Ewig-Weibliche zieht uns hinan." Die letzten beiden Zeilen von Goethes *Faust* kennt man ja. Auf diese zwei Zeilen läuft das Werk hinaus. 12 109 Zeilen Anlauf hat Goethe genommen, um uns das mitzuteilen. Nun ja, Recht hat er, dagegen kann man nichts sagen. Wahrscheinlich kann man sogar sagen, dass diese Worte die Klammer sind, die meine Texte zusammenhalten.

Ach, Goethe.

Es gibt eine Theorie, dass Goethes Spätwerk ja auch nur aus der Zurückweisung einer Frau entstanden wäre. Einer sehr jungen Frau. Eigentlich sogar eines Kindes. Siebzehn Jahre war sie alt, als sich Goethe in sie verliebt hat. Da war der Mann zweiundsiebzig!

Fünfundfünfzig Jahre Altersunterschied.

Heute wäre er zum Zeitpunkt ihrer Geburt fast Rentner – oder sagen wir mal Vorruheständler. Er hat ihr dann einen Heiratsantrag gemacht, aber sie hat ihn zurückgewiesen – und das ist noch zurückhaltend formuliert. Eigentlich ist sie vor ihm geflüchtet, bei Nacht und Nebel heimlich abgereist, und daran ist er dann zerbrochen. Er hat sich zurückgezogen und dann nur noch geschrieben. Eigentlich müssen wir dem Mädchen dankbar sein. Ohne sie wäre der Faust wahrscheinlich unvollendet geblieben.

Aber wenn ich jetzt so darüber nachdenke, ist der Altersunterschied zwischen Mann und Frau in der deutschen Literatur ja generell eklatant. Bei Fontane ja sowieso, im Großteil seiner Romane sind es alte Säcke, die sich in Minderjährige verlieben. Oder bei Goethe, im ersten Teil des Faust. Wie alt ist denn Faust, als er sich in das vierzehnjährige Gretchen verliebt? Mindestens sechzig. Darüber darf man eigentlich gar nicht nachdenken.

Letztlich sind das alles Männerfantasien.

Männerfantasien, die ich zu leben scheine, wenn man danach geht, was für ein Bild mein Bekannter Christoph von mir entwirft. Als ich ihm von meinem Erlebnis mit der Achtzehnjährigen erzählte, sagte er: „Wat willste denn? Jung und dumm – dit passt doch zu dir."

Ich sah ihn irritiert an. Ich war mir gerade nicht so sicher war, ob das als Kompliment oder Beleidigung gemeint war.

„Und außerdem", fuhr mein Freund fort, „musst du denen doch nur erzählen, dass du Vorbehalte wegen eures Altersunterschiedes hast, um sie ins Bett zu kriegen."

„Aha", sagte ich langsam. Offensichtlich war es als Kompliment gemeint. Ich hatte gerade das Gefühl, dass wir irgendwie aneinander vorbeiredeten.

Ich muss dazu sagen, dass Christoph ein Bild von meinem Leben hat, das – vorsichtig formuliert – nicht ganz den Tatsachen entspricht. Es ist ein Bild, wie er mich gern sehen würde, eine überzeichnete Wirklichkeit. **Er denkt nämlich, dass man als Autor eine Art Rockstar-Leben führt. Ein Leben, in dem viel Alkohol, sehr viele Frauen und noch wesentlich mehr bedeutungsloser, unverbindlicher Sex vorkommen.**

Nun ja. Vielleicht hat er die Serie *Californication* ein wenig zu sehr verinnerlicht, und ich scheine da eine gute Projektionsfläche zu sein. Eine Folie für seine Träume.

Ich habe schon oft versucht zu erklären, dass das in meinem Fall gar nicht zutrifft, aber es nützt nichts. Es dringt irgendwie nicht zu ihm durch. Christoph hat mich festgelegt, und wir wissen ja alle, wie schwer es fällt, vorgefertigte Meinungen zu ändern oder sogar abzulegen. Vor allem, wenn man von dieser vorgefertigten Meinung so viel hält wie Christoph.

Leider ist er nicht der einzige, der mich so sieht. Ich habe einen Freund, der Germanistik studiert hat, der mir erklärte:

„Mit einer Achtzehnjährigen kann man natürlich keine ernsthaften Gespräche führen, zumindest keine auf einem gewissen geistigen Niveau. Mit der kann man über das Wetter reden, über Mode oder Partys. Aber ein Thema gibt es für einen Autor – nur ein einziges –, das man mit einer Achtzehnjährigen besprechen kann. Ein Thema, wenn nicht sogar das Thema, das für einen Autor das bestimmende Thema der Welt – ach, was sag ich – des Universums ist." Er machte eine Kunstpause, bevor er fortfuhr.

Dann sagte er: „Über sich selbst!"

„Danke", dachte ich. „Da hast du mich ja perfekt beschrieben."

„Was ist denn der Antrieb eines Schriftstellers?", rief er. Die Frage war rhetorisch gemeint, darum versuchte ich gar nicht erst, auf sie zu antworten. Es hätte auch nichts gebracht, denn mein Freund war schon weiter. „Kann ich dir ganz genau sagen. Bewunderung, Verehrung und Anbetung. Schriftsteller wollen Menschen um sich haben, die sie lieben und bewundern. Und wer liebt und bewundert unvoreingenommener, ahnungsloser und bedingungsloser als ein achtzehnzehnjähriges Mädchen? Schriftsteller brauchen Frauen um sich, die sie anglotzen wie Kühe und mit offenem Mund an ihren Lippen hängen. Erbärmlich ist das. Aber nachvollziehbar."

Erbärmlich, aber nachvollziehbar? Willkommen in meiner Welt.

Ich fragte mich, wie gut meine Freunde mich überhaupt kannten. Ihr Bild von mir war ihnen offensichtlich näher als ich selbst.

Jung und dumm. Die passt zu dir. Scheiße!

Aber vielleicht dachte mein Freund ja auch an Goethe, der einmal gesagt hat: „Wir lieben an einem Frauenzimmer ganz andere Dinge als den Verstand. Wir lieben an ihr das Schöne, das Jugendliche, das Neckische, das Zutrauliche, den Charakter, ihre Fehler, ihre Kapricen, und Gott weiß was alles Unaussprechliche sonst; aber wir lieben nicht ihren Verstand."

Goethes Aussage klingt natürlich frauenfeindlich, allerdings muss man die Umstände berücksichtigen. Goethe war ja mit einer intellektuell eher schlichten Frau liiert. Mit Christiane. Vielleicht musste er sich mit solchen Aussagen Argumente schaffen, um seine persönliche Situation zu kompensieren. Christiane war sechzehn Jahre jünger als er, und sie hatte einen schweren Stand. Sie wurde von der Weimarer Gesellschaft geradezu verachtet und ignoriert. Wenn Goethe zu gesellschaftlichen Anlässen eingeladen wurde, hat man sie explizit ausgeladen. Aber Goethe, und das spricht für ihn, hat zu ihr gestanden. Und warum? Der Suff war's nicht, obwohl sie gern mal einen über den Durst getrunken hat – wie Goethe ja auch –, und nicht zu knapp. Goethe war wirklich äußert trinkfest, und er ist auch sehr stolz darauf gewesen.

Aber das war es nicht, nicht ausschließlich. Es war der Sex. Die Frau muss – auf gut Deutsch gesagt – eine Granate im Bett gewesen sein. Und treu war Goethe ihr auch, was man ja Künstlern generell eher absagt. Allerdings lag das auch daran, dass er ein manischer Hypochonder war. Sein Kumpel Herzog Carl August hat sich ja öfter mal was eingefangen, und das hat Goethe ja gewissermaßen alles live mitbekommen, so eng wie die beiden immer zusammengehockt haben.

Aber das waren ja auch andere Zeiten, mit anderen Frauenbildern und anderen gesellschaftlichen Umständen. Es gab weniger Freiheiten. Man heiratete selten aus Liebe, man heiratete aus pragmatischen Gründen. **Heute haben wir alle Freiheiten. Aber wenn man alle Freiheiten hat, macht es das nicht unbedingt einfacher.**

Natürlich kommt es in einer Beziehung nicht auf den Altersunterschied an, es kommt allerdings auf Dinge an, die durch das Alter und die damit verbundenen Erfahrungen bedingt sind. In einer Beziehung geht es um gemeinsame Themen, gemeinsame Lebensentwürfe und gemeinsame Ziele. Das sind keine Voraussetzungen für Verliebtheit, aber Voraussetzungen für die Liebe.

Wenn ich den letzten Absatz noch einmal lese, klingt das alles so einfach. So plausibel und schlüssig. Und doch ist es schwieriger, als man denkt.

Und so viel schwieriger, als man hofft.

RELIGION
SELBSTOPTIMIERUNG

Verhütungstendenzen

Anfang des Jahres traf ich mich mit Arthur und Max. Beide sind schon ziemlich lange Single und verbringen viel Zeit im Berliner Nachtleben. Als ich in der Goldfischbar eintraf, rief Arthur herzlich: „Willkommen zurück!"

Ich war seit Kurzem auch wieder Single, und offenbar nahm er an, dass ich nahtlos an das Leben anknüpfen würde, das ich zwei Jahre zuvor verlassen hatte. An ihr Leben gewissermaßen. Und vielleicht habe ich das auch gedacht. Ich ging mit einem nostalgischen Gefühl in diesen Abend. Wir würden über Dinge sprechen, die mich an meine Singlezeit erinnerten, es würde wie früher sein. Was soll ich sagen, die Geschichten hatten sich nicht verändert, aber es war nicht wie früher. Irgendetwas war anders. Meine Perspektive vielleicht. **Der Blickwinkel, aus dem ich ihre Geschichten betrachtete, hatte sich offensichtlich verschoben.**

Als wir die erste Runde bestellt hatten, erzählte Max von Lena, die er am Wochenende gegen zwei Uhr früh in einem Club kennengelernt hatte. Sie versuchte ihn andauernd zu überreden, jetzt gemeinsam den Club zu verlassen. Sie wohnte in einer WG, er hatte eine eigene Wohnung, für einen One-Night-Stand wussten sie damit alles, was sie voneinander wissen mussten – und zwar, dass sie zu ihm fahren würden. Allerdings erfuhr er von Lena dann noch weitere Details, die er eigentlich gar nicht wissen wollte, weil diese Details ein viel zu aufschlussreiches Gesamtbild ergaben.

„Weißt du, was?", sagte sie mit verklärtem Blick. „Ich hatte gerade ein total schönes Erlebnis."

„Ach ja?", fragte Max. „Was denn?"

„Ich hatte vorhin total schönen Sex auf der Toilette."

„Total schön?", fragte er irritiert. Er war schließlich vorhin auf der Toilette gewesen. Ihm fiel die Toilettenfrau ein, die sich lautstark darüber beschwert hatte, wie unangenehm es war, die Pissoirs von dem Erbrochenen betrunkener Gäste zu reinigen, was in dieser Nacht bereits zwei Mal passiert war.

„Wir waren aber auf der Damentoilette", sagte Lena, als sie seinen Blick bemerkte. „Die ist sauberer." Lena schien Erfahrungswerte zu haben, was es jetzt auch nicht unbedingt besser machte. Sie schien auch nicht zu begreifen, dass es hinderlich sein könnte, jemandem diese Information zu geben, den man gerade zu überreden versucht, mit einem zu schlafen.

„Aber ihr habt ein Kondom benutzt", sagte er, nur um überhaupt irgendetwas zu sagen. Lena sah ihn verständnislos an, irgendwie ratlos.

„Du hast sie nicht angefasst", sagte Arthur in der Goldfischbar. „Versprichst du mir das?"

„Na ja", wand sich Max. „Wir sind dann noch zu mir gefahren. Aber ich hab nicht mit ihr geschlafen. Also nicht so richtig. Also nur kurz. Ich hatte ja keine Kondome da."

„Alter!", sagte ich.

„Die meisten Frauen haben doch auch keinen Bock auf Kondome", sagte Max.

„Stimmt", sagte Arthur. „Man sagt ja, dass es meistens die Männer sind, die nicht verhüten wollen. Dass sie schuld sind. Aber ich kenn so einige Frauen, die mich irritiert angesehen haben, wenn ich aufgestanden bin, um aus dem Nebenzimmer Kondome zu holen. Eine hat auch ständig versucht, es wieder abzustreifen, als wir miteinander geschlafen haben. **Bringt doch nichts, hat sie gesagt. Da kann ich mir auch gleich 'ne Mohrrübe reinschieben."**

„Oh", dachte ich. Danke für dieses Bild.

„Natürlich ist es Scheiße, nicht zu verhüten", sagte Max. „Aber, jetzt mal ehrlich, das ist ja schon irgendwie so, als würde man sich Socken anziehen, bevor man duschen geht."

„Stimmt", lachte Arthur. „Außerdem ist es in dem Moment auch egal, irgendwie denkt man gar nicht dran. Man schiebt's einfach weg."

Tja, dachte ich, denn ich kenne das. Jeder kennt das. Diese Momente kurz vor dem Sex, in denen plötzlich alles egal ist. Man kann das Trieb nennen oder Geilheit, wenn man der Schriftsteller Milan Kundera wäre, würde man sich eleganter ausdrücken und es „den Moment der Ekstase" nennen. Einen Moment, den Kundera in seinem Roman *Die Langsamkeit* wunderbar als „ein von Vergangenheit und Zukunft abgeschnittenes Fragment der Zeit" beschrieben hat. Wenn man kurz davor ist, mit jemandem zu schlafen, „steht man praktisch außerhalb der Zeit. Man hat keine Angst vor eventuellen Konsequenzen, denn die Quelle der Angst liegt in der Zukunft, und wer von der Zukunft befreit ist, hat nichts zu befürchten." Besser kann man es wohl nicht ausdrücken.

Aber irgendwann ist dieser Rausch dann verflogen, und dann kommen die anderen Momente. Momente, in denen man sich beispielsweise fragt, mit wem die Frau, die nach einer langen Partynacht ganz selbstverständlich mit einem geschlafen hat, ohne zu verhüten, sonst noch so ungeschützt Sex hatte. Eigentlich will man es gar nicht wissen. Man ignoriert es, man blendet es aus, bis das schale Gefühl langsam verblasst.

Die Frage ist nur, was man als eventuelle Konsequenzen sieht. Mein Bekannter Andreas hat mir mal von einem Date erzählt, das in seiner Wohnung endete. „Sie hieß Susanne", sagte er. „Die war schon was Besonderes." Als sie sich im Schlafzimmer küssten, spürte er einen Moment lang, wie er fiel, erzählte er. Sie begannen, sich gegenseitig auszuziehen, und küssten sich wie Teenager, als würden sie das hier alles gerade zum ersten Mal entdecken. Es war die richtige Stimmung. Irgendwann fragte sie sanft: „Hast du Kondome da?"

„Wir können auch ohne miteinander schlafen", flüsterte er. „Ich pass auch auf."

„Worauf?", sagte sie deutlich. „Dass ich kein Aids bekomme?"

Ein Satz wie ein Vorschlaghammer. Die Stimmung war weg. Sie schwiegen ein kurzes unangenehmes Schweigen, in dem er überlegte, mit welcher Bemerkung sie wieder in diese Stimmung gleiten konnten, aber ihm fiel nur ein, dass er Kondome eigentlich nur

155

mit ungewollten Schwangerschaften verband, nicht weil er sich vor Krankheiten fürchtete.

„Ich glaub, Krankheiten sind gar nicht so im Bewusstsein", sagte Max. „Also ich denk da auch vor allem an Schwangerschaften."

„Stimmt", sagte ich. „Sonst würden sich ja nicht so viele auf die Pille berufen."

„Im Suff gezeugt", sagte Arthur. „Klingt jetzt auch nicht so schön."

Um mich auf diesen Text vorzubereiten, habe ich einige Studien gelesen, die sich mit Verhütung in der heutigen Zeit befassen. Und wenn es nach ihnen geht, muss man sich gar keine Sorgen machen. Wenn man den Umfragen glaubt, verhütet offensichtlich jeder. Nun ja. Wenn man ehrlich ist, sind Studien ja die offizielle Variante. Man neigt schließlich eher dazu, dem Interviewer das zu sagen, was von einem erwartet wird. Man entspricht dem vorgegebenen, dem sozial erwünschten Verhalten. Das verzerrt die Wirklichkeit. Die Realität sieht da schon ein wenig anders aus. **Ungeschützter Geschlechtsverkehr ist eine Selbstverständlichkeit. Auch wenn es keiner so richtig zugeben möchte, er ist vollkommen normal.**

Dann ist mir eingefallen, dass es vielleicht realistischere Ergebnisse ergeben könnte, wenn man einfach mal die Konsequenzen recherchiert, die man beim Sex so gern ausblendet. Zum Beispiel die Entwicklung von Geschlechtskrankheiten in Berlin. Und da kommt man der Realität schon wesentlich näher. Das Robert-Koch-Institut hat schon vor einigen Jahren auf einen besorgniserregenden Anstieg der Syphilis-Erkrankungen in Berlin hingewiesen. Und bei einer Reihenuntersuchung von Berliner Singlefrauen wurden 20 Prozent positiv auf Chlamydien getestet, eine Geschlechtserkrankung, die zu Unfruchtbarkeit führen kann. Allerdings werden Chlamydien nur selten erkannt, weil man speziell auf sie getestet werden muss, sonst erkennt man sie nicht. Mit anderen Worten, die meisten wissen gar nicht, dass sie sie haben. Und dass sie sie verbreiten.

So wie es aussieht, sollten wir unser Bewusstsein für ansteckende Krankheiten wieder schärfen. Und auch das Bewusstsein für unseren Leichtsinn. Ich kenne einen Mann, der noch nie einen Test gemacht hat, und es klingt auch nicht so, als würde er einen machen wollen. Er ist immer froh, wenn sich eine seiner Liebschaften testen lässt. „Dann weiß ich, dass ich auch nichts habe", sagt er. Das ist dann wohl die unbarmherzige Variante.

Als ich meinem guten Freund Patrick erzählt habe, dass ich gerade an diesem Text arbeite, erzählte er mir von einer Frau, mit der er vor einigen Jahren ein Verhältnis hatte. Sie war Ärztin. Sie hatten noch nicht miteinander geschlafen, dann kam endlich dieser romantische Abend. Sie hatte Kerzen angezündet und Wasser in die Badewanne eingelassen. Patrick legte sich ins dampfende Wasser und sah sie erwartungsvoll an. Gleich würde sie sich ausziehen und zu ihm in die Wanne steigen, dachte er. Aber dann passierte etwas Unerwartetes.

„Plötzlich hatte sie diese Spritze in der Hand", sagte Patrick.

„Wie bitte?", sagte ich.

„Ja, sie hat mir 'ne Spritze gesetzt, und mir Blut abgenommen."

„Ohne Test schlafe ich nicht mit dir", erklärte sie mit einem Lächeln. „Und im heißen Badewasser kommen die Venen so gut raus."

„Eine Woche darauf waren dann die Ergebnisse da", sagte Patrick. „War alles in Ordnung. Die Liaison ging nur zwei Monate. Inzwischen ist sie meine Hausärztin."

„Na, da fügt sich doch alles zusammen", sagte ich, und dann, nach einer kurzen Pause: „Und wie war die Woche?"

„Nicht so schön", erwiderte er.

Dieses „Nicht so schön" ist ja auch ein Grund, aus dem viele lieber keinen Test machen. Weil sie sich in den sieben Tagen, bis die Ergebnisse da sind, erst wirklich mit den eventuellen Konsequenzen auseinandersetzen. Wenn das Kopfkino beginnt. Wenn man sich fragt: „Was wäre, wenn?"

Bevor ich mit meiner letzten Freundin zusammenkam, habe ich mich umfangreich testen lassen. Nun ja, das ist nicht ganz richtig. Wir hatten schon miteinander geschlafen, ohne zu verhüten. Ich musste eine Woche warten, es war eine der längsten Wochen meines Lebens. Aber das hatte ich wohl verdient. Ich setzte mich ernsthaft damit auseinander, wie sich mein Leben ändern würde, wenn ich beispielsweise Aids hätte. Und dabei ging es mir gar nicht um mich. Ich hätte meine damalige Freundin mit reingezogen. Ich hätte mich wie ein Schatten auf ihr Leben gelegt und alles geändert. Das ist das schlimmste Gefühl.

Als ich dann eine Woche darauf nervös bei meiner Ärztin saß, während sie ruhig in den Laborergebnissen blätterte, brüllte es in mir: „Los, sagen Sie's endlich! Was ist mit Aids?" Es war das letzte Blatt der Untersuchung, sie tat es mit einem Halbsatz ab. Einem Halbsatz, in dem die Worte „natürlich nicht" vorkamen und mit dem sie eine der schlimmsten Wochen meines Lebens beendete. Die Laboruntersuchungen haben mich 300 Euro gekostet, was ich dann mal als gerechtfertigte Strafe für meine Leichtsinn empfunden habe. Rückblickend war es dieser Moment, der meine Perspektive geändert hat. Der mich gewisse Aspekte meiner Singlezeit anders sehen lässt. Er hat mich geheilt. Von Wahllosigkeit, Verantwortungslosigkeit und Leichtsinn. Ein guter Ausgangspunkt für einen frischgebackenen Single in Berlin.

Arthur und Max sind dann noch weitergezogen, zuerst ins Grand, dann ins Trust und dann ins King Size. Ich wollte nach Hause. Wenn ich jetzt noch mitkam, würde der folgende Tag ein verlorener Tag werden, und irgendwie fehlte mir die Lust, ihn verkatert auf dem Sofa zu verbringen.

„Mach jetzt mal nicht den Spalter", rief Max auf der Grünberger Straße, während er ein Taxi heranwinkte. Als sie mich vor meinem Haus absetzten, stand ich noch einen Moment lang an der Straße und sah dem Wagen nach, bis er sich an der nächsten Kreuzung in den Rücklichtern der anderen Autos verlor.

Willkommen zurück, dachte ich.

Im Berliner Singleleben.

Welt verbessern nicht vergessen

Neulich hat mir ein Freund von einem Streit mit seiner Freundin erzählt. Es war ein langer, kräftezehrender Streit, der zwei Stunden dauerte und immer noch nachwirkte. Mein Freund wirkte müde. Ich ließ ihn erstmal reden, weil ja klar war, dass er einen Zuhörer brauchte. Allerdings unterbrach ich ihn nach einer knappen Stunde dann doch, weil es da eine Frage gab, die mich beschäftigte.

„Warum habt ihr euch eigentlich gestritten?", fragte ich.

Mein Bekannter sah mich einen kurzen Moment lang überrascht an. Es war offenbar eine Frage, die er so nicht erwartet hatte. Er überlegte einen Moment lang, bevor er unwillig erwiderte: „Weiß ich doch nicht mehr. Irgendwas Unwichtiges."

Irgendwas Unwichtiges. Natürlich.

Ich kenne das. Jeder kennt das.

In Beziehungen gibt es ja hin und wieder diese Auseinandersetzungen, die, obwohl sie aus einem nichtigen Anlass entstanden sind, sich hochschaukeln und vielleicht sogar ausufern, in dessen Verlauf man vielleicht sogar infrage stellt, warum man überhaupt mit dem Partner zusammen ist.

Es sind Streitigkeiten, in denen man irgendwann eigentlich gar nicht mehr weiß, warum es eigentlich dazu kam. Da kann es helfen, sich vorzustellen, als objektiver, unbeteiligter Beobachter diesen Streit zu bewerten. Man kann zu überraschenden Einsichten kommen. Denn man begreift in der Hitze des Gefechts gar nicht so richtig, dass es letztlich um verletzte Eitelkeiten oder falschen Stolz geht – und natürlich den Wunsch, jetzt unbedingt Recht zu haben. **Aber vielleicht sollte man auch in solchen Streitigkeiten einmal den Gedanken zulassen, ob man mit einem Menschen, den man liebt, so umgehen würde.**

Als ich vor einigen Jahren mit meiner damaligen Freundin in einen zweistündigen Streit geriet, dessen Anlass mir schon nach zehn Minuten entfallen war, fiel mir ein Bekannter ein, den ich einige Tage zuvor getroffen hatte und dessen Welt gerade zerfiel. Er hatte sich gerade von seiner Freundin getrennt, weil es einfach nicht mehr funktionierte. Ihre Tochter, die gerade zwei Jahre alt geworden war, bedeutete ihm alles. Seine Freundin war tief verletzt. Sie warf ihm vor, ihr Leben zerstört zu haben. Er war gerade ausgezogen, zahlte die Wohnungsmiete seiner Exfreundin und seiner neuen Wohnung. Als ich ihn traf, hatte er diesen tragischen Zug um die Mundwinkel, er war auch sehr dünn geworden.

Das alles fiel mir damals ein, während meine Freundin mich anschrie, und ich fragte mich, was wir hier eigentlich machten. Mein Bekannter hatte Probleme. Wirkliche Probleme. Dagegen war das, was wir hier machten, Beschäftigungstherapie.

Wenn ich heute in solche Konflikte gerate, ist es für mich immer ein gutes Mittel, mich zu erinnern, dass es nicht wenige Menschen gibt, die wirkliche Probleme haben. Die müde abwinken würden, weil sie die Dinge einfach aus einem anderen Blickwinkel sehen. Man kann jetzt natürlich noch einen Schritt weiter gehen und globaler denken. An die Menschen der Dritten Welt denken, deren Probleme wie Kriege, Armut und Hunger ja schon existenzieller sind.

Das würde vielen Auseinandersetzungen die Substanz nehmen. Man würde begreifen, wie lächerlich und nichtig die meisten unserer Probleme eigentlich sind. Und das trifft nicht nur auf Streitigkeiten in Beziehungen zu.

Auch auf unseren Umgang miteinander.

Oft sind es natürlich keine wirklichen Probleme, mit denen wir uns beschäftigen. Es sind Probleme, die entstehen, wenn man einen gewissen Lebensstandard gewöhnt ist. **Wir geben Dingen eine unangemessene Bedeutung, die sie gar nicht haben. Es sind Probleme der Ersten Welt.**

Luxusprobleme.

Vor einigen Monaten war ich zu einem Abendessen bei Bekannten verabredet, die in der Karl-Marx-Allee leben, in einem dieser sozialistischen Prestige-Bauten, die in den fünfziger Jahren errichtet wurden. „Arbeiter in die Paläste" war die architektonische Leitidee dieser Zeit. Die Wohnungen wurden damals unter den Menschen verlost, die sie gebaut hatten. Inzwischen sind die meisten zu Eigentumswohnungen geworden, die Menschen im Rheinland gehören, welche sie als Kapitalanlage nutzen. Ein Bild, das zu diesem Abend passen sollte, aber das ahnte ich natürlich nicht.

Zu der Wohnung gehört eine Terrasse, die mindestens vierzig Quadratmeter fasst. Wir saßen dort an einem langen Tisch und blickten über die Stadt. Ich muss gestehen, dass ich mich allein durch den Blick irgendwie privilegiert fühlte. Es war die richtige Kulisse. Das war es dann aber auch schon.

Es war ganz interessant, die Gespräche am Tisch zu verfolgen. Die Themen, die wir besprachen. Die Dinge, die uns beschäftigten.

Es war ein wenig ernüchternd.

Unsere Leben kreisten um Wohnungen, Jahresgehälter, wie peinlich Miley Cyrus inzwischen geworden war oder um Ikea-Möbel, die nicht aussehen, als hätte man sie bei Ikea gekauft. Wir beschäftigten uns mit gelungenen oder misslungenen Schönheitsoperationen von Prominenten und den schwindenden Einschaltquoten von *Wetten dass …?* Wir fragten uns, welche Urlaubsorte man eigentlich noch bereisen kann, ohne peinlich zu sein, und wer sein Gesicht verliert, weil er in der neuen *DSDS*-Jury sitzt.

Das sind die Dinge, die uns beschäftigen. Das sind unsere Probleme.

Und ja, es ist schon richtig. Wir sind privilegiert. So privilegiert, dass wir uns über solche Dinge Gedanken machen können. Aber manchmal denke ich, nicht wenige von uns beschäftigen sich mit solchen Dingen, um sich abzulenken. Vor den immer unbeherrschbareren Problemen, die unsere Welt betreffen. Und auch von sich selbst. Von der Leere im Leben, die man sich nie eingestehen würde. **Man hält die Stille nicht aus, man will sich nicht mit sich selbst beschäftigen, weil man fürchtet zu begreifen, wie ereignislos das eigene Leben sein könnte.**

Natürlich sind wirklicher Hunger, wirkliche Armut und Krieg für uns inzwischen einfach zu abstrakt. Wir kennen die Bilder aus den Medien, die einen schon berühren, aber dieses Gefühl löst sich schnell auf, wenn wir weitergeschaltet oder die Zeitung weggelegt haben. Es ist eine Nachricht in der Informationsflut, der wir tagtäglich ausgesetzt sind. Es ist einfach zu weit weg.

Mir geht es nicht anders.

Ich habe keinen Krieg erlebt, ich habe nie gehungert, ich bin nie an meine existenziellen Grenzen gekommen. Hemingway hat einmal gesagt, man kann nur ein guter Schriftsteller sein, wenn man einmal dem Tode nahe war. Nahtoderlebnisse wünsche ich natürlich niemandem. Allerdings würden Geschehnisse dieser Art uns lehren, unser Leben mit einem anderen, bewussteren Blick zu betrachten. Seine Bedeutung zu ermessen.

Anfang des Jahres habe ich mich mit einem Mann unterhalten, der eine schwere Krankheit überstanden hat. Leukämie. Es war ein ungewöhnliches Gespräch, in dem es gar nicht um die Krankheit ging. Mir fiel nur auf, wie er über das Leben sprach, wie bewusst der Mann sein Leben empfand. Wie sehr er es zu genießen schien.

„Man beginnt, das Leben wieder zu schätzen", sagte er.

Es ist sein Gesicht, an das ich denke, wenn ich mit meiner Freundin in einen Streit gerate. Und manchmal hilft es sogar.

Manchmal überlege ich, wie sich generell der Umgang zwischen uns ändern würde, wenn wir uns bewusst wären, wie sehr wir doch unsere Luxusprobleme pflegen. **Wie sehr wir Unbedeutendem Gewicht verleihen und darüber vergessen, dass wir zu dem kleinen Teil der Weltbevölkerung gehören, dem es doch schon ziemlich gut geht.**

Was gesellschaftlich passieren würde, wenn uns diese Tatsache gegenwärtiger wäre.

Aber so ist es ja nun einmal nicht.

Schade eigentlich.

Ich und meine Maske

Am Sonntag saß ich im Blauen Band, einem Café in Berlin-Mitte, und wartete auf meine Freundin Anne, die ich hier gelegentlich treffe, um mit ihr zu plaudern. Ich blätterte im Magazin der Berliner Zeitung und versuchte mich darauf zu konzentrieren, was in dem Absatz stand, den ich gerade zum vierten Mal las – ohne ihn zu verstehen. Es klappte nicht, und das hatte gute Gründe.

Genau genommen waren es zwei. Beide befanden sich am Nebentisch, waren Mitte dreißig, fühlten sich vermutlich zehn Jahre jünger und legten definitiv Wert darauf, geduzt zu werden. Sie hießen Katharina und Anne-Kathrin, waren elegant gekleidet und sprachen ein auffallend deutliches Hochdeutsch. Beide redeten zu laut, und vor allem lachten sie viel zu laut. Ein aufdringliches, affektiertes Lachen, das irgendwie falsch klang, was ihnen nicht aufzufallen schien. Es war fast so, als würden sie sich gegenseitig beweisen wollen, wie gut es ihnen ging. Sie schienen sich selbst zu spielen. Wie schlechte Schauspieler ihrer selbst, denen nur eine unnatürliche, affektierte Darstellung gelingt.

Mir fiel auf, dass mich die beiden an jemanden erinnerten. An Maria, mit der ich vor ziemlich genau zwei Jahren einen Abend verbracht hatte. Unglücklicherweise war dieser Abend ein Date. Maria sprach sehr begeistert von den Dingen, aber mit einer Begeisterung, die ich ihr irgendwie nicht abnahm. Es war eine leere Begeisterung, sie war nicht mit Leben gefüllt.

Sie spielt das hier, dachte ich. Und es schien ihr nicht einmal aufzufallen.

Wenn ich Menschen wie Maria begegne, suche ich immer nach Rissen in der Fassade. Nach einem Seitenblick, einer Handbewegung oder einer Geste, die die Fassade aufreißen lassen und einen Moment lang den Menschen hinter der Maske sichtbar machen. Aber hier war es hoffnungslos. Als hätte sich ihre Maske irgendwie verselbstständigt. Als wäre ihre Fassade so sehr mit der eigenen

Persönlichkeit verwoben, dass man sie nicht mehr von ihrem wahren Ich unterscheiden konnte. Sie überlagerte praktisch Marias Identität.

Das war beunruhigend.

Die meisten Menschen verbergen ja ihr wahres Ich hinter einer Maske, die anderen ein gutes Bild von einem vermitteln soll. Der Soziologe Erving Goffman hat das gesamte menschliche Verhalten als ein Schauspiel verstanden. Als ein Spiel, in dem wir verschiedene Rollen spielen, in denen wir uns möglichst gut verkaufen müssen. Und da liegt die Problematik – bei dem Wort „verkaufen".

Wir müssen uns verkaufen, inszenieren und vermarkten. Wir müssen attraktiv, dynamisch und optimistisch sein. Wir sind gewissermaßen unsere eigene Marke. Wir müssen uns verstellen. **Wenn wir eine Rolle spielen, geht es nicht um uns selbst, es geht um ein Image, das wir darstellen wollen. Es ist wie ein ewiges Bewerbungsgespräch.** Der Druck lässt nie nach. Unsere Gesellschaft zwingt uns praktisch dazu, uns über die kapitalistischen Wertvorstellungen, die Werbung und die Medien, über Erfolg, Attraktivität und Beliebtheit zu definieren. Wir müssen gut drauf sein, denn nur Verlierer zeigen Schwächen, und wer will schon etwas mit Verlierern zu tun haben.

Das sind Maßstäbe, denen sich viele Menschen unterordnen. Bis von der eigentlichen Person nichts mehr übrig ist. Wie bei Katharina, Anne-Kathrin und Maria. Sie sind praktisch das Endstadium. Durch die Selbstdarstellung, die unsere Gesellschaft verlangt, haben sie das Gefühl für sich selbst verloren.

Im Blauen Band atmete ich auf, als ich meine Verabredung in der Tür stehen sah, die sich suchend nach mir umblickte.

„Anne", sagte ich dankbar als sie an den Tisch trat. Als ich aufstand, um sie zu umarmen, warf sie einen skeptischen Seitenblick zum Nebentisch. Ich nickte bestätigend. Wir setzten uns und versuchten uns zu unterhalten, aber unserem Gespräch fehlte irgendwie der Fluss. Wir wurden ständig von Katharinas Lachen unterbrochen.

Irgendwann sagte Anne aufgebracht: „Wie verhaltensauffällig ist das denn? Diese unmögliche Frau, die sich in ihrem Leben wahrscheinlich nie kennenlernen wird." Dann fuhr sie fort: „Das liegt daran, dass die aus dem Westen sind. Ostdeutsche sind einfach viel natürlicher."

„Na ja", sagte ich, hob abwehrend die Hand und dachte: nicht schon wieder die Ost-West-Keule.

„Doch", sagte sie bestimmt. „Die Ostdeutschen sind doch ganz anders sozialisiert."

„Okay", erwiderte ich.

„Hat der Flake von Rammstein mal in einem Interview ganz treffend erzählt.", sagte sie, „Im Osten, da konnte man ja keine wirkliche Karriere machen. Es hatte auch keinen Sinn, viel Geld zu verdienen, weil man sich nichts kaufen konnte. Da brauchte keiner die Ellenbogen einzusetzen oder sich darzustellen auf irgendeine Art, weil es ja sowieso keinen Sinn hatte. Man musste sich nicht verstellen. Es gab andere Ziele als heute. Wenn man ein schönes Leben haben wollte, musste man sich gut mit den Mitmenschen verstehen, sich einen Freundeskreis aufbauen, der Spaß macht, und eine Familie, die funktioniert. Das war das Glück."

Natürlich kann man das nicht pauschalisieren, Maria ist beispielsweise in der Nähe von Rostock aufgewachsen, aber in einem Punkt hat Anne schon recht. **Jeder ist das Produkt der Gesellschaft, in der er aufgewachsen ist und die einen sozial geprägt hat.**

Gerade in diesen heutigen schnelllebigen und hektischen Zeiten frage ich mich immer mal wieder, was den Zustand einer Gesellschaft am besten beschreibt. Manchmal denke ich, wir müssen uns nur unsere nachwachsende Generation ansehen. Sie sind der Spiegel. Ihre Verfassung zeigt die Mängel der Gesellschaft, in der wir leben, schon sehr deutlich. Weil sie ja auch zeigt, wo die Reise hingeht. Sie sind schließlich die Erwachsenen von morgen.

Weil diese Generation mit sozialen Netzwerken aufgewachsen ist, lässt ein Blick auf Facebook oder Instagram ahnen, was das für eine Reise ist. Soziale Netzwerke sind die konsequentesten Selbstdarstellungswerkzeuge. Wenn man älter ist, hat man zu Facebook oder Instagram natürlich eine gewisse Distanz. Aber bei Menschen, die mit dem Internet aufgewachsen sind, fehlt diese

Distanz. Für sie sind sie Teil ihres Lebens, ein wichtiger Teil der Realität.

Kürzlich hat mir Julian, der fünfzehnjährige Sohn eines Freundes, erklärt, warum er das Foto, das er vor einer halben Stunde bei Facebook gepostet hat, unbedingt wieder löschen musste.

„Sieben Likes in dreißig Minuten", sagte er aufgebracht. „Das ist doch peinlich. Pennen die gerade alle?" Er erzählte, dass er normalerweise zwischen achtzig und zweihundert Likes auf seine Posts bekommt. Wenn man solche Zahlen aufzuweisen hat, sind sieben Gefällt-mir-Angaben natürlich eine Zumutung. Mehr noch, sie sind ein Angriff auf das Ego. Langsam begriff ich, wie heutzutage Bestätigung für viele Teenager aussieht. Was ihre Erfolgserlebnisse sind.

Sie sind die Generation der Like-Abhängigen.

Natürlich möchte er nicht, dass seine Posts von niemandem beachtet werden, und eigentlich weiß er ja auch, welche Fotos gut ankommen, erklärte Julian.

„Klar", sagte ich abwesend.

Es war beunruhigend. Julian richtete seine Posts nach der sozialen Aufmerksamkeit aus. Er betrachtete das eigene Leben durch die Augen anderer. Die Außenwirkung ist das Wichtigste. Er vermarktet sich – schon jetzt. Er präsentiert ausschließlich die Teile seines Lebens, die er für die bestmögliche Version von sich hält. Genau genommen erschafft er sich ein zweites Ich. Eine überzeichnete Version seiner selbst. Eine Maske. Julian kultiviert seine Rolle. Er hat sich den gesellschaftlichen Maßstäben angepasst – schon jetzt.

In letzter Zeit fallen mir immer häufiger Teenager auf, die sich teilweise unerträglich affektiert benehmen. Sie reden laut, und vor allem lachen sie viel zu laut. Ihre Sprache ähnelt deutschen Synchronstimmen amerikanischer Serien und irgendwelchen Deutsch-Rappern. Es ist so eine Mischung. Ihnen scheint die Natürlichkeit verloren gegangen zu sein.

Sie wirken wie Maria, und auch bei ihnen suche ich nach einem Riss in der Fassade. Auch bei ihnen frage ich mich, wie es in ihnen aussieht. Wie die seelische Verfassung von einem Menschen ist, der sich so gibt. Und auch die ziemlich traurige Antwort darauf ist online zu finden. Von Facebook haben sich viele Teenager längst zurückgezogen. Das hat ganz einfache Gründe. Dort sind sie nicht mehr unter sich. Weil die Eltern- und Großelterngeneration inzwischen bei Facebook ist, fühlen sie sich dort zu kontrolliert. Sie sind geflüchtet, und zwar zu Tumblr, einer Blogging-Plattform, auf der Nutzer anonym Inhalte veröffentlichen können. Und darum geht es, sie ziehen sich zurück, in die Freiheit der Anonymität, in der sie sich mitteilen können. Diese Anonymität ist ihre Chance, zu zeigen, wie es wirklich in ihnen aussieht. Und sie ist eine Chance, einmal hinter die Fassade zu blicken. Tumblr gilt inzwischen als riesiges Sprachrohr für Jugendliche. Dort wurde das „Gefällt mir" durch die „Anmerkung" ersetzt. Der Tumblr-Post des Nutzers *selbstverlust*, „In der Schule soll ich perfekt sein, zuhause soll ich perfekt sein, in der Öffentlichkeit soll ich perfekt sein – wann darf ich ich sein?", hat mehr als sechstausend Anmerkungen. Sechstausend!

Wenn man auf Tumblr nach „Depression" sucht, öffnet sich ein Fenster, in dem steht: „Wenn du jemanden kennst, der unter einer Essstörung leidet, sich selbst verletzt oder Suizidgedanken hat, oder wenn du selbst davon betroffen bist, findest du auf unserer Seite *Beratung und Vorbeugung* eine Liste von hilfreichen Einrichtungen."

Das ist schon ein Zeichen. Das Portal hat offensichtlich auf eine Entwicklung reagiert. Eine Entwicklung, zu der es inzwischen auch Statistiken gibt. Die Zahl der schweren Depressionsfälle bei den Zehn- bis Neunzehnjährigen, die im Krankenhaus behandelt werden mussten, ist in den vergangenen zwölf Jahren um das Siebenfache gestiegen. Da möchte man gar nicht über die Dunkelziffer nachdenken.

Ich fürchte, dass es zukünftig immer mehr Katharinas, Anne-Kathrins und Marias geben wird. Es ist fast so, als hätten sie etwas vorweggenommen.

Der Weg ist geebnet. Die Infrastruktur ist optimal. **Das seelische Leid wird sorgfältig vor der Außenwelt verborgen. Die Rolle wird modelliert. Die Maske sitzt.**

Bis man irgendwann das Gefühl für sich selbst verloren hat.
Tja.

Allein unter Freunden

Am Sonnabend ist etwas Beunruhigendes passiert. Ich befand mich im Esszimmer einer großzügig geschnittenen Altbauwohnung bei einem entspannten Abend unter Freunden, zumindest hatte mich unser Gastgeber mit diesen Worten eingeladen. Es war kurz nach acht. Ich saß an einem langen Tisch und blickte in die Gesichter meiner Freunde. Wenn man die Leute an dem Tisch als Freunde bezeichnen wollte, denn abgesehen von unserem Gastgeber kannte ich niemanden in diesem Raum.

Wohl deshalb schlug uns unser Gastgeber während des Essens vor, dass sich jetzt jeder vorstellen sollte. Mit Namen und Beruf.

Das war beunruhigend.

„In Uhrzeigerrichtung", rief er. Dann zeigte er auf seine Tischnachbarin, die unsicher mit dem Kopf wackelte, und befahl: „Du fängst an."

Ich war nicht unbedingt davon überzeugt, dass das ein guter Vorschlag war, und auch in den Gesichtern unserer anderen Freunde war eine gewisse Skepsis zu lesen. Vielleicht dachten sie ja das gleiche wie ich, dass ich jemanden lieber unvoreingenommen kennenlerne – als Mensch – und nicht an ihm interessiert bin, weil er ein erfolgreicher Anwalt, ein vielversprechender Nachwuchsschauspieler oder einer dieser „Ich-wohn'-in-Prenzlberg-und-mach-was-mit-Medien"-Typen ist.

Aber es war zu spät für Einwände, unser Gastgeber war bereits aufgestanden, er hatte gewissermaßen Schwung genommen. Er hatte etwas von einem Moderator, es fehlten nur noch die kleinen Karten in seiner Hand. Die Vorstellungsrunde begann, es war ein bisschen wie in der Grundschule oder auf einem Treffen der anonymen Alkoholiker. Unser Gastgeber glitt immer mehr in die Rolle des Moderators, und nach der dritten Vorstellung wurde er so ungeduldig, dass er die restlichen Gäste selbst vorstellte. Ich glaube, inzwischen hatte er tatsächlich kleine Kärtchen in seiner

Hand, aber ich konnte mich auch täuschen. Ich wurde als Erfolgsautor vorgestellt, was natürlich nicht unangenehm war. Als Schriftsteller eingeführt zu werden, kommt schließlich immer gut. Als alle vorgestellt worden waren, blickte unser Gastgeber zufrieden in die Runde. Wahrscheinlich dachte er jetzt wirklich, wir wären so etwas wie Freunde.

Tja. Ich war mir da nicht so sicher. Man kann jetzt natürlich sagen, dass Freundschaft eine Frage der Definition ist. So gesehen hatten wir beide recht.

Mir fiel meine Bekannte Jessica ein, vielleicht weil sie besser an diesen Tisch gepasst hätte als ich. Sie hätte den zufriedenen Blicken unseres Gastgebers zugestimmt, weil sie den Unterschied zwischen Freunden und Bekannten nie wahrgenommen hat. Sie hat nur Freunde. Jeder, über den sie spricht, ist ein „sehr guter Freund", und vielleicht liegt es daran, dass sie sich Menschen gegenüber gibt wie eine Figur aus diesen amerikanischen Comedyserien, in denen sich alle gut verstehen. Nur ohne dieses eingespielte Lachen.

Vielleicht nimmt Jessica ja an, dass man im Leben auf diese Art am besten klarkommt. In den Serien, die sie mag, scheint es ja auch ganz gut zu funktionieren. Sie betrachtet das Leben gewissermaßen mit amerikanischer Unterhaltungsfilmlogik. Vielleicht nimmt sie an, wen sie als Freund bezeichnet, der tue ihr nicht weh, und manchmal, wenn ich sie in ein Gespräch vertieft beobachte, erscheint es mir auch gar nicht so abwegig, dass sie sich das eingespielte Lachen sogar dazu denkt. Sie hat irgendwie diesen Blick.

Aber vielleicht bin ich einfach zu sensibel in diesen Dingen, weil ich den Begriff „Freund" nur sehr vorsichtig verwende. Es ist natürlich eine gute Frage, wie viele Freunde man hat. Wird mir diese Frage gestellt, komme ich immer ein wenig ins Schlingern. Ich habe einen ziemlich großen Bekanntenkreis, aber als Freunde würde ich nur sehr wenige bezeichnen. Weniger zumindest als nicht wenige, die mich als Freund sehen. Aber manchmal hat man es nicht in der Hand.

Als ich noch in Köln lebte, hatte ich einen Kollegen namens Martin, der annahm, wir wären gute Freunde. Leider beruhte diese Zuneigung, zurückhaltend formuliert, nicht auf Gegenseitigkeit. Martin ging regelmäßig ins Solarium und jeden zweiten Tag ins Fitnessstudio. Manchmal sah man ihn in Gesprächen mit Kolleginnen Dehnungsübungen machen, und auch in Meetings ließ er häufig ganz zufällig seinen Bizeps zucken. Offenbar wollte er den Eindruck vermitteln, seine Kraft inzwischen nicht mehr kontrollieren zu können.

Er trug sehr teure Anzüge. Das war tragisch, denn Martin war einfach kein Anzugtyp. In Anzügen wirkte er nicht elegant, er wirkte nur älter. Spießiger. Wie ein Gebrauchtwagenhändler oder ein Versicherungsvertreter. Der Mann war ein wandelndes Lifestyle-Missgeschick.

Um Menschen besser einschätzen zu können, hilft mir manchmal die Vorstellung, wie sie wohl als Kinder waren, was sie beispielsweise für ein Ansehen während der Schulzeit bei ihren Mitschülern genossen haben. Ich habe Martin nie gefragt, aber ich konnte mir gut vorstellen, dass er von seinen Mitschülern täglich verprügelt wurde. Er war der Außenseiter, weniger weil er – wie zum Beispiel Heiner Müller – sich durch Originalität oder Exzentrik abhob, sondern eher weil er keine andere Wahl hatte. Mein Kollege Martin war kein Heiner Müller. Er wollte dazugehören.

Wenn wir uns morgens begegneten, begrüßten wir uns nicht, wie man das normalerweise so tut, Martins Begrüßungsfloskel lautete: „Und Micha, wie läuft's mit den Frauen?"

Wie bei den meisten Menschen waren Fragen, die sich auf eine bestimmte Sache bezogen, auch bei Martin das Mittel, diese Sache selbst umfangreich zu erörtern. Frauen waren sein ewiges Thema, seine Ausführungen konnten sehr umfangreich und leider auch ausgesprochen detailliert werden, denn er sprach ungewöhnlich offen über Sex, auch vor anderen, und sehr gern vor Frauen.

Ihm schien auch nie die unangenehme Atmosphäre aufzufallen, die solche Sätze auslösten. Niemand wusste, wie man auf Martins

Entgleisungen reagieren sollte. Um die unangenehmen Pausen zu überbrücken, stellte ich ihm häufig ausweichende Höflichkeitsfragen. Martin nickte dankbar ein „Gute-Vorlage-wir-verstehen-uns"-Nicken. Dann legte er noch einen drauf.

„Es ist einfach unangenehm, wie schamlos Martin von seinen sexuellen Abenteuern erzählt. Und du gehst auch noch auf ihn ein", warf mir einmal eine Kollegin vor. „Und er redet ja auch nur so, wenn du dabei bist. Eigentlich kann man sich ganz gut mit ihm unterhalten."

Oh, dachte ich. Inzwischen fiel Martins Verhalten also auf mich zurück. Die Dinge verselbstständigten sich. Inzwischen galten wir in der Agentur wahrscheinlich schon als beste Freunde. Die tragische Variante eines eingeschworenen Teams. Ich schien es nicht mehr in der Hand zu haben.

Unsere „Freundschaft" beruhte auf einem großen Missverständnis. Ähnlich geht es meinem Bekannten Thomas, allerdings aus anderen Gründen. Kürzlich erzählte er mir auf einer Filmpremiere, dass er seinen besten Freund schon seit der sechsten Klasse kennt.

„Seit der sechsten Klasse", sagte ich mit einem anerkennenden Nicken. „Ist er hier?"

Thomas sah mich skeptisch an. Sein bester Freund war nicht hier. Ich habe ihn auch nie kennengelernt, und das aus guten Gründen, zumindest wenn es nach Thomas geht.

Thomas arbeitet in einer Firma, die Filme produziert, sein bester Freund ist nie aus dem Ort weggezogen, in dem sie aufgewachsen sind. Sein fünfunddreißigjähriges Leben hat er in einem Umkreis von zehn Kilometern verbracht. Er hat sich nicht bewegt. Als Thomas betrunken genug war, hat er mir gestanden, dass er sich manchmal vorstellt, wie sich sein bester Freund auf einer Filmpremiere mit einem seiner Kollegen unterhält. Sein Kollege würde Thomas' bestem Freund aufmerksam zuhören, er würde nicken, er würde lächeln, und hin und wieder würde er belustigt Thomas' Blick suchen, als wären sie auf einer Seite. Und genau genommen waren sie das ja auch. **Sein bester Freund ist Thomas peinlich, zumindest in der Welt, in der er sich inzwischen bewegt.**

Ich sah ihn fassungslos an und überlegte, ob ich jetzt dazu etwas sagen sollte. Ich bin mir nicht sicher, wie Thomas Freundschaft definiert, aber so, wie ich das einschätze, scheint er seinen besten Freund nur noch aus nostalgischen Gründen so zu bezeichnen. Vielleicht nimmt er an, es ihrer Vergangenheit schuldig zu sein. Der Gedanke an ihn gibt ihm eine Art Heimatgefühl. Allerdings nur aus der Ferne, mit Abstand betrachtet. Er ist eine Projektionsfläche für Nostalgie. Mehr ist da nicht. Ihre Gemeinsamkeiten liegen in der Vergangenheit, und die ist nun mal vorbei. Als würde man sich alte Fotos ansehen und hoffen, dass das Betrachten der Bilder etwas in einem berührt. Aber da ist nichts mehr.

Ich habe es dann doch nicht gesagt, weil es mir zu hart erschien, denn es kommt ja immer auf den Blickwinkel an. Mein Bekannter hält das, was sie verbindet, wahrscheinlich wirklich für eine tiefe Freundschaft.

Ihre Freundschaft ist ein Missverständnis. Wie die meisten Freundschaften.

Milan Kundera hat dieses Missverständnis in seinem Roman *Die Unwissenheit* sehr treffend und leider auch ziemlich desillusionierend beschrieben. Wir gehen davon aus, dass wir mit unseren Freunden durch dasselbe Erleben, durch dieselben Erinnerungen verbunden sind. Leider beginnen da schon die Missverständnisse. Unsere Erinnerungen und die unserer Freunde sind nicht dieselben. Jeder hat seine eigenen. Sie ähneln sich nicht. Sie sind nicht vergleichbar. Der eine erinnert sich an mehr, der andere an weniger Situationen, auch weil sie füreinander nicht gleich wichtig sind. **Unsere Bekanntschaften und unsere Freundschaften beruhen von der ersten Begegnung an auf einer tragischen und ungerechten Ungleichheit. Und auf Beziehungen trifft das im Grunde genommen ja genauso zu.**

Ich weiß, das ist kein optimistischer Gedanke. Aber vielleicht ein Gedanke, über den es wert ist, einmal nachzudenken.

Ich habe einen Bekannten, der über solche Überlegungen verstörend weit hinaus ist. Er hat mir kürzlich erzählt, dass er seit Monaten die Gästeliste für seinen Geburtstag zusammenstellt. Er hat sie immer wieder ausgearbeitet, umgearbeitet und wieder verworfen. Er sammelt die Namen in einem Word-Dokument, das er praktisch jeden Tag öffnet, ändert und verbessert.

Er erzählte mir, dass Mode in einer Szene des Films *Der Teufel trägt Prada* als geeignetes Mittel beschrieben wird, die eigene Identität zu versinnbildlichen, sie gewissermaßen sinnvoll zu ergänzen. *Der Teufel trägt Prada* ist einer dieser Filme, die er sich nie ansehen würde, sagte er, aber er habe ihn bei einem Date sehen müssen. Der Film war schrecklich, aber er spürte, dass diese kurze Szene es wert war, die übrigen 108 Minuten des Films zu ertragen. Die Szene hätte ihm die Augen geöffnet, sagte er. Er hätte begriffen, dass diese Definition von Mode eine Wahrheit enthielt, die nicht nur auf Mode zutraf – auch auf Möbel, Städte, in die man zog, auf Musikrichtungen, Zeitschriften, Teesorten oder Wohnungen. Dinge, für die man sich bewusst entschied, mit denen man sich einen angemessenen Rahmen für sein Leben zusammenstellte, sozusagen die richtige Fassung. Nach einer Kunstpause fügte er hinzu, dass man diese Theorie auch auf die Menschen anwenden kann, mit denen man sich umgibt.

Ich sah ihn entgeistert an.

„Ich will mich mit Leuten umgeben, die die richtige Geschichte über mich erzählen", sagte er. „Die mich am besten beschreiben." Die Gästeliste war praktisch ein Casting.

„Und wonach wählst du die Leute aus?", fragte ich vorsichtig.

Er hat es komplizierter ausgedrückt, aber letztlich zählte er nur Berufe auf. Es war beängstigend. „Zu deinem Leben passen wohl eher Bekannte als Freunde", sagte ich. Er sah mich verständnislos an.

In der großräumigen Wohnung in der Hufelandstraße schenkte ich mir Wein nach und dachte daran, dass es wohl ein solcher Abend war, wie ihn sich mein Bekannter für seinen Geburtstag vorstellte. Die Stimmung war gelöst, es war schließlich ein entspannter Abend unter Freunden. Mir fiel zum ersten Mal auf, dass alle Männer Jacketts trugen. Auch ich. Wir sahen aus wie bei einem Geschäftsessen.

Bisher hatten wir über die Wohnung und das Essen gesprochen. Später würden wir über die Arbeit sprechen, über Berlin, sicherlich auch über Politik oder Kinder, aber am meisten wohl über die Arbeit, denn die meisten hier wirkten, als könnten sie nur über die Arbeit reden.

Der übliche Bogen. Es war alles so vorhersehbar. Wir tasteten uns ab, schätzten uns ein und bewerteten einander, mit einem zuvorkommenden Lächeln. Wir tauschten Visitenkarten, Telefonnummern oder unsere Namen, um uns bei Facebook zu befreunden. **Die Jacketts passten, wir waren hier auf einem Geschäftsessen. Es hörte nie auf.**

Es war ein Spiel. Eine Art Theater, etwas Arrangiertes, Vorgeführtes. Ich hätte jetzt lieber über Filme gesprochen, oder über Musik. Äußerlich passte ich hierher. Ich spielte meine Rolle. Aber vielleicht ging es den anderen ja wie mir. Vielleicht würden sie jetzt lieber über Filme sprechen oder über Musik. Dinge, die ihnen näher waren als ihr Job. Allerdings war ich mir gerade nicht so sicher, ob es in ihrem Leben überhaupt Dinge gab, die ihnen näher waren.

Hier wollte niemand näher hinschauen. Man erkundigte sich, wie gut es bei den anderen lief, um erzählen zu können, wie gut es bei einem selbst lief. Und auch ich spürte irgendwann, dass ich auf Promotion-Tour war. Auf der Erfolgsautoren-Promotion-Tour.

Zwei Stunden später wartete ich vergeblich auf eine Lücke in Svens Redefluss. Ich hatte den Fehler gemacht, ihn zu fragen, was er denn genau bei Universal machte. Das war jetzt vierzig Minuten her, und Sven redete immer noch. Leute wie er brauchen einen Schweiger als Gesprächspartner. Ich konnte mir ganz gut vorstellen, dass er in der Lage war, sich angeregt mit seinem Spiegelbild zu unterhalten. Oder dass er abends stundenlang mit seiner Freundin über die Arbeit sprechen konnte, ohne dass ihm auffiel, dass sie schon vor zwei Stunden eingeschlafen war. Aber er war ja im Musikgeschäft, vielleicht musste man in der Branche so sein.

Dann griff Sven nach der Flasche Wodka, die auf dem Esszimmertisch stand, und hielt sie in meine Richtung. Ich nickte dankbar, Sven stellte zwei Gläser zwischen uns und füllte sie. Möglicherweise entwickelte man ja im Musikgeschäft eine gewisse Sensibilität für Wodkamomente.

Ich sah mich um. Lange würde ich das nicht mehr durchhalten. Sie waren im Grunde sehr einsame Leute. Sie redeten es nur weg.

Es ist ein ewiges Geschäftsessen, dachte ich. Es hört nie auf. Wir nennen es einen ungezwungenen Abend unter Freunden, wahrscheinlich weil es so am besten klingt. **Und weil es uns ein gutes Gefühl gibt. Und darum geht es ja schließlich.**

Um ein gutes Gefühl.

Vielleicht lieber morgen

Vor ziemlich genau einem Jahr beschloss ich, endlich mal wieder etwas für meinen Körper zu tun.

Ich weiß gar nicht genau, wann es angefangen hat, aber irgendwann stellte ich fest, dass ich es vermied, genauer hinzusehen, wenn ich morgens mit freiem Oberkörper vor dem Spiegel stand. Ich konzentrierte mich eher auf mein Gesicht, das Bücherregal hinter mir oder auf das Licht der Morgensonne, das sich sanft im Spiegelglas brach. Meinen Oberkörper betrachtete ich mehr aus den Augenwinkeln. Ich nahm ihn nur noch verschwommen wahr. Gewissermaßen durch einen Gaußschen Weichzeichner.

Ich befand mich offenbar in der Verdrängungsphase.

Das funktionierte eine Weile ganz gut. Als mir dann jedoch eine äußerst diskrete Frau, mit der ich gerade geschlafen hatte, versicherte, dass mein Oberkörper besser aussah, wenn ich ein T-Shirt trug, spürte ich, dass das Ende dieser Phase erreicht war. Endgültig. **Als sie die Wohnung verlassen hatte, stand ich lange vor dem Spiegel und betrachtete meinen Oberkörper. Ohne T-Shirt. Ich mochte ihn nicht mehr. Er war mir fremd geworden. Ich spürte, dass ich etwas tun musste. Und zwar sofort.**

Ich war motiviert.

Ich schloss eine Halbjahresmitgliedschaft in einem ziemlich teuren Fitnessstudio ab, kaufte sehr teure Sportkleidung und begann sehr ambitioniert, meinen Körper zu modellieren. In den ersten beiden Wochen trainierte ich jeden zweiten Tag. In der dritten Woche war ich zwei Mal da.

Dann wurde es weniger.

Es dauerte nur einige Wochen, bis mir auffiel, dass mein Blick die Sportkleidung in meinem Kleiderschrank mit einem schlechten Gewissen streifte. Sie war so teuer gewesen, und jetzt war sie so nutzlos. So zurückgelassen.

Ich spürte den Impuls mich zu rechtfertigen, auch vor mir selbst. Es gab ja schlüssige Gründe, die mich daran hinderten, zum Training zu gehen. Seltsam war nur, dass es mit der Zeit immer mehr wurden. Als hätte sich eine höhere Macht gegen meine Trainingserfolge verschworen. Praktisch jeden Tag tauchten neue Hindernisse auf. Das hatte ich so gar nicht absehen können, als ich den Vertrag unterschrieb.

Ich unterschrieb den Vertag im September. Im Oktober wurde es kühler, und nach der Zeitumstellung Ende des Monats wurde es ja auch sehr früh dunkel, was nun wirklich sehr demotivierend sein kann.

Weil ich mich im Vorfeld ja theoretisch vorgebildet hatte, wusste ich natürlich, dass ich nicht an Tagen zum Sport gehen konnte, an denen ich vor dem Training zu viel gegessen hatte. Und natürlich gab es auch Tage, an denen ich zu wenig aß, um überhaupt effektiv trainieren zu können. Manchmal fehlte mir die Lust, weil die Sonne schien. Sonnenbeschienene Tage musste man gerade im Herbst nutzen. Allerdings hinderte es mich auch, zum Training zu gehen, wenn die Sonne nicht schien. Es war beunruhigend, die Argumente hoben sich auf. Aber das fiel mir irgendwie nicht so richtig auf.

Rückblickend weiß ich natürlich, dass das Ausreden sind, aber irgendwie nimmt man sie in dem Moment nicht wahr. Man meint das ganz ernst. Vor allem weil es ja ein Argument gibt, in das man sich immer flüchten kann: Man verschiebt es einfach auf den nächsten Tag. Auf Morgen. Und man ahnt natürlich nicht – naiv, wie man ist –, dass am nächsten Tag wohl wieder etwas dazwischenkommen könnte.

Inzwischen trainierte ich nur noch alle vierzehn Tage. Vorsichtshalber. Ich wollte ja auch nicht zu viele Muskeln aufbauen. Und irgendwann war es dann soweit. Irgendwann erinnerte mich meine traurige Sportkleidung vor allem daran, meinen Vertrag umgehend zu kündigen. Bevor er sich selbst verlängerte.

Tja.

Also ich habe das mal ausgerechnet. Die Halbjahresmitgliedschaft, die ich ursprünglich abgeschlossen hatte, war im Endeffekt zu einer Jahresmitgliedschaft geworden, die ich zwei Monate genutzt habe – wenn man es wohlwollend rechnet. Ich hatte das Gefühl, den Vertrag mit meinem Blut unterschrieben zu haben. Das war das letzte Argument. Jetzt ging ich nicht mehr zum Sport, weil die Wut auf das Fitnessstudio, das mit so unmöglichen Knebelverträgen das Geld aus den Kunden presste, einfach zu groß war.

Mein Fitnessstudio-Engagement war vorbei. Ich hatte aufgegeben. Das ist kein gutes Gefühl, aber kürzlich hat mir ein Bekannter von seinem „Ich-muss-endlich-mal-wieder-etwas-für-meinen-Körper-tun"-Engagement erzählt. Interessanterweise waren unsere Karrieren nahezu deckungsgleich. Es gibt Dinge, die mir zeigen, dass sich die Menschen viel ähnlicher sind, als so viele annehmen und wohl auch hoffen. Fitnessstudio-Karrieren gehören dazu.

Mein Bekannter hatte dieselben Phasen durchlaufen. Ich war nicht allein. Anderen ging es ähnlich. Mein Bekannter wurde zu einem Argument für mein Verhalten, und das war ja auch irgendwie beruhigend. Aber dann gibt es ja doch hin und wieder Menschen, deren Phasen sich so originell äußern, dass es mich schon wieder beunruhigt. Und zwar sehr.

Menschen wie mein guter Freund Christoph.

Christoph entschied sich im letzten Januar, endlich mal wieder etwas für seinen Körper zu tun. Auch ihm ging es darum, abzunehmen, er war sich anfangs nur nicht sicher, welche Sportart am effizientesten war. Einige Wochen darauf erzählte er mir, dass er inzwischen jeden zweiten Tag Fahrrad fuhr.

„Immer am Limit", sagte er selbstbewusst.

Immer am Limit? Ich war beeindruckt.

„Cool", sagte ich. „Und wo fährst du?" Es war schließlich Winter, und auf den vereisten Straßen war es sicherlich nicht ungefährlich, immer am Limit zu trainieren.

„Na, mit meenem Fahrradtrainer zu Hause", sagte Christoph.

Oh, dachte ich und warf ihm einen zweifelnden Blick zu. Vielleicht war es ja ironisch gemeint. Aber in Christophs selbstsicheren Blick mischte sich keine Ironie. Nicht einmal ansatzweise.

Meine Mutter besitzt ebenfalls einen Fahrradtrainer, aber das erwähnte ich vorsichtshalber nicht. Ich ging auch nicht darauf ein, dass sich mir der Zusammenhang zwischen dem Begriff „Fahrradtrainer" und Christophs „Immer-am-Limit"-Formulierung nur unzureichend erschloss.

„Also", holte Christoph aus, „wenn man sich für Sport interessiert, ist diese janze Fitnessstudio-Scheiße sinnlos. Ick hab's probiert. Dit klappt einfach nich. Und Joggen – dit iss ooch nüscht für mich, dit ist immer so wetterabhängig."

In den folgenden Wochen wurde aus Christoph ein anderer Mensch. Er erinnerte an einen Sportmediziner. Es klang schon sehr professionell. So professionell, dass ich mich ziemlich unbedarft fühlte, wenn er sprach. Allerdings gab es trotz dieses umfangreichen Grundwissens ein Problem: Er nahm einfach nicht ab. Irgendwas schien er falsch zu machen. Und auch das kann sehr demotivierend sein.

Die sportwissenschaftlichen Gespräche wurden seltener. Ich sprach ihn auch nicht mehr darauf an. Ich wusste ja, dass ich eine Wunde berührte. Und ich ahnte natürlich, was passiert war. Die Pausen zwischen den Trainingstagen waren immer länger geworden. Die Ausreden begannen, sein sportliches Engagement zu bestimmen. Sie hebelten es aus. Es war vorbei.

Aber ich hatte Christoph falsch eingeschätzt. Es war noch nicht vorbei. Noch lange nicht. **Christoph verlor sein Ziel keinesfalls aus den Augen, er hatte nur seine Strategie geändert. Er hatte sie seinen Ausreden angepasst.**

„Ick mach jetzt keenen Sport mehr, um abzunehmen", erklärte er. „Dit mach ick jetzt allet über die Ernährung. Sport seh ick jetzt nur noch so als Ergänzung."

„Aha", dachte ich.

„Hab ick allet recherchiert", sagte er, und es klang irgendwie wie eine Drohung.

Es war eine Drohung. Die sportmedizinischen Gespräche wurden in den folgenden Wochen durch ernährungswissenschaftliche Gespräche ersetzt. Christoph war in seinem Element. Allerdings ergaben sich auch hier Schwierigkeiten. Christoph nahm auch jetzt nicht ab. Es war sogar noch schlimmer: Er nahm zu.

Ein Umstand, über den er mit der Zeit eine neue, erheblich beunruhigendere Ebene erreichte. Im Juli machte Christoph nämlich eine Entdeckung, die, soweit ich das einschätze, die gesamte Sportmedizin revolutionieren könnte.

„Also", sagte er mit Verschwörermiene. „Ick hab ja teilweise drei Wochen hintereinander auf meinem Fahrradtrainer trainiert. Wie jesagt: Immer am Limit. Und ick hab einfach nich abjenommen – aber!" Christoph machte eine Kunstpause, um die Spannung zu erhöhen. „Also letzte Woche, als es so heiß war, da hab ick jeden Tag kalt geduscht. Und in genau der Woche – da hab ick fast zwei Kilo abjenommen."

Er warf mir einen vielsagenden Blick zu. Ich sah ihn unsicher an, weil ja irgendetwas sehr besorgt in mir ahnte, zu welchen Schlüssen Christoph da gekommen war.

„Also, ick vermute da einen Zusammenhang", bestätigte er meine Befürchtungen.

Tja. Was soll ich sagen: Christoph duscht jetzt zweimal am Tag. Morgens und abends. Kalt.

Ich für meinen Teil habe vor zwei Monaten angefangen zu joggen. Das ist zwar nicht so originell, aber es scheint zu wirken, und das ist ja auch schon mal was. Als ich mich kürzlich mit einer Freundin darüber unterhielt, stellte ich fest, dass es auch andere Gründe geben kann, die einen daran hindern können, Sport zu treiben.

„Ich bin ja immer sehr gern gejoggt", seufzte sie. „Aber das geht ja nun nicht mehr."

„Aha", sagte ich interessiert. „Und warum?"

„Na ja, es liegt an meinem Freund", sagte sie und blickte traurig an sich hinab. „Er mag das nicht so. Sie sind ja so schon nicht besonders groß."

„Sie?", dachte ich, denn ehrlich gesagt wusste ich erst gar nicht, was genau meine Freundin meinte.

„Du weißt ja, wo man als Frau zuerst abnimmt", sagte sie.

„Im Gesicht?", fragte ich naiv, wie ich war, begriff jedoch noch während ich die Frage stellte, was sie mit „sie" meinte.

„Ach", sagte ich konsterniert.

„Ja", sagte sie.

„Oh Gott!", dachte ich.

Ich überlegte, ihr jetzt noch irgendetwas zu sagen, das meine Anteilnahme ausdrückte, aber mir fiel einfach nichts ein.

Nun ja.

Ich jogge immer noch. Noch bin ich guter Dinge. Noch bin ich motiviert. Doch es ist Herbst, und ich spüre bereits, dass es kälter wird.

Und regnerischer.

Und dunkler.

Und – na ja, ihr wisst schon …

Fremdschämformatsüchtig

Ich besitze seit mehr als acht Jahren keinen Fernseher mehr. Es war eine bewusste Entscheidung, ich habe beschlossen, ihn abzuschaffen. Seitdem weiß ich, dass das viele Vorteile hat, aber auch Nachteile. Bei manchen Dingen weiß ich nicht einmal, ob sie zu den Vorteilen oder den Nachteilen gehören. Wenn ich beispielsweise feststelle, dass ich nicht mehr mitreden kann.

An mir sind Formate wie *Bauer sucht Frau, Deutschland sucht den Superstar* oder *Ich bin ein Star, holt mich hier raus* vorbei gegangen. Ich kenne nur die Berichterstattung. Früher war es eine spöttische, herablassende Art der Berichterstattung. Inzwischen hat selbst der *Spiegel* einen Liveticker zur laufenden Dschungelcamp-Show eingerichtet, was ich bisher nur von wichtigen Fußballspielen kannte. Und das ist irgendwie schon ziemlich erschreckend.

Sendungen wie das Dschungelcamp gehören ja zu den Formaten, die sich eigentlich keiner ansieht. Eigentlich. Denn gerade während der letzten Staffel sprachen mich immer mal wieder Menschen darauf an, von denen ich gar nicht erwartet hätte, dass sie zur Dschungelcamp-Klientel gehören. Zumindest zur Dschungelcamp-Klientel, wie ich sie mir vorstelle.

„Haste gestern Dschungelcamp gesehen? War das krass!", sagte vor einigen Wochen ein Freund, der ein ziemlich erfolgreicher Architekt ist.

„Du siehst dir das Dschungelcamp an?", fragte ich gespielt konsterniert, weil ich ja wusste, dass ich damit eine Wunde berührte.

„Nein", sagte er schnell. „Nicht wirklich. Ich guck mir so was nicht an. Ich hab nur mal kurz reingeschaltet."

Nur mal kurz reingeschaltet. Dieser Satz ist eine Rechtfertigung, und damit ist mein Freund nicht allein, wenn man sich die Einschaltquoten ansieht – denn die sind enorm.

Ich habe es nicht ausprobiert, aber ich kann mir ganz gut vorstellen, wie es sich anfühlt, wenn man abends in der Stadt unterwegs ist, wenn gerade das Dschungelcamp läuft. Wahrscheinlich fühlt man sich allein. Wie Will Smith in *I am Legend*. Ein einsamer Wanderer.

In den Gesprächen der letzten Wochen schnitt ich das Thema immer mal wieder an und stellte fest, dass sich nicht alle rechtfertigen. „Ich guck das. Ich steh dazu", sagte eine Freundin, als ich sie auf das Dschungelcamp ansprach. „Ich find's unterhaltsam. Ich bin ja nicht den ganzen Tag lang intellektuell."

„Ah", sagte ich und nickte, denn gegen diese Argumentation kann man nun wirklich nichts sagen.

„Ist halt 'ne Comedysendung", erklärte mir ein Kollege. „Das sind doch auch alles Medienprofis. Ich seh das auch eher als Ad-hoc-Theater, so 'ne Art Improtheater." Und auch mit solchen Sätzen kann man ganz gut leben.

Aber wenn man dann doch mal eingehender darüber nachdenkt, was man sich da so ansieht, gibt es natürlich auch die reflektierenden Momente. Wie bei meinem Bekannten Christoph. „Ist eigentlich pervers, die Leute so vorzuführen", sagte er. „Also bei diesem Neunzehnjährigen, der dann gewonnen hat, bei dem hatte man auch das Gefühl, er hat eine geistige Behinderung. Der war schon nah an der Behindertengrenze. Wenn der gewinnt, ist das schon grenzwertig. Das sagt schon eine Menge über die Zuschauer aus. Die voten das ja. **So nach dem Motto: Es gibt noch einen, der dümmer ist als ich.**"

Die Band Pur gilt als Betroffenheitsband. Das Dschungelcamp ist Betroffenheitsfernsehen. Ein Phänomen gewissermaßen. Allerdings passt das Wort nicht ganz, denn Phänomene sind ja Ausnahmeerscheinungen. Und eine Ausnahmeerscheinung ist schließlich keine Ausnahmeerscheinung mehr, wenn alle mitmachen. Dann ist es sogar möglich, dass sie für den Grimme-Preis nominiert wird. Ein Preis, der laut eigener Aussage „Fernsehsendungen und -leistungen auszeichnet, die für die Programmpraxis vorbildlich und modellhaft sind."

Nun ja.

Mir fällt es offen gestanden schwer, diesen Anspruch auf das Dschungelcamp anzuwenden. Allerdings kann ich die Entscheidung der Jury des Grimme-Instituts nachvollziehen. Sie haben aufgegeben, kapituliert. Vor der Macht der Masse. Durch die hohen Einschaltquoten erhält das Format eine gesellschaftliche Relevanz, an der niemand mehr vorbeikommt.

Ich kann mir gut vorstellen, wie es in den Köpfen der Grimme-Juroren gearbeitet hat. „Hm", könnten sie gedacht haben, „wie kriegen wir dit jetzt am elegantesten hin? Na klar! Jetzt fällt's uns wieder ein. Wir definieren den Fehler zum Stil um. Wir intellektualisieren dit. Als Gesamtkunstwerk. So."

Tja. Und das haben sie dann ja auch gemacht.

So – und jetzt gehen wir mal in die großen Zusammenhänge. Vor einigen Monaten hat mich ein Freund gefragt, woran man die Seele eines Landes erkennt.

„Was beschreibt sie am besten?", fragte er.

„Das ist eine gute Frage", sagte ich zögernd.

„Vielleicht liegt sie in der Spiegel-Bestsellerliste", sagte er.

Ich nickte. Zeig mir die Bücher, die du liest, und ich sage dir, wer du bist. Der Ansatz ist schon richtig. Die Seele eines Landes drückt aus, worauf sich die meisten einigen können. Das klingt schlüssig. Aber inzwischen wird ja kaum noch gelesen. Bücher werden heutzutage nicht gekauft, um gelesen zu werden. Sie werden gekauft, um sie zu verschenken.

Wir kamen zu dem Schluss, dass die Antwort wohl eher im Fernsehprogramm liegt. Und wenn es danach geht, sieht es um die deutsche Seele schon ziemlich schlecht aus. Vor allem, wenn man sich anhand der Einschaltquoten ansieht, auf welche Formate sich die meisten einigen können. Es ist schon peinlich. Sag mir, welche Sendungen du siehst, und ich sage dir, wer du bist? Das klingt schon zeitgemäßer. Und auch ziemlich erschreckend.

Einige werden jetzt sagen, dass man aus meiner Perspektive natürlich wunderbar verurteilen kann. Ich habe keinen Fernseher, ich bin auf der sicheren Seite. Ich bin nicht betroffen. Ich kann die Dinge mit dem leicht herablassenden Blick des ironischen Spötters betrachten. Mit diesem kalten Blick, der die Dinge einfach macht.

Das stimmt nicht ganz.

Ich habe nämlich etwas Beunruhigendes festgestellt. Wenn ich Freunde besuche, bei denen gerade der Fernseher läuft, spüre ich diese Sucht. Ich muss immer wieder hinsehen. Das ist allerdings noch nicht das Beunruhigende. Welche Formate mich fesseln, das ist schlimm. Wenn ich Volksmusik- oder Schlagersendungen sehe, kann ich aus den gleichen Gründen nicht wegschalten, aus denen ich nicht umschalten kann, wenn ich Angela Merkel im Fernsehen sehe. **Es ist wie eine Droge, eine Fremdschämdroge. Offenbar bin ich fremdschämformatsüchtig.**

Das macht mich der Dschungelcamp-Klientel ähnlich.

Im Dezember habe ich meinen Freund Frederick besucht. Wenn man nicht so genau hinsieht, besteht Fredericks Wohnzimmer eigentlich nur aus einem großen Sofa und einem sehr großen Fernseher, der an der Wand hängt. Der Fernseher lief, oder sagen wir so: vereinnahmte alles. Er war ein Gesprächskiller, man musste immer wieder hinsehen.

Als Frederick den Raum verließ, nahm ich die Fernbedienung und zappte durch die Kanäle. Als ich den MDR erreichte, konnte ich nicht mehr umschalten. Und das hatte gute Gründe. Die Sendung, die gerade lief, hieß *Musik für Sie*. Es war eine Livesendung aus Magdeburg. Der MDR ist ein öffentlich- rechtlicher Sender. Er wird also von unseren Gebühren bezahlt. Und an diesem Winterabend bekam ich eine ungefähre Vorstellung davon, was ich da so mitfinanziere.

Meine Leidenschaft für Schlagersendungen kann man vielleicht nicht verstehen, wenn man uneingeschränkten Zugriff auf das Fernsehprogramm hat. Auch Frederick sah mich entgeistert an, als er in den Raum zurückkehrte. Dann versuchte er resolut, mir die Fernbedienung zu entwenden. Das ließ ich jedoch nicht zu.

„Nein!", rief ich. „Das musst du dir ansehen."

Es dauerte ungefähr fünf Minuten, bevor Frederick aufgab. Dann öffnete er eine Flasche Rotwein.

Was soll ich sagen, es wurde ein sehr lustiger Abend. Man muss dazu sagen, dass die Sendung *Musik für Sie* wirkt, als wäre sie für

Menschen wie den letzten Gewinner des Dschungelcamps entwickelt worden. Für Menschen nah an der Behindertengrenze.

Es war eine Schlagersendung. Realsatire. Alle Mitwirkenden hatten dieses grenzdebile Grinsen, das sehr unnatürlich wirkte, auch die Dinge, die sie sagten, passten dazu. Manchmal hatte ich sogar den Eindruck, als hätten sie die gesamte Sendung um dieses Grinsen herumgebaut, als wäre es der rote Faden, der alles zusammenhielt.

Wir tranken Wein und wanden uns peinlich berührt vor dem Fernseher. Wir amüsierten uns und lachten, bis uns die Tränen in die Augen traten. Es war großartig. Wir machten sogar bei dem *Musik-für-Sie*-Gewinnspiel mit, bei dem wir allerdings die Adresse meiner Eltern angaben.

So ähnlich muss es auch den Menschen gehen, die sich *Bauer sucht Frau*, *Deutschland sucht den Superstar* oder eben das Dschungelcamp ansehen.

Sendungen, die uns mehr über uns erzählen, als uns lieb ist. Sie befriedigen unsere voyeuristischen Neigungen, kultivieren unsere Schadenfreude und unser Bedürfnis, uns fremdzuschämen. Vielleicht ist Angela Merkel deshalb auch die Kanzlerin, die am besten zu uns passt. Ich kann keine Rede von ihr hören oder sehen, ohne mich peinlich berührt in meinem Stuhl zu winden. Und ich genieße es. Vielleicht ist sie ja deshalb – nach Joachim Gauck – die zweitbeliebteste Politikerin. Sie ist unsere Betroffenheitspolitikerin. Unser Dschungelcamp der deutschen Politik.

Die Kanzlerin, die wir verdient haben.

Jetzt fällt mir noch einmal die deutsche Seele ein, und was soll ich sagen, ich bin wohl deutscher, als ich dachte.

Ich befürchte es zumindest.

Glücklich?

Mit dem Glück ist es ja so eine Sache. Wann ist man denn nun wirklich glücklich? Die Antwort ist gar nicht so einfach. Und sie ist voller Missverständnisse. In der Werbung, im Fernsehen und in Magazinen wird uns erklärt, wie unser Glück auszusehen hat. Als könne man sich Glück kaufen. Schon in unserer Kindheit wird uns von unseren Eltern erklärt, wie unser Leben auszusehen hat, damit wir glücklich werden: Man muss schon heiraten, einen Neuwagen kaufen und Eigenheimbesitzer sein. Das sind die besten Voraussetzungen. So werden wir an die Hand genommen auf dem Weg zum Glück. Es wird uns vorgegeben, und es fällt gar nicht so leicht, sich diesen Einflüssen zu entziehen.

Auch mir nicht.

Es ist schon richtig. Man hat diese Liste, die man abarbeitet. Die richtige Wohnung, die richtige Karriere, das richtige Leben. Man blättert in Katalogen und überlegt, welches Möbel- oder Kleidungsstück die eigene Persönlichkeit am besten repräsentiert. Oder welche Musikrichtung. **Man arbeitet viel, um das zu finanzieren. Der Druck hört nie auf. Man hat keine Zeit, innezuhalten, es fehlt die Zeit, um über sein Leben nachzudenken.**

Ich kenne das. Wenn ich morgens aufwache, denke ich: „Machen! Schnell was machen."

Es ist natürlich ein gesellschaftliches Problem. Wir sind Produkte dieser Gesellschaft. Wir leben in einem Wirtschaftssystem, das nur durch Wachstum funktioniert. Auch wenn es mit Schulden umgesetzt wird. Es ist ein System, das Konsumenten braucht.

Die Frage ist nur, was das aus den Menschen macht.

Kürzlich bekam ich eine Antwort auf diese Frage, als mir mein Bekannter Matthias nach einer gemeinsam geleerten Flasche Rotwein gestand, dass er nicht mehr in sein Leben passt.

„Wie bitte", sagte ich.

Matthias nickte traurig.

Ich war wirklich überrascht. Bisher hatte ich angenommen, dass in seinem Leben eigentlich alles stimmte. Matthias arbeitet in einer Werbeagentur, verdient gut, die Karriere läuft. Seine Freundin Viktoria ist eine attraktive Frau. Sie leben seit einem guten Jahr in einer Dachgeschosswohnung in Prenzlauer Berg. Es ist eine Eigentumswohnung, die sie in zwölf Jahren abbezahlt haben werden. Sie denken seit Kurzem über Kinder nach. Alles passt. Von außen betrachtet sieht es jedenfalls so aus. Und von innen wohl ebenfalls.

Bis zu diesem Abend vor vier Wochen.

Es war ein Dienstagabend, an dem sich Viktoria mit einer Freundin traf. Matthias hatte länger gearbeitet und war gegen neun nach Hause gekommen. Das war nicht unüblich, er war schon seit Monaten der Letzte im Büro. Es war der erste Abend seit langer Zeit, den er allein verbrachte. Sein freier Abend. Er hatte überlegt, mal wieder auszugehen und ein paar Bier zu trinken, später verwarf er den Gedanken, weil er nicht wusste, wen er anrufen sollte, und allein wollte er sich nicht in eine Bar setzen.

Matthias versuchte es sich auf dem teuren, aber unbequemen Sofa bequem zu machen, das in ihrem Wohnzimmer stand. Es funktionierte nicht. Es gab eine Sitzposition, die bequem war, aber er fand sie immer eher zufällig. Heute fand er sie einfach nicht. Er trug ein weißes Hemd zu einem schwarzen Anzug. Die Krawatte hatte er gelockert, nachdem er das erste Bier geöffnet hatte. Die Schuhe hatte er noch an.

Es hatte zu regnen begonnen. Er mochte den Klang der Regentropfen, die gegen die Fenster schlugen. Ein vertrautes Geräusch, das ihn an früher erinnerte. Er trank einen Schluck Bier und warf einen Blick in das große Panoramafenster, in dem sich das sparsam möblierte Zimmer spiegelte.

Dann passierte etwas mit Matthias. Etwas Beunruhigendes.

Sein Blick glitt über die Reflexionen der Bilder an den hohen weißen Wänden, über die teuren Möbel, den noch teureren Boden und blieb dann an seinem Spiegelbild hängen. Er sah sich in dem wunderschönen Zimmer und ihm fiel auf, was ihm bisher noch nie aufgefallen war: Er passte nicht in diese Wohnung. Er spürte einen leichten Schauer. Und er spürte, wie fremd er sich plötzlich in dieser Wohnung fühlte.

Das war der Moment, der alles änderte.

Er fühlte sich wie ein Fremdkörper. Wie ein altes Möbelstück, das sich nicht in das ästhetische Gesamtkonzept fügte und nur noch im Weg war. Vielleicht würde es seiner Freundin ebenfalls auffallen, dachte er. Sie würde sich von ihm trennen, weil er einfach nicht mehr zu den Möbeln passte. Wahrscheinlich hatte er nie zu ihnen gepasst. Er war wohl eher ein Schrankwand-Typ, Eiche rustikal. Es war, als wäre ihm etwas entglitten.

Er dachte an seine Freundin, wie sie gestern auf dem Sofa gesessen hatte und wirkte, als würde sie gleich für eine Fotostrecke in einem der Hochglanzmagazine fotografiert, die immer in der Agentur herumlagen. Sie passte hierher, in eine Wohnung, in der er aussah, als wäre er nur mal kurz zu Besuch. Er stellte sich ganz kurz ihre ungeborenen Kinder in dem hohen Zimmer vor. Sie passten. Was daran liegen konnte, dass ihre Kinder in seiner Vorstellung wohl eher zu seiner Freundin passten als zu ihm. Das machte es nicht unbedingt einfacher.

Matthias schaltete den Fernseher ein. Es lief ein Film, den er kannte. An die Handlung konnte er sich nicht mehr erinnern, aber soweit er sich erinnern konnte, kam es darauf auch nicht an. Es war einer dieser Filme, der an einem vorbeiglitt. Ein Film für Leute, die den Fernseher einschalten, wenn sie nach Hause kommen, der dahinplätscherte, damit es nicht so ruhig war. Damit man das Gefühl hat, nicht allein zu sein.

Er dachte daran, wie Viktoria und er vor einem Jahr an seinem Küchentisch saßen und darüber gesprochen hatten, zusammenzuziehen. Es war ein angenehmes Thema. Er mochte es, beim Frühstück in den Immobilienbeilagen der Zeitungen zu blättern. Wenn er Viktoria die Inserate vorlas, begannen schon die Bilder Gestalt anzunehmen. Die Bilder einer Altbauwohnung mit hohen Decken, vielen Flügeltüren, einem schönen Ausblick, sparsam möbliert und doch gemütlich. Eine Wohnung, die man mit dem Gefühl betrat, nach Hause zu kommen. Es war ein Spielen mit Perspektiven, mit Möglichkeiten. Er dachte natürlich auch an die finanziellen Vorteile, aber das konnte er natürlich nicht aussprechen. Es hätte den Bildern ihren Zauber genommen.

Als sie am Tag ihres Einzugs in der Wohnung standen, hatte er gedacht, dass er jetzt da war, wo er immer hinwollte. Er spürte, dass er die richtige Kulisse gefunden hatte. Er besaß teure Möbel und lebte in einer Wohnung, die ihre gelegentlichen Gäste beeindruckte. **Die Kulisse stimmte. Sie war ein guter Ausgangspunkt. Sie erzählte die richtige Geschichte. Sie gab ihm den nötigen Spielraum, seine Rolle zu finden. Endlich wurde er zu dem Menschen, der er sein wollte. So hatte er sich das immer vorgestellt. Ein Leben. Ein richtiges Leben.**

Sechster Stock. Grundsanierter Altbau. Prenzlauer Berg. In seinem Leben kamen jetzt begehbare Kleiderschränke vor und Kaffeemaschinen, die 2000 Euro kosteten. An der Fassade zum Hinterhof gab es einen Fahrstuhl, der nur zu ihrer Wohnung führte und den er niemals benutzte. Weil er die Magazine las, die er abonniert hatte, und die Tipps befolgte, die in den Zeitschriften standen. Er benutzte grundsätzlich keine Fahrstühle, um fit zu bleiben.

Die Entscheidungen in seinem Privatleben trafen Magazine, in deren Mediadaten zu lesen war, dass sie sich an die Zielgruppe der Fünfundzwanzig- bis Vierzigjährigen mit einem Jahreseinkommen von mindesten einhunderttausend Euro richteten. Es gab sogar einen Namen für diese Klientel. Sie nannten sie „Urban Modernists". Das Wort hatte einen angenehmen Klang. Allerdings musste man diesen Club altersbedingt mit einundvierzig verlassen. So gesehen gehörte er in vier Jahren nicht mehr dazu. Es wäre umsichtig, sich schon jetzt nach etwas Neuem umzusehen, nach einem Lebensstil, der danach kam.

Aber jetzt wusste er, dass er kein „Urban Modernist" war. Das war die Tragik seines Lebens. Er wollte ein Mensch sein, der er einfach nicht war. Auch wenn er sich bemühen würde. Er war eher ein Bauer in der Stadt, obwohl er in Berlin aufgewachsen war. Irgendwann würde das auch Viktoria klar werden. Irgendwann würde sich mit einem Malte oder Friedrich etwas Besseres ergeben. Malte klang ja auch besser als Matthias. Ein Malte, der die Bezeichnung „Urban Modernist" auch verdiente. Ein Alphamann, zu dem die Möbel passten. Der Vater ihrer Kinder. Vermutlich würde sie eines Nachts aufwachen, zu ihm hinüberblicken und sich fragen, was sie hier eigentlich machte. Obwohl es ja wahrscheinlicher war, dass sie sich fragte, was er hier eigentlich machte. In ihrem Leben.

Dann würde sie aufstehen und gehen.

„Scheiße", dachte er. „Scheiße, Scheiße, Scheiße."

Matthias erhob sich und ging langsam zum Fenster. Als er hörte, wie die Wohnungstür aufgeschlossen wurde, schob er die hohe Glasfront auf, die zur Terrasse führte. Er sah zu den sanierten Häusern auf der anderen Straßenseite und überlegte, welche der Fassaden ihm am besten gefiel.

Prenzlauer Berg, dachte er. Sie lebten ein Klischee und fühlten sich dabei wohl. Aber das war ja nun vorbei.

Er hörte die Schritte seiner Freundin hinter sich und spürte, wie sie ihre Arme um ihn legte und sich an ihn schmiegte. Er drehte sich zu ihr und gab ihr sanft einen Kuss. Vielleicht wirkte es wirklich gerade wie eine Filmszene, wie sie in dieser milden Sommernacht eng umschlungen im Regen standen. Eine Szene, die eigentlich perfekt sein könnte, aber nicht stimmte, weil eine der Rollen falsch besetzt war. Seine Rolle. Er drückte Viktoria fest an sich, aber es half nicht. Er fragte sich, ob er ihr davon erzählen sollte und ob sie es verstehen würde, aber er war sich nicht sicher.

„So", sagte Viktoria leise. „Ich mach uns jetzt erstmal was zu essen."

„Ja", sagte er.

Sie löste sich von ihm und verließ die Terrasse. Er lehnte sich mit dem Rücken an die Brüstung und sah ihr nach. Ein bisschen würde er noch hier stehen bleiben, dachte er und hörte die Regentropfen an die Scheiben schlagen. Er schloss die Augen und fühlte sich weniger fremd. Der Regen half ihm dabei.

Ich sah ihn an und sagte gar nichts mehr. Es war doch sehr bestürzend. Ich dachte daran, wie er mir vor einem Jahr von seinen Plänen erzählt hatte, sich mit Viktoria eine Eigentumswohnung zu kaufen. Der Gedanke hat mich beunruhigt. Man legt sich für die nächsten fünfzehn oder zwanzig Jahre fest. Eine Zeitspanne, in der ich eigentlich noch nicht planen möchte. **Es ist ein bisschen so, als würde man mit Mitte dreißig wissen, wie der Rest seines Lebens aussehen wird.** Ein Leben wie eine Beamtenlaufbahn, in der man ja auch in Zehnjahresrhythmen denkt, wenn man seine Karriere plant.

Aber in fünfzehn Jahren konnte so viel passieren.

Ich blickte zu Matthias, der abwesend an seinem Weinglas nippte. Sein Schlüsselerlebnis schien mir recht zu geben. Wir sprachen nicht mehr viel und verabschiedeten uns gegen zwölf.

„Mach's gut", sagte ich, aber es klang viel zu gut gemeint. So redet man, wenn man mit seiner Freundin Schluss macht und hofft, dass sie schnell damit klarkommt.

Auf dem Heimweg dachte ich daran, wie gut es ist, hin und wieder einen Schritt zur Seite zu gehen, um das Leben, das man führt, aus einem Blickwinkel zu sehen, der noch eine unvoreingenommene Betrachtung der Dinge zulässt. Ein Blick, der scheinbar Festgefügtes infrage stellen kann.

Dass es gut ist, zu reflektieren.

Bevor man wie Matthias von Momenten überrascht wird, in denen man sein Leben betrachtet und sich fragt: „Was mache ich hier eigentlich?" Eigentlich hat man doch angenommen, zufrieden zu sein, und plötzlich hat man das Gefühl, irgendwie am falschen Platz zu sein. Das ist kein angenehmes Gefühl.

Wenn man zurückblickt und feststellt, dass alle Erlebnisse und Entscheidungen seines Lebens einen genau zu diesem Gefühl geführt haben, wird es noch ein wenig unangenehmer. Dann wird dieser Augenblick zu einem Moment, in dem man sich die Sinnfrage stellt. In dem man sich fragt, ob man die Prioritäten falsch gesetzt oder die falschen Entscheidungen getroffen hat. Ob das, was man für Glück gehalten hat, einen wirklich glücklich macht.

Obwohl einem doch alle ganz genau gesagt haben, dass man nur so glücklich sein kann. **Man fragt sich, ob man eigentlich ein anderes Leben hätte führen sollen.**

Das sind gute Fragen. Ich bin mir nur nicht sicher, ob es so viele gibt, die die Antwort darauf wissen wollen. Viele verdrängen das und machen weiter.

Bis sie dann wieder von einem dieser Momente überrascht werden.

Ganz unerwartet.

Veganism Isn't Cool Anymore

Vor ziemlich genau zwei Monaten hat mir ein Bekannter, der seit einigen Jahren vegan lebt, erzählt, wie sehr er befürchtet, dass vegane Ernährung zu einem Trend werden könnte.

„Könnte?", sagte ich mit einem Lächeln. „Also für ein ‚Könnte‘ ist es ja jetzt wohl ein bisschen zu spät."

„Ach?", sagte er, und er schien wirklich überrascht zu sein. Dann fügte er entschlossen hinzu: „Die verlieren wir doch in einem halben Jahr wieder."

„Tja", dachte ich.

Eigentlich ist es sogar noch schlimmer. Der Trend ist in den letzten Jahren nämlich im Mainstream angekommen. Veganismus ist zu einem Thema geworden, dem sich inzwischen offenbar niemand entziehen kann. Es fängt schon bei mir zu Hause an. Wenn die Liste der verfügbaren WLAN-Netze auf meinem Laptop erscheint, leuchtet mir neben „HalloDaDraussen", „nasenbaer" und „ostberliner" vor allem ein eindringliches „Go vegan!" entgegen.

Als ich gestern mit der U-Bahn gefahren bin, war ich Zeuge einer Unterhaltung zweier Damen mittleren Alters, deren Haut und Gewicht vermuten ließen, dass ihnen Fleischbällchen tagtäglich als Grundnahrungsmittel zur Verfügung stehen. Auch ihre Welt hatte die vegane Welle bereits berührt.

„Veganer?", sagte eine der Damen. „Dit sind doch die Leute, die nur Obst essen, dit schon vom Baum jefallen is."

„Nich janz", sagte die andere. „Dit sind Frutarier. Dit is noch schlimmer."

Man merkt, man kennt sich aus in Berlin.

Überall wird darüber gesprochen. In der Berliner Innenstadt scheint jedes zweite Gespräch, das in der Öffentlichkeit geführt wird, von veganer Ernährung zu handeln. **Es ist schon sehr anstrengend, vor allem weil man schnell begreift, dass hier eher über ein Hobby geredet wird als über eine Philosophie.**

Und das ist das große Missverständnis, von dem dieser Text handelt.

Warum wird man eigentlich Veganer? Das ist eine gute Frage.

Vegan zu leben ist eine ethische Einstellung, in der auf Produkte verzichtet wird, für deren Herstellung Tiere ausgebeutet werden. Das schließt natürlich den Verzehr von Fleisch ein, das Tragen von Kleidung aus Leder oder Wolle oder die Verwendung von Kosmetik, die mithilfe von Tierversuchen entwickelt wurde. Veganern geht es darum, ein besserer Mensch in einer besseren Welt zu werden, in der Tiere nicht als Produkte verstanden werden, sondern als gleichberechtigtes Leben.

Allerdings muss man dazu sagen, dass das nicht der Grund ist, aus dem die meisten heutzutage beginnen, vegan zu leben. Es geht um Vertrauen. Das haben die meisten nämlich verloren, was ja nach den Fleischskandalen, die in den letzten Jahren so öffentlich geworden sind, vollkommen nachvollziehbar ist. Es ist klar, dass man der Lebensmittelindustrie einfach nicht vertrauen kann. Man kennt ja die untragbaren Zustände in der Massentierhaltung. Und dem Etikett „Bio" kann man inzwischen sowieso nicht mehr vertrauen.

Die meisten wollen sich einfach gesünder ernähren. Sie wissen, dass man heutzutage nicht glauben kann, was in der Inhaltsangabe auf der Rückseite der Packung steht. Darum ist Veganismus für die meisten kein ethischer Ansatz, es ist eine Reaktion als Verbraucher. Als Konsument. Und weil wir ja alles etikettieren müssen, klebt man das Label „vegan" drauf. Das klingt dann nach einer Bewegung, nach etwas Größerem. Dann gehört man dazu. Endlich mal wieder. Und alle machen mit.

Eigentlich müssen wir generell umdenken. Wir leben in einem Discounterland. Je billiger, desto besser. Ich kenne einen italienischen Avantgarde-Koch, der sich immer mal wieder darüber beklagt, dass die Deutschen keine kulinarische Intelligenz besitzen. Hauptsache billig. Inzwischen ist Fleisch billiger als beispielsweise Tomaten, was ich schon sehr irritierend finde. Aber wenn Fleischpreise dreimal so hoch wären, was ich gerechtfertigt fände, wenn die Qualität besser ist, würden sich auch alle darüber aufregen. Da können wir nicht aus unserer Haut.

Der Veganismus ist eigentlich eine Ethik, die aus der Tierrechtsbewegung entstanden ist, also aus Anteilnahme. Der Trend-Veganer denkt als Konsument an sich selbst. Und wenn seine Erinnerung den letzten Gammelfleischskandal verdaut hat, gibt es auch keine Gründe mehr, sich vegan zu ernähren, dann existiert das Problem ja nicht mehr.

Als meine Eltern Rentner wurden, befürchteten sie, in ein paar Jahren nur noch über das Essen zu reden. So gesehen werden Vegan-Hipster sehr glückliche Rentner sein. Sie reden schließlich ausschließlich davon.

„Ich hab ja letztens wieder so ein Vegan-Gespräch mitbekommen", sagte vorige Woche eine Freundin zu mir. „Von zwei Frauen in Friedrichshain. Schrecklich! Da sieht man so richtig, wie froh die sind, endlich mal wieder was zu haben, womit sie die Leere in ihren Leben füllen können."

„In ihren ereignislosen Leben", sagte ich.

„In ihren ereignislosen Leben", sagte sie und nickte ernst.

Man könnte jetzt natürlich sagen, dass die Gründe nicht wichtig sind, aus denen sich die Leute vegan ernähren, wichtig ist nur das Ergebnis: dass sie es überhaupt tun. Aber, wie es mein veganer Bekannter so treffend formuliert hat: „Die verlieren wir doch in einem Jahr wieder."

So ist das mit den Trends, wenn die Saison vorbei ist, sind sie nicht mehr aktuell. Kleidung wirft man dann weg, und Lebenseinstellungen wohl auch. Wichtig ist nur, dass es dann schon den nächsten Trend gibt, den man mitmachen kann. So wird es wohl auch beim Veganismus sein. Ziemlich sicher sogar.

Denn darum geht es schließlich den meisten. Es geht ihnen darum, mitzumachen. Wichtig ist nur, den anderen zu gefallen. Dazuzugehören. Womit, das ist eigentlich egal.

Es ist das Mitmachen, was zählt.

Nicht mehr.

Ein Volk von Legasthenikern

„Das Leben ist zu kurz, um Deutsch zu lernen." Das hat Oscar Wilde einmal gesagt. Oscar Wilde war Ire und aus der Sicht eines Iren ist das ein sehr wahrer Satz. Allerdings ist es auch ein Hinweis, den nicht wenige Menschen zu berücksichtigen scheinen, die hier geboren und aufgewachsen sind. Obwohl ich mir nicht sicher bin, dass sie an Oscar Wilde gedacht haben. Offen gestanden bin ich mir bei manchen nicht einmal sicher, ob ihnen sein Name überhaupt ein Begriff ist.

Mit der deutschen Sprache ist es ja so eine Sache. Sie gilt als eine sehr schöne Sprache mit reichem kulturellem Hintergrund. Man kann sie also als Chance verstehen. Es gibt schließlich Gründe, warum unser Land lange als Land der Dichter und Denker bezeichnet wurde. **Wenn ich jetzt so darüber nachdenke, weiß ich allerdings gar nicht so richtig, ob Deutschland überhaupt noch als Land der Dichter und Denker gilt.**

Ich glaube nicht.

Ich weiß allerdings, dass man Stimme und Rhetorik nicht unterschätzen darf. Sie sind Attraktivitätsmerkmale. So gesehen kann die deutsche Sprache auch ein Hindernis sein. Beispielsweise im zwischenmenschlichen Bereich. Das fängt schon bei Dialekten an.

Wie bei meiner Bekannten Kristin, die kürzlich einen Kulturschock erlitten hat. Sie meldete sich vor ziemlich genau einem Monat bei einem Dating-Portal an und hat dort seit einigen Wochen einen kultivierten, romantischen Briefwechsel mit einem Mann, den sie wirklich attraktiv findet. Ich kann mich noch genau erinnern, wie begeistert sie mir vor zwei Wochen von ihm erzählte. Als wir uns jedoch am Sonntag zu einem Milchkaffee trafen, fiel mir auf, dass ihre Begeisterung verhaltener war, irgendwie zweifelnder. Sie erwähnte ihren Brieffreund nur, wenn ich sie auf ihn ansprach. Irgendetwas war in der vergangenen Woche offenbar passiert.

„Und, habt ihr euch schon getroffen?", fragte ich vorsichtig.

Kristin sah mich unangenehm berührt an. Ich ahnte, dass ihre schwindende Begeisterung nur einen Grund hatte: Der Unterschied zwischen dem Mann in der Wirklichkeit und seinem Online-Profil war größer, als sie gehofft und wohl auch erwartet hatte. Solche Dinge passieren ja nicht selten. Die meisten Menschen wirken im Internet einfach interessanter als im wirklichen Leben.

Aber daran lag es nicht.

„Bisher noch nicht", sagte sie und machte eine kurze Pause, in der sie sich zu sammeln schien. Dann sagte sie: „Aber wir haben vorgestern telefoniert."

Es war ein Satz wie ein Seufzer.

„Am liebsten hätte ich sofort wieder aufgelegt", sagte sie und zögerte, bevor sie fortfuhr. Als müsste sie einen inneren Widerstand überwinden. Dann sagte sie: „Er spricht Dialekt – tiefstes Sächsisch!"

Tiefstes Sächsisch? Ich blickte interessiert auf.

„Erzähl doch mal", sagte ich so beiläufig wie möglich, was mir allerdings nicht allzu gut gelang, wie ich fand.

„Am liebsten möchte ich mich gar nicht mehr mit ihm treffen", sagte Kristin. „Meistens hab ich gar nicht verstanden, was er gesagt hat. Ich hab die ganze Zeit Angst gehabt, irgendetwas falsch zu beantworten, weil ich nicht wusste, worum es geht."

„Oh", dachte ich.

Es war klar, dass sie nicht mehr über ihren Traummann sprach, eher über jemanden mit dem Charme eines Edeka-Filialleiters. Kristin blickte mich abwartend an. Ich hatte das Gefühl, als würde von meinem nächsten Satz viel abhängen.

„Vielleicht hilft ein Logopäde", sagte ich zögernd. Dann schwieg ich ebenfalls. Ich flüchtete mich gewissermaßen in Schweigen.

Natürlich hätte ich jetzt sagen können, dass Attraktivität, Interesse und Intellekt nichts mit der regionalen Herkunft zu tun haben. Ich hätte sagen können, dass man in einer oberflächlichen, engstirnigen und selbstherrlichen Welt lebt, wenn man nicht in der Lage ist, Dialekte zu tolerieren. Und Goethe sprach ja auch einen brachialen Dialekt: Einige Verse in *Faust* reimen sich nur, wenn man sie in breitestem Hessisch ausspricht.

Das sind sicherlich treffende Argumente, aber ich habe sie nicht benutzt – und das hatte gute Gründe. Denn offen gestanden spürte ich gerade ein leichtes Ziehen in der Magengegend.

Ich stellte mir nämlich vor, mir wäre das mit einer Frau passiert, bei einem romantisches Abendessen bei Kerzenlicht zum Beispiel, ein Abend, an dem alles passte – abgesehen von dem tiefen Dialekt, den die wunderschöne Frau sprach, während sie behutsam meine Hand hielt. Ein Dialekt, der aus Sätzen Worte macht. Ein weicher, wabernder Strom. Ich spürte, dass das Ziehen stärker wurde.

Das war der Moment, in dem ich Kristin verstand.

Ich weiß natürlich, dass das nicht für mich spricht, aber es gibt Dinge, die einer Frau sehr schnell ihre Attraktivität nehmen können. Ein tiefer Dialekt gehört dazu. **Er reduziert die Ausstrahlung und damit die Attraktivität. Er relativiert sie. Er ist – wenn man so will – ein sehr wirksames Verhütungsmittel.**

Das darf man jetzt nicht falsch verstehen. Ich mag die Sachsen. Weil mein Bruder vor fünfzehn Jahren nach Dresden gezogen ist, bin ich öfter mal in der Stadt. Über ihn und meinen vierundzwanzigjährigen Neffen habe ich nicht wenige Dresdner kennengelernt, die dort geboren und aufgewachsen sind. Keiner von ihnen sächselt. Manchmal schimmert eine leichte Färbung durch, aber das macht sie eigentlich eher sympathisch.

Sächsisch gehört sicherlich zu den gewöhnungsbedürftigsten Dialekten. Aber ein tiefes Hessisch oder Schwäbisch ist auch nicht viel besser. Und letztlich sollte man nicht vergessen, dass Hochdeutsch ja das Hannoveraner Deutsch ist. Und Hannover gilt ja auch nicht unbedingt als die schönste Stadt der Welt.

Ich meine, ich berlinere auch. Aber es gibt ja verschiedene Arten, zu berlinern. Es gibt auch brachialere Varianten als meine.

Vor einigen Jahren habe ich mich mit einer Frau zu einem ersten Date getroffen, die so stark berlinerte, dass unser Treffen nach zehn Minuten eigentlich schon beendet war. Bisher hatten wir uns nur Nachrichten geschrieben. Der Schock des Unerwarteten traf mich also mit voller Wucht.

Wir hatten uns am Frankfurter Tor verabredet und mussten noch zehn Minuten durch Friedrichshain laufen, bevor wir die Bar erreichten, die ich ausgesucht hatte. Mein Date sprach gut gelaunt und für meine Begriffe auch ziemlich laut – und zwar in diesem brachialen Berlinerisch, dem ich gnadenlos ausgeliefert war. Ich war wirklich überfordert. Ich konnte gar nichts mehr sagen. Während wir die Grünberger Straße hinunterliefen, blickte ich mich immer mal wieder unauffällig nach den Passanten um und hoffte, kein bekanntes Gesicht zu entdecken. Als ich ihr sagte, wohin ich mit ihr gehen wollte, sagte sie: „Wat? Inne Goldfischbar? Lass uns doch lieber in' Feuermelder jehen. Da is dit Bier billijer – und schmeckt jenauso jut, vastehste?"

Ich verstand. Und zwar nur allzu gut. Leider, muss man wohl hinzufügen.

Das Brachial-Berlinern meines Dates überforderte mich schon ziemlich. Allerdings gab es noch Entwicklungsmöglichkeiten, und zwar in eine Richtung, die ich so gar nicht erwartet hatte. Ihr Dialekt wurde im Verlauf des Abends durch mangelnde orthografische Fähigkeiten ergänzt. Mit Sätzen wie „Dit is weil wegen morgen …" oder „Dit wo bei dem Rosentaler Platz." Oder: „Da war ick schneller wie die andern."

Sagen wir es so: Es war ein langer Abend.

Auf dem Heimweg nahm ich mir fest vor, vor jedem Date zumindest einmal mit der Frau gesprochen zu haben. Das hat funktioniert. Allerdings bietet auch diese Strategie nicht genug Schutz vor unangenehmen Überraschungen, wie ich feststellen durfte.

Vor ungefähr zwei Jahren habe ich eine wirklich attraktive Frau auf einer Geburtstagsfeier kennengelernt. Sie hieß Andrea. Wir verstanden uns ausgezeichnet. Als ich aufbrechen wollte, tauschten wir unsere Telefonnummern. Und dann, nur einige Tage darauf, erhielt ich eine Nachricht von ihr auf meinem Handy. Ich freute mich wirklich, als ich Andreas Namen auf dem Display leuchten sah. Eine Freude, die nicht lange anhielt. **Ich öffnete ihre Nachricht, und da war es wieder – dieses unangenehme Ziehen in der Magengegend.**

In ihrer langen Nachricht gab es kein einziges Satzzeichen. Das klingt zunächst unbedeutend, aber seitdem weiß ich, wie quälend es sein kann, Nachrichten ohne Satzzeichen zu lesen.

Es kann wirklich sehr quälend sein.

Aber das war nur die Ouvertüre, denn jetzt sah ich, dass die Nachricht voller Rechtschreibfehler war. Sie unterschied nicht zwischen „dass" und „das", und aus „ich weiß" wurde „ich weis". Die Nachricht war voller Komplimente, aber die vielen Rechtschreibfehler nahmen ihnen irgendwie die Wirkung. Sie fand mich „interesant", und natürlich freute sie sich auf unser „Wiederseen". Ich starrte auf die Nachricht, bis die Worte langsam verschwammen.

Es konnten natürlich Schusseligkeitsfehler sein, aber das hier waren dann doch einige zu viel. Ich habe selbst schon erlebt, dass die Rechtschreibkorrektur Wörter ausgetauscht hat, ohne dass ich es mitbekommen hätte. Ganz kurz kam mir der Gedanke, dass sie ihr Handy auf eine andere Sprache eingestellt hatte, aber das war wohl nur ein Griff nach dem Strohhalm. Genauso wie der Gedanke, dass Andrea mich mit dieser Nachricht einfach nur testen wollte.

Ich habe mich mit Freunden über mein Erlebnis mit Andrea unterhalten und in diesen Gesprächen etwas Beunruhigendes festgestellt. Die Frau ist kein Einzelfall. Diese Art der „Legasthenie" tritt nicht nur in sozial benachteiligten Schichten auf, wie man annehmen könnte. Sie zieht sich durch die Gesellschaft. Ich weiß nicht, woran es liegt. Ich kann hier nur sagen, dass es so ist. Vielleicht hat es die gleichen Gründe, aus denen es immer mehr Menschen gibt, die gefühlt jeden Satz mit dem Begriff „Dicka" beginnen und dem Wort „Alter" beenden.

Dieser Text soll natürlich nicht als moralisches Korrektiv fungieren, aber eins muss ich dann doch dazu sagen: **Man sollte sich nicht so gehen lassen. Man *muss* sich darüber beklagen, dass offenbar viele gar nicht mehr in der Lage sind, sich gewählt**

auszudrücken. Dass der Wortschatz verarmt. Dass das Niveau sinkt. Es scheint immer schlimmer zu werden. Und machen wir uns nichts vor: Je mehr es von ihnen gibt, desto weniger wird es stören. Wenn Stimme und Rhetorik Attraktivitätsmerkmale sind, werden wir wohl immer unattraktiver.

Letztlich kann man es wohl so zusammenfassen: Wir leben nicht mehr in einem Land der Dichter und Denker. Schon seit längerer Zeit nicht mehr. Zumindest wirkt es so.

Schade, muss man dazu wohl sagen.

Ausgesprochen schade.

Die rote oder die blaue Pille?

Im ersten Teil der *Matrix*-Trilogie gibt es eine berühmte Szene, in der Neo, der von Keanu Reeves verkörpert wird, vor die Wahl gestellt wird, eine rote oder eine blaue Pille zu schlucken. Der Zuschauer hofft natürlich, dass er die rote nimmt, die Pille, die seine Fragen beantwortet, die alles erklärt, anstatt der blauen, die alles in den geordneten Bahnen lässt.

Natürlich entscheidet sich Neo für die rote Pille. Es ist schließlich ein amerikanischer Actionfilm. Wenn man allerdings Neos Leben in der Matrix mit dem in der Wirklichkeit vergleicht, stellt man sich schon die Frage, was einem selbst lieber wäre. Wahrscheinlich die geordnete Existenz in der Matrix. Die Illusion der trügerischen Sicherheit. Vielleicht sollte man sich wirklich einmal vorstellen, welche Pille man selbst schlucken würde. Ich glaube, die meisten würden sich für die blaue entscheiden.

Für die trügerische Sicherheit.

Nachdem ich am 11. September 2001, dem Tag, an dem die Flugzeuge ins World Trade Center stürzten, viele Stunden vor dem Fernseher verbracht hatte, fuhr ich am nächsten Morgen mit einem sehr bedrückenden Gefühl in die Kölner Firma, in der ich damals arbeitete. Die Dinge hatten sich verschoben, die Auswirkungen dieses Tages waren nicht abzusehen, klar war nur, dass es nicht besser werden würde. Der gestrige Tag war eine Zäsur. Verwirrend war nur, dass diese Erkenntnis im Büro nicht angekommen zu sein schien, es wurde gescherzt, es wurde gelacht, als wäre gar nichts passiert. Als ich einen Kollegen darauf ansprach, sah er mich nur verständnislos an.

„Man kann doch sowieso nichts machen", sagte er.

„Aber es kann Krieg geben", sagte ich.

„Die da oben machen doch sowieso, was sie wollen", erwiderte er.

Das waren Sätze, die mich schon ziemlich bestürzten. Mein Kollege hatte offensichtlich resigniert. **Er war zur Tagesordnung**

übergegangen. Trotz dieser drastischen Umstände. Er machte weiter. Wie so viele.

Das ist jetzt über zehn Jahre her. Aber inzwischen leben wir ja in Zeiten, in denen es nicht mehr so einfach ist, sich der roten Pille zu verweigern. Sie auszublenden. Inzwischen kommen wir eigentlich nicht mehr an ihr vorbei.

Die Nachrichten werden immer bedrückender. Immer neue Hiobsbotschaften lösen einander ab. Immer mehr Wahrheiten kommen ans Tageslicht. Immer mehr Zusammenhänge werden deutlich, und so, wie es aussieht, sind sie nur die Spitze des Eisbergs.

Natürlich auch dank Edward Snowden. Edward Snowden gilt allerdings als Verbrecher, weil er es nicht mit seinem Gewissen vereinbaren konnte, die Wahrheit länger zu verschweigen. Er hat einen hohen Preis dafür gezahlt. Ähnlich ging es vor einigen Jahren auch unserem ehemaligen Bundespräsidenten Horst Köhler, als er erklärt hat, warum Kriege eigentlich geführt werden. Aus wirtschaftlichen Interessen. Es geht um Ressourcen, und darum, Ressourcenwege zu beschützen. Er hat damit auch erklärt, was gerade auf der Krim passiert. Horst Köhler hat eine unbequeme Wahrheit ausgesprochen und damit das geordnete Bild gestört, das wir so gern von uns selbst haben. Wir sind doch eigentlich die Guten. Der Preis, den er zahlen musste, war eine mediale Vernichtung, die er nicht lange ausgehalten hat, weil er ein sensibler Mensch ist. Er trat zurück. Danach kam Christian Wulff, aber der hatte ja ganz andere Probleme.

Kurt Tucholsky hat einmal gesagt: „In Deutschland gilt derjenige, der auf den Schmutz hinweist, als viel gefährlicher als derjenige, der den Schmutz macht." Das ist offensichtlich nicht nur auf Deutschland anwendbar.

Inzwischen sind wir allerdings noch weiter. Als Edward Snowden für den Friedensnobelpreis vorgeschlagen wurde, hat mir David, ein befreundeter Journalist, gesagt: „Das ist interessant. Barack Obama ist ja auch Friedensnobelpreisträger. Wenn Snowden den auch bekommt, haben wir die groteske Situation, dass ein Friedensnobelpreisträger von einem anderen gejagt wird."

Das klingt schon sehr paradox, aber vielleicht beschreibt dieses Bild den ethischen Zustand unserer Gegenwart am besten.

Farin Urlaub zum Beispiel liest keine Tagespresse mehr, schon seit Jahren nicht. Das hat er mal in einem Interview erzählt. Er liest lieber das Magazin *The Economist*, weil die weltpolitischen Zusammenhänge in dem britischen Wirtschaftsmagazin am umfassendsten und plausibelsten erklärt werden. Das klingt für mich nach einem guten Ansatz.

Je eingehender man sich allerdings damit beschäftigt, wie diese Welt gelenkt wird, je mehr man begreift, wie stark Wirtschaft und Politik verwoben sind, desto unbeherrschbarer wird das Thema. Immer mehr neue Fragen tauchen auf, und man stellt schnell fest, wie wenig einem die Antworten gefallen. Man hat das Gefühl, etwas unternehmen zu müssen. Man sagt ja, dass jeder etwas unternehmen kann, im Kleinen, aber je mehr ich über gewisse Zusammenhänge erfahre, desto mehr spüre ich, dass ich immer machtloser werde. Wie bewegungsunfähig ich eigentlich bin.

Ich spüre, wie sehr wir auf eine Politik angewiesen sind, die die Interessen der Bevölkerung wahrnimmt und vertritt. Aber gerade heute häufen sich ja die Beispiele, wie entfremdet die Politik von der Bevölkerung ist. Wenn 88 Prozent der deutschen Bevölkerung gegen den Anbau von Genmais sind, sollten ihre gewählten Vertreter ja schon gegen dessen Einführung stimmen. Aber sie enthalten sich und stimmen damit indirekt zu. Das ist Realsatire – und zwar die tragische Variante.

Man muss dazu natürlich sagen, dass die Bevölkerung ja nicht das Vertrauen in die Politik verloren hat – sie vertraut den Politikern nicht mehr. Viele Nichtwähler sind politisch interessierter als nicht wenige Wähler, die ihr Leben lang dieselbe Partei wählen. **Man sagt ja, es gibt keine Politikverdrossenheit, es gibt eine Politikerverdrossenheit. Die Bevölkerung ist einfach menschlich enttäuscht.**

Allerdings kommt jetzt durch die wirtschaftlichen Entwicklungen der letzten Jahre etwas hinzu, das einen noch mehr resignieren lässt: die professionellen Unzulänglichkeiten der Politiker, die den Problemen nicht mehr gewachsen sind. Die Politiker wirken immer machtloser. Sie stehen mit dem Rücken zur Wand. Sie agieren nicht mehr, sie reagieren nur noch. Es geht nur noch um Schadensbegrenzung. Sie stehen den Entwicklungen einfach nur hilflos gegenüber.

Da kann ich meinen Kölner Kollegen schon irgendwie verstehen. Es ist sicherlich ein natürlicher Reflex, dass man sich zurückzieht, wenn man menschlich und professionell das Vertrauen in die Politiker verloren hat. Solche Menschen wünscht man sich nicht im Bekanntenkreis. Solche Menschen meidet man eigentlich, aber leider sind es solche Menschen, die die Geschicke unseres Landes lenken.

Es wird immer deutlicher, dass wir etwas tun müssen. Als verantwortungsvolle Bürger. Und in einer Demokratie gelten Wahlen ja als ein gutes Mittel.

Als ich die Ergebnisse der letzten Bundestagswahl sah, bin ich – schon rein instinktiv – davon ausgegangen, dass demnächst mit Neuwahlen zu rechnen ist. Es war ja klar, dass nur eine große Koalition regierungsfähig wäre. Allerdings bedeutet eine große Koalition Stillstand. Sie ist der große Kompromiss. Sie bedeutet Bewegungsunfähigkeit. Das Gefühl, das ich verspüre, wenn ich mich tiefgehender mit den Zusammenhängen zwischen Wirtschaft und Politik beschäftige. Wenn sich allerdings die Politik für Bewegungsunfähigkeit entscheidet, und zwar in unserer Gegenwart, in der eigentlich gehandelt werden muss, ist das kein gutes Zeichen. Die große Koalition ist ein Symbol der eigenen Machtlosigkeit der Politik, ihrer Hilflosigkeit. Ich bin nun wirklich kein Freund der CDU, aber offen gestanden wäre mir sogar eine CDU-Mehrheit lieber gewesen als eine große Koalition.

Indem man abwartet, löst man keine Probleme. Gerade heute nicht.

Es ist vielleicht ein naiver Gedanke, aber ich habe mich oft gefragt, warum man das System einer gut funktionierenden Volkswirtschaft wie beispielsweise Schweden nicht einfach in Deutschland einführt. Das hätte natürlich seinen Preis. Höhere Steuern zum Beispiel. Und das ist ein Preis, den kaum einer zu zahlen bereit ist. **Denn jeder ist sich selbst am nächsten.**

Als Neo sich in *Matrix* für die rote Pille entscheidet, hat das seinen Preis. Er muss mit den Konsequenzen leben. Ich bin mir ziemlich sicher, dass nicht viele bereit wären, diesen Preis zu zahlen. Wir sind Egoisten, eine Eigenschaft, die das Wesen des Kapitalismus ist, des Systems, in dem wir leben. Man zieht sich zurück, in seine Nische, die man Leben nennt. Man blendet den Rest der Welt aus. So hat die DDR auch funktioniert.

Molière hat einmal gesagt: „Wir sind nicht nur verantwortlich für das, was wir tun, sondern auch für das, was wir nicht tun." Und besser kann man es wohl nicht formulieren. Es muss sich etwas ändern – wir müssen etwas tun, über unseren Schatten springen. Wir haben in unserer Rolle als Konsumenten nämlich eine Macht, die nicht zu unterschätzen ist. Die Nachfrage bestimmt das Angebot. Wenn keiner mehr Fleisch isst, ändert sich der Markt. Der vegane Trend ist ein gutes Beispiel dafür. Wenn plötzlich alle vegan leben würden, müsste die Wirtschaft reagieren. Sie würde etwas ändern müssen. Aber wir leben in einem Discounterland. Wir haben eine Discountermentalität. Die müssen wir hinter uns lassen, bei Essen, Möbeln, Strom oder Kleidung.

Wir wissen, dass billige Produkte nur produziert werden können, indem andere ausgebeutet werden. Und durch dieses Wissen werden wir zu Mittätern. Das ist kein gutes Gefühl. Wir haben kein reines Gewissen mehr. Und darum geht es ja den meisten: ein reines Gewissen zu haben. Darum spenden die Deutschen in der Weihnachtszeit auch so viel. Man kann sein Gewissen beruhigen, ohne die Probleme zu nah an sich herankommen zu lassen. **Aber die Probleme sind da, auch wenn man sie ignoriert. Und durch unsere Ignoranz werden sie nur noch größer.**

Das ist so ähnlich, als würde man unbezahlte Rechnungen ignorieren. Zuerst kommt die Zahlungserinnerung, dann die Mahnungen, schließlich eine Inkassofirma. Der Preis, den man letztlich bezahlt, ist höher als der ursprüngliche. Wesentlich höher.

Vielleicht sollte man sich wirklich einmal vorstellen, welche Pille man selbst schlucken würde, die rote, die alles auflöst, die einen zum Handeln zwingt, oder die blaue, die alles in den vermeintlich geordneten Bahnen laufen lässt. Die meisten würden sich wohl für die blaue entscheiden.

Aber, um Gottes willen, es ist Zeit für die rote.

Die Frage ist nur, ob wir bereit sind, den Preis dafür zu bezahlen. Ob wir aufwachen wollen. Und vor allem, ob wir bereit sind, zu handeln.

Denn nur darum geht es: zu handeln.

So much Internet to do

Gelegentlich begreife ich, was für einen Menschen die letzten fünfzehn Jahre aus mir gemacht haben. Es ist ein Mensch, den die frühere Version meiner selbst wohl so nicht erwartet hätte. Ein Mensch, auf den ich nicht stolz gewesen wäre. Letzte Woche war das wieder der Fall. Als meine Welt erschüttert wurde.

Am Freitagmorgen habe ich mich nichts ahnend an meinen Schreibtisch gesetzt und meinen Rechner eingeschaltet. Als er mit diesem beruhigenden, leisen Rauschen hochfuhr, nahm ich die dampfende Tasse Kaffee, die ich gerade auf den Tisch gestellt hatte, hob sie auf Nasenhöhe, atmete tief ein. Das ist so ein Ritual. In solchen Momenten fühle ich mich zu Hause. Alles passte. Ich spürte, wie sich ein angenehmes Gefühl in mir ausbreitete, wie wehrlos und verletzlich ich gerade war. Das war nicht hilfreich, weil ja in wenigen Momenten nichts mehr so sein würde, wie es war. Aber das ahnte ich schließlich nicht.

Ich öffnete gut gelaunt mein Mailprogramm und stellte fest, dass ich keine neuen Nachrichten im Posteingang hatte. Das war sehr ungewöhnlich. Überrascht öffnete ich den Browser, und dann las ich diesen grausamen Satz, der alles veränderte.

Den Satz: „Die Verbindung zum Internet konnte nicht hergestellt werden."

Das war der Moment, in dem ich unruhig wurde. Obwohl, das trifft es nicht ganz: Es fühlte sich eher wie ein Nahtoderlebnis an. Ich fühlte mich ausgeliefert. Irgendwie unvollständig. Ich war abgeschnitten von der Welt. Man hatte mich praktisch aus meinem Leben gerissen. So fühlte es sich zumindest an.

Ich reagierte erst einmal im Rahmen meiner Möglichkeiten und machte das, was ich immer mache, wenn ich Probleme mit technischen Geräten habe. Ich wartete erst mal ab. Ich öffnete und schloss den Browser immer mal wieder. Ich schaltete meinen Rechner aus und dann wieder an, aber irgendwie half es nicht. Der grausame Satz verschwand nicht. Im Gegenteil, er wurde immer eindringlicher. Er lachte mich aus. Es ist wie bei so vielen Dingen im Leben. Es hilft einfach nicht, immer nur abzuwarten.

Während ich wartete, begriff ich allerdings, dass ein unerwartet großer Teil meines Lebens im Internet stattfindet. Ich begriff, wie abhängig ich inzwischen von der Technik bin. Das war kein gutes Gefühl. In solchen Momenten erkenne ich, was uns Filme wie *Matrix* oder *Terminator* eigentlich sagen wollen. Ich erkenne den tieferen Sinn hinter den Verfolgungsjagden und all der Gewalt. Was alles geschehen kann, wenn die Technologie so übermächtig und unbeherrschbar wird, dass sie sich gegen einen wendet. Ich erkenne allerdings auch, dass ich kein Neo oder John Connor bin. Ich wäre wohl eher eine Figur, die Glück hat, wenn sie nach dem ersten längeren Dialog nicht stirbt. Ich hätte keine Chance.

Ich starrte auf den Monitor. Mein WLAN hatte vollen Empfang, es lag also nicht an meinem Rechner, dem Modem oder dem Router. Es musste eine technische Störung meines Providers sein.

Das machte es nicht unbedingt besser.

Es gibt Anrufe, die ich äußerst ungern mache. Anrufe bei Internet- und Telefonanbietern gehören dazu, denn auch solche Anrufe machen einem klar, wie machtlos man eigentlich ist. Wenn ich solche Anrufe mache, werde ich zu der Figur in einem Roman von Franz Kafka. Eine Figur, die einer undurchsichtigen, übermächtigen, unbeherrschbaren und abstrakten Verwaltungsmaschinerie gnadenlos ausgeliefert ist, um schließlich daran zu zerbrechen.

Da nehmen Kafkas Texte unsere Gegenwart schon sehr eindringlich vorweg.

Ich wählte sehr vorsichtig die Nummer der Hotline und war ganz überrascht, dass es nur einmal klingelte, bevor sich eine freundliche Frauenstimme meldete. Ich wollte etwas erwidern, aber die Stimme redete unbeeindruckt weiter. Ich unterhielt mich mit einer Computerstimme. Sie erzählte mir, wie schön es wäre, dass ich anrufe, und dass das Gespräch mit dem Mitarbeiter aufgezeichnet werden würde.

Dann sagte sie: „Wollen Sie mit dem Kundenservice verbunden werden, dann sagen Sie jetzt bitte Ja."

„Ja", sagte ich in die entstandene Stille.

„Ich habe ihre Eingabe nicht verstanden", sagte die freundliche Frauenstimme.

„Ja", sagte ich akzentuiert.

„Ich habe ihre Eingabe nicht verstanden", wiederholte die Stimme, die immer freundlicher zu werden schien, was meine Geduld offen gestanden auf eine harte Probe stellte.

„Ja", brüllte ich ins Telefon.

Ich war offensichtlich gerade dabei, den Choleriker zu entdecken, der ein Leben lang in mir geschlummert und nur auf den passenden Auslöser gewartet hatte. Offenbar hatte er ihn gerade eben gefunden.

Der Choleriker in mir half. Er hätte der Stimme gern noch so viel gesagt, sie beleidigt, erniedrigt, um zumindest irgendeine Form der Befriedigung zu spüren. Aber er wusste ja auch, dass es nichts nützen würde. Es war schließlich eine Computerstimme. Außerdem beruhigte ihn ja jetzt auch die sanfte Musik, die nun zu hören war. **Die Warteschleifenmusik, die mir eigentlich ganz gut gefiel. Ich ahnte noch nicht, dass ich sie bald hassen würde.**

Wenn man dreißig Minuten lang die gleiche, eintönige Musik hört, und dazu noch diese Stimme, die einem alle zwei Minuten verspricht, jeden Moment mit einem Mitarbeiter verbunden zu werden, ist man imstande, sehr viel Hass zu entwickeln. Als ich gefühlte drei Stunden später endlich die Stimme eines wirklichen Menschen hörte, war ich so überrascht, dass ich zuerst überhaupt nicht wusste, was ich überhaupt sagen wollte.

Aber das war gar nicht so schlimm, denn die Mitarbeiterin stellte sich erst einmal vor. Ich sprach mit Frau Grabosch.

„Was kann ich für Sie tun?", fragte Frau Grabosch.

Ich stammelte etwas, aus dem man mit viel Fantasie heraushören konnte, dass es ums Internet ging.

„Geben Sie mir doch erst mal ihre Vertragsnummer", sagte Frau Grabosch.

„Scheiße", dachte ich.

Ich war so unvorbereitet.

Ich gehöre zu der Art von Menschen, die Verträge, Kontoauszüge, eigentlich alle Formen von geschäftlichen Dokumenten erst einmal auf einen Stapel legen, mit dem sie sich erst wieder beschäftigen, wenn sie ihre Steuererklärung abgeben müssen. Insofern hatte ich nur eine vage Ahnung, wo sich meine Unterlagen befanden. Ich wurde panisch, denn ich war mir sicher, dass Frau Grabosch sich nicht die Zeit nehmen würde zu warten, bis ich sie gefunden hatte.

„Die hab ich gerade nicht da", sagte ich hilflos.

„Kein Problem. Sagen Sie mir einfach Ihren Namen, Ihre Adresse und Ihr Geburtsdatum."

Ich atmete auf, und sagte wie ein Unterstufenschüler meine Daten auf.

„Name und Adresse stimmen", sagte Frau Grabosch. „Aber das Geburtsdatum kann ich nicht bestätigen. Ich muss sie identifizieren, sonst kann ich hier gar nichts machen."

Das klang sehr endgültig.

Ich sagte ihr meine Telefonnummer, aber es half nichts. Frau Grabosch hatte ihre Anweisungen, und sie wich nicht davon ab. Frau Grabosch arbeitet schließlich in einer deutschen Firma.

Ich erklärte ihr vielleicht ein bisschen zu emotional, dass ich für meine Arbeit einen funktionierenden Internetanschluss benötige.

„Unbedingt", sagte ich.

„Ach so", sagte Frau Grabosch. „Da sind sie hier sowieso falsch. Sie müssen den technischen Support kontaktieren. Von hier aus kann ich gar nichts machen."

„Können Sie mich durchstellen?", fragte ich.

„Nein. Aber ich kann Ihnen die Nummer geben."

Ich notierte die Nummer, dann wünschte mir Frau Grabosch einen schönen Tag und legte auf. Nachdem die Verbindung getrennt war, hielt ich mein Handy noch einige Sekunden am Ohr und lauschte in die Stille, vielleicht weil es ein Bild war, das meine emotionale Situation ziemlich treffend umriss, wie ich fand. Dann legte ich das Telefon achtlos auf meinen Schreibtisch, bevor ich begann, meine Vertragsunterlagen zu suchen. Es dauerte eine knappe Stunde, in der ich herausfand, dass ich offensichtlich ein sehr unorganisierter Mensch bin. Es gab nicht nur einen Stapel, es gab drei. Als die Unterlagen endlich vor mir lagen, wählte ich die Nummer.

Es war wie ein Déjà-vu. Die freundliche Computerstimme, die endlose Warteschleifenmusik, der dezente Hinweis, dass ich in wenigen Momenten mit einem freien Mitarbeiter verbunden werde.

Im ersten Teil der *Matrix*-Trilogie erlebt Keanu Reeves etwas Ähnliches. Er sieht in der Matrix eine schwarze Katze zweimal kurz hintereinander durch einen Hauseingang laufen. Als er das nichtsahnend seiner Kampfgefährtin Trinity erzählt, sagt sie: „Déjà-vus sind oft Fehler in der Matrix. Das kann passieren, wenn sie etwas ändern."

Was es bedeutet, wenn sie etwas ändern, wird schnell klar. Alle ziehen ihre Waffen. Dann sterben ziemlich schnell ziemlich viele Menschen. Eine Stimmung, die ich gerade sehr nachvollziehbar fand.

Der Mann vom Technical Support stellte schnell fest, dass auch er mir nicht helfen konnte.

„Da ist 'ne Störung in der Leitung", sagte er. „Dit kann dauern."

„Dauern?", fragte ich. „Wie lange denn?"

„Keene Ahnung", sagte er. „Manchmal jeht's janz schnell. Kann aber ooch bis morgen dauern."

„Bis morgen?", rief ich fassungslos.

„Oder übermorgen", sagte er für meine Begriffe ein bisschen zu entspannt.

„Tut mir ja leid", sagte er. „Aber von hier aus kann ick janüscht machen."

„Nüscht", sagte ich.

„Rufen Se morgen einfach noch mal an, wenn's nicht besser wird. Tschüssi."

Dann legte er auf.

Das war der Moment, in dem ich mir Waffen wünschte. Ich hatte knappe drei Stunden gebraucht, um herauszufinden, dass ich nur abwarten konnte. Das ich ausgeliefert war. Abhängig. **Dass man sich immer gedulden musste, wenn man Hilfe brauchte, sie**

aber keine Geduld bewiesen, wenn sie pünktlich ihre monatlichen Rechnungen abbuchten.

In solchen Momenten beginnt man, sich Grundsatzfragen zu stellen. In denen man sich fragt, ob man denn wirklich so ausgeliefert sein muss, so abhängig.

Es ist wie mit den Handys. Man fragt sich lachend, wie die Menschen überhaupt lebensfähig sein konnten, als es sie noch nicht gab. Inzwischen lache ich nicht mehr. Ich kenne Menschen, die geradezu Entzugserscheinungen haben, wenn ihr Handy nicht greifbar ist. Als hätte man ihnen ein lebenswichtiges Organ amputiert. Sie werden nervös, ungeduldig und aggressiv. Wahrscheinlich spüren sie sogar eine Art Phantomschmerz. Sie erinnern mich schon ein wenig an diese Szene aus *Trainspotting*, in der Ewan McGregor in einem Zimmer eingeschlossen wird, um einen kalten Heroinentzug zu machen.

Man kann die wirklichen Auswirkungen natürlich erst in einigen Jahren erkennen, aber es gibt schon jetzt Studien, die zeigen, dass eine Abhängigkeit existiert. Dass wir uns ohne Online-Zugriff nicht mehr vollständig fühlen.

Ich stellte mir vor, was mein früheres Ich wohl davon gehalten hätte, der Michael Nast von 1999 vielleicht, dem Jahr, in dem passenderweise auch der Film *Matrix* erschien.

Wahrscheinlich hätte er uns ausgelacht.

Ganz sicher sogar.

Mit einem mitleidigen Lachen.

Die Bedeutung eines „Zuletzt Online"

Als ich ein Kind war, lagen die Dinge einfach. Ich durfte das Sand-männchen sehen, dann noch die Sesamstraße im Anschluss und danach musste ich ins Bett. Obwohl der Sandmann ja heute als eine Kultfigur gilt, war mir die Sesamstraße näher. Ich mochte den konfusen Grobi und den anarchistischen Ernie irgendwie lieber als Schnatterinchen oder Herrn Fuchs und Frau Elster. Ich habe mir die Augen zugehalten, wenn der Sandmann am Ende jeder Folge seinen Beutel öffnete, um den Schlafsand überall zu verteilen, damit ich die Sesamstraße durchhielt, ohne einzuschlafen.

Einmal habe ich in der Sesamstraße eine Episode gesehen, die mich damals schon beeindruckt hat. Ich weiß gar nicht mehr, ob Ernie oder Grobi die Hauptfigur war, aber das ist auch gar nicht so wichtig. Beeindruckt hat mich die tiefe Wahrheit der Episode. Sie ist mir auch heute noch nah.

Ernie steht gut gelaunt vor der Wohnungstür eines Freundes, mit dem er verabredet ist. Er klingelt, doch sein Freund öffnet nicht. Er klingelt immer wieder, während er laut überlegt, warum sein Freund ihre Verabredung nicht eingehalten hat. Er stellt immer neue Hypothesen auf. Seine Gedankengänge werden immer absurder, sie verselbstständigen sich. Er hinterfragt ihre Freundschaft und kommt zu immer neuen, immer negativeren Schlussfolgerungen, bis sie nur noch ein einziger großer Vorwurf sind. Ernies Freund scheint irgendwann ein ziemlicher Arsch zu sein. Als sein Freund dann endlich doch die Tür öffnet, entlädt sich Ernies Wut, er brüllt ihn an, kündigt ihm die Freundschaft und verlässt die Szene, ohne eine Antwort abzuwarten. Der Freund blickt ihm ratlos nach. Er begreift nicht, was hier gerade passiert ist.

Sagen wir es mal so, ich bin wie Ernie.

Weil ich ein doch ziemlich konfliktscheuer Mensch bin, zögere ich klärende Gespräche oft hinaus. Ich warte lieber erst-mal ab, kann aber nichts dagegen tun, dass sich währenddessen in meinem Kopf die verschiedensten Szenarien abspielen, was der andere denn nun wirklich denkt oder wie er sich verhalten wird. Meistens sind es beunruhigende Szenarien, was dazu führt, dass ich das Gespräch immer weiter hinausschiebe. Wenn es dann doch irgendwann dazu kommt, ist das immer sehr befreiend, weil schnell klar wird, dass viele meiner Vermutungen in eine vollkommen falsche Richtung gegangen sind. Ich weiß das, aber trotzdem passiert mir das immer mal wieder. **Es ist einer dieser Fehler, die ich immer wieder begehe, obwohl ich es eigentlich besser weiß. Ich kann irgendwie nicht aus meiner Haut. Wie Ernie.**

Und was soll ich sagen, Ernie und ich sind nicht allein. Es ist ein weitverbreitetes Phänomen, dass man sich lieber Gedanken über das Verhalten anderer macht, anstatt sie zu fragen. **Und vielleicht liegt es ja in unserer Natur, dass man erst einmal zu negativen Schlussfolgerungen kommt, wenn man zu viel über die Dinge nachdenkt.**

„Wir wissen nicht, was andere Menschen denken oder fühlen, wir interpretieren ihr Verhalten und sind dann wegen unserer eigenen Gedanken beleidigt." Ich weiß nicht, wer das gesagt hat, aber es ist ein sehr wahrer Satz. So gesehen sagen die Gedanken, die wir uns machen, mehr über uns selbst aus als über den anderen. Sie sind nur eine Projektionsfläche unserer selbst. Das ist ein Blickwinkel, der sehr aufschlussreich sein kann. Und vielleicht hilft es uns ja, unsere Schlüsse mal aus dieser Perspektive zu betrachten.

Ich kenne einen Mann, der diesen Perspektivwechsel nötig hätte. Kürzlich hat er mir erzählt, dass er am Abend ein klärendes Gespräch mit der Frau führen muss, in die er verliebt ist. Unglücklich verliebt.

„Ich kann das nicht mehr", sagte er. „Das wird wohl ein Trennungsgespräch."

„Oh", sagte ich betroffen. „Wie lange wart ihr denn zusammen?"

„Na ja", erwiderte er mit einem schmerzvollen Zug um die Mundwinkel. „Eigentlich gar nicht."

„Oh", sagte ich noch betroffener.

Mein Bekannter erzählte mir, wie die Frau mit ihm gespielt hatte. Weil es ihrer Eitelkeit schmeichelte, von ihm begehrt zu werden, hatte sie ihn immer in Reichweite gehalten, ihm Hoffnung gemacht, allerdings ohne sich festzulegen. Sie hatte ihn bewusst leiden lassen, um sich besser zu fühlen. Sie schien eine Psychopathin zu sein. Dann sagte mein Bekannter, dass es in den acht Monaten, seit denen sie sich kennen, noch nicht einmal zu einem Kuss gekommen ist.

„Also, es ist ein Trennungsgespräch, obwohl ihr gar nicht zusammen wart", sagte ich.

„So kann man das nicht sagen", erwiderte er schnell, und in gewisser Weise hatte er sogar recht. Seine unglückliche Beziehung hatte sich praktisch in seinem Kopf abgespielt. Acht Monate lang. Er hatte acht Monate gelitten, und sie hatte es gar nicht mitbekommen, weil sie ihn einfach nur als Kumpel sah, mit dem sie gern Zeit verbrachte. Jetzt hatte ich sogar Mitleid mit ihr. Die aufgestaute Wut meines Bekannten würde sich auf sie entladen. Es würde sie kalt erwischen, und sie hatte keine Ahnung, was auf sie zukam.

„Habt ihr denn mal darüber gesprochen?", fragte ich. „Also über eine Beziehung."

Mein Bekannter sah mich verständnislos an.

„Nein", sagte er und fügte dann entschieden hinzu: „Aber ich hab immer gespürt, dass da was zwischen uns ist."

Ich nickte ratlos, weil ich mir gerade nicht einmal mehr sicher war, ob die Frau diese sexuelle Spannung zwischen ihnen überhaupt mitbekommen hat. Das alles war ein großes Missverständnis. **Mein Bekannter machte einen Fehler, den viele Menschen machen. Sie schließen von sich auf andere.** Weil man selbst auf eine bestimmte Art handeln würde, geht man davon aus, der andere würde ja verstehen und nachvollziehen können, was man fühlt. Man vergisst dabei jedoch, dass der andere ja nicht man selbst ist. Es sind zwei verschiedene Menschen, und das sollte man schon berücksichtigen. Mein Bekannter hatte es offensichtlich nicht berücksichtigt.

Ich überlegte kurz, meinem Bekannten vorzuschlagen, vielleicht einmal die Perspektive zu wechseln, um zu begreifen, was seine über acht Monate entwickelten Hypothesen über seine eigene Psyche aussagten. Vielleicht machte er sich lieber zu viele Gedanken, weil er eine negative Entscheidung fürchtete, die sein Ego verletzen würde. Die Frage ist nur, was leidvoller ist, acht Monate Unsicherheit oder ein einziger Moment der Klarheit. Die meisten würden sich wohl für die Unsicherheit entscheiden, weil sie mit einer letzten Hoffnung verknüpft ist, an der man sich festhalten kann. Und gerade wenn man verliebt ist, gibt das einem ja die Möglichkeit, sich ausgiebig mit dem anderen zu beschäftigen. Man ist nicht allein.

Tja. **Wir sind verletzliche Wesen, und in der Liebe sind wir am verwundbarsten.**

Kürzlich hat mir eine Freundin, die seit einiger Zeit einen Mann datet, mit dem sie sich sehr gut versteht, erklärt, warum sie den Kontakt zu ihm praktisch abbrechen musste.

„Das war am Montag", sagte sie. „An seinem Geburtstag."

„Oh", sagte ich. „Wie sensibel."

„Hatte aber auch seine Gründe", erwiderte sie entrüstet. „Eigentlich wollte ich ihn im Laufe des Tages anrufen, um zu gratulieren. Aber als ich morgens auf mein Handy gucke, hatte er mir schon eine SMS geschrieben."

„Was hat er denn geschrieben?"

„Dass er sich für die Glückwünsche bedankt, obwohl ich ihm noch gar nicht geschrieben hatte. Und dass es ihm leid tut, dass wir uns heute und auch am Wochenende nicht sehen können."

„Ach", sagte ich.

„Genau", sagte sie. „Ich hab ihm dann geschrieben, dass er alles kaputt macht und ich ihm alles Gute für die Zukunft wünsche, und das war's dann wohl.

„Und?", fragte ich. „Was hat er geantwortet?"

„Nichts", erwiderte sie. „Keine Reaktion. Bis heute nicht."

„Vielleicht war's ja auch ein Missverständnis", sagte ich. „Da gibt's sicherlich viele Möglichkeiten. Warum hast du ihn nicht einfach mal angerufen?"

„Da gibt's gar kein Missverständnis!", rief sie. „Da ist eine andere Frau im Spiel."

„Aber … ", sagte ich.

„Nein", sagte sie bestimmt.

Die Frage, was das Verhalten meiner Freundin über ihre Psyche aussagt, stellte ich dann doch nicht. Nicht einmal mir selbst. Vorsichtshalber.

Das große Problem bei der Kommunikation über WhatsApp- oder SMS-Nachrichten sind ja die Missverständnisse. Ich habe schon oft das Schreibverhalten von Männern interpretieren sollen, in die Freundinnen verliebt waren.

Anfang Sommer habe ich mit einem Mann, den ich nicht persönlich kannte, in Gesprächen mit einer Freundin mehr Zeit verbracht als mit meinen eigenen Freunden. In unseren langen Gesprächen kamen wir zu dem Schluss, dass der Mann schon ziemlich sozialgestörte Züge hatte, was vielleicht auch daran liegen konnte, dass ich ihn verzerrt durch die Erzählungen meiner Freundin kennenlernte. Ich gab ihr den Rat, ihn nicht mehr zu treffen. Wer sich so verhielt, konnte einfach kein guter Mensch sein. Darum irritierte es mich schon ziemlich, als die beiden einige Wochen darauf doch zusammenkamen.

Später habe ich ihn kennengelernt. Er heißt Nikolas und war nicht unsympathisch, aber der Gedanke, wenn er wüsste, wie oft ich schon über ihn gesprochen habe, war immer da. Ich fragte mich, inwiefern sich sein Bild über meine Bekannte verschieben würde, wenn er es wüsste. Ich schätze mal, es würde ihn wohl sehr verschrecken. **Sie hätten anfangs einfach mal ein bisschen mehr telefonieren sollen. Das hätte uns alle weniger Energie gekostet.**

Aber heutzutage wird ja kaum noch telefoniert. Heute wird vor allem geschrieben. Da ist man auf der sicheren Seite. Vermeintlich zumindest. Man kann über seine Antwort nachdenken. Die Gefahr, etwas Falsches zu sagen oder spontan unangemessen zu reagieren, wird scheinbar ausgehebelt. Da schickt man lieber umfangreich interpretierbare Nachrichten.

Das Problem ist allerdings die Distanz dieser Art der Kommunikation. Sie bringt uns nicht unbedingt näher. Diese Art der Kommunikation ist der ideale Nährboden für Hypothesen. Nicht nur durch den Interpretationsspielraum, den uns solche Nachrichten liefern, sondern auch, seitdem man jetzt schon sehen kann, wann derjenige zuletzt online war oder ob er die Nachricht bereits gelesen hat. Das ist einer der Nachteile der Transparenz, mit der wir heutzutage miteinander kommunizieren können. Es ist schon beunruhigend, wie viel Wert ein „Zuletzt online" in unserer Gesellschaft inzwischen hat – und wie viele erst einmal negative Interpretationen entwickeln, wenn unsere Nachricht zwar gelesen, aber noch nicht beantwortet wurde. Wir machen uns abhängig von unseren eigenen Hypothesen. Wie Ernie.

Inzwischen besitze ich gar keinen Fernseher mehr. Seit ungefähr einem Jahr sehe ich auch kaum noch Nachrichten. Sie bedrücken mich, und ich habe auch irgendwie nicht mehr das Gefühl, der Berichterstattung vertrauen zu können. Ich sehe mir in der ZDF-Mediathek die *heute show* an, die ja eigentlich eine Kabarettsendung ist. Sie ist meine verlässlichste Nachrichtenquelle. Sie macht die Missverständnisse, die Inkompetenz und die Selbstsüchtigkeit der Politiker sichtbar, und auch ihre Peinlichkeiten. Kürzlich habe ich die Talkshow von Günther Jauch gesehen. Sie redeten über Putin, weil gerade alle über ihn redeten. Die Gäste erzählten ihre Sachen. Sie kamen sich nicht näher. Während sie aneinander vorbeiredeten, begriff ich, wie sehr die Weltpolitik dieser Talkshow über Wladimir Putin ähnelte. Sie hatten sich viele Gedanken über den Mann gemacht, stellten Hypothesen auf und lieferten auch gleich noch ihre Schlussfolgerungen. Es ging gar nicht mehr um den Dialog. Es ging nur noch darum, über ihn zu reden. **Sie hatten so viel über ihn nachgedacht, dass ihre Meinung zu ihrer Wahrheit geworden war.**

Das erinnert an Ernie vor der Tür seines Freundes, der ihm lautstarke Vorwürfe macht, als er ihm endlich die Tür öffnet. Ernie brüllt ihm seine Wahrheit entgegen. Er legt keinen Wert mehr auf dessen Wahrheit, die ja das Bild vervollkommnen und alles auflösen könnte. Er legt keinen Wert mehr darauf, mit ihm zu reden. Wie Ernies emotionaler Ausbruch auf die Bühne der Weltpolitik zu übersetzen wäre, darüber will man gar nicht nachdenken. Aber es ist davon auszugehen, dass es in diesem Fall keine Gewinner geben wird.

Miteinander zu reden hilft da schon sehr. Im Großen wie im Kleinen.

Also um Gottes willen, redet miteinander!

Leben ohne Instagram-Filter

Die Berliner U-Bahnen sind von Menschen bevölkert, die mit konzentriertem Blick auf ihr Handy starren, als würde ihnen dort die Weltformel entgegenleuchten. Wenn ich solche Leute sehe, muss ich oft an Edward Norton denken, der in dem Film *Birdman* schreit: „Kommt schon, Leute, seid nicht so erbärmlich! Hört auf, euch die Welt durch Handydisplays anzusehen!" Das ist eine Meinung, der man nur zustimmen kann – eigentlich –, denn was soll ich sagen, ich bin wie sie.

Sobald ich eine U-Bahn betrete, spüre ich diesen Impuls. Ein Impuls, der so stark ist, dass mir nach einem Blick auf meine Hand auffällt, dass ich bereits dabei bin, den Code einzutippen. Es ist schon eine Art pawlowscher Reflex. Allerdings ist das Netz meines Mobilfunkanbieters in den Berliner U-Bahnen noch nicht so gut ausgebaut, darum habe ich dort nur selten Empfang. **Sobald ich unter der Erde bin, spüre ich, dass ich praktisch von der Welt abgeschnitten bin – oder vom Leben. Und das ist eine ziemlich aufschlussreiche Feststellung.**

Es ist ja so: Die meisten von uns führen praktisch ein Doppelleben. Sie bewegen sich in zwei Welten, in der realen und der virtuellen Welt. Auf den Displays unserer Smartphones nehmen wir die Welt durch Filter wahr. Filter, die Facebook, Instagram oder tumblr heißen und unseren Blick verzerren. Auf sozialen Netzwerken wird man mit den Höhepunkten verschiedener Leben überschüttet, als würde man sich Fotoalben ansehen, deren Inhalt ja auch eine Aneinanderreihung glücklicher Momente ist, von denen man nicht allzu sehr auf die Wirklichkeit schließen kann.

Natürlich ist es schon aussagekräftig, was manche Menschen so als Höhepunkte ihres Lebens betrachten. Was ihren Freunden zeigen soll, dass ihr Leben in Bewegung ist, dass in ihrem Leben aufregende Dinge geschehen. Oft ist es das Essen, ganz ästhetisch von oben fotografiert, oder Fotos von Haustieren, und vor allem natürlich Selfies. Ein Drama der Mittelmäßigkeit. Offen gestanden kann ich vor allem mit Selfies nicht viel anfangen, weil auf ihnen meistens Menschen zu sehen sind, deren Gesichtsausdruck wirkt, als hätten sie ihn monatelang vor dem Spiegel geübt. Das hat mit dem Leben nichts zu tun. Ich mag Schnappschüsse. Die besten Fotos entstehen, wenn man nicht weiß, dass man fotografiert wird, vielleicht weil diese Bilder Geschichten erzählen, anstatt nur eine festgetackerte Duckface-Maske zu zeigen, die eher eine Pose als eine Person darstellt. Nichts Greifbares.

Aber vielleicht ist die Beliebtheit solcher Bilder nur folgerichtig. Soziale Netzwerke kultivieren schließlich unseren Narzissmus. Sie sind „Ich-Booster", wie es der *Spiegel* einmal so schön geschrieben hat. Wir sind eine Generation von Selbstdarstellern. **In den sozialen Netzwerken zeigen wir uns nicht, wie wir sind, wir zeigen uns, wie wir gesehen werden möchten. Wir stellen uns dar. Wir inszenieren uns.**

So gesehen sind wir in den sozialen Netzwerken von Illusionen umgeben, einer überzeichneten Wirklichkeit, deren Ansprüchen wir nicht gerecht werden können, weil wir nun mal keine mit Photoshop bearbeiteten Gesichter haben und unsere Leben keine endlose Aneinanderreihung von Höhepunkten sind. Aber irgendwann stoßen Illusion und Wirklichkeit dann doch mal aufeinander. Das kann sehr ernüchternd sein.

Zum Beispiel auf einem Date.

Ich kenne einen Mann, der wochenlang mit einer Frau gechattet hat, bevor er sie zum ersten Mal traf. Das gehört auch zu den Dingen, die ich nie verstehen werde. Dieses endlose Chatten, bevor man sich trifft. Es ist zeitaufwändig und sagt so viel weniger aus als ein Telefonat. Wenn sich das Bild eines Menschen nur aus Fotos und Nachrichten zusammensetzt, kultiviert man schnell eine Illusion von ihm. Man projiziert eine Idealvorstellung auf die Person. Die Stimme der Frau oder die Art, wie sie sich gibt, sind ja Facetten, die schon sehr wichtig für ein Gesamtbild sein können. Dass auch die Facette, jemanden mal nicht aus der perfekten Kameraperspektive zu betrachten, dazugehört, war mir gar nicht so klar – bis mein Bekannter mir von seinem Treffen erzählte.

„Scheiße", sagte er betroffen, als er mir am folgenden Tag davon berichtete, „ich hab sie zum ersten Mal ohne Instagram-Filter gesehen."

Oh, dachte ich.

„Ich hab sie zuerst gar nicht erkannt", fügte er verzweifelt hinzu. „Und dann hat sie auch noch angefangen zu reden."

Ein Gesamtbild fügte sich offensichtlich zusammen. Man muss dazu sagen, dass die Frau sehr viel sprach. So viel, dass mein Bekannter ihrer Rhetorik gnadenlos ausgeliefert war.

„Als ich die Rechnung bestellt hab, war sie immer noch dabei, die Frage zu beantworten, die ich ihr vor zwanzig Minuten gestellt hatte", sagte er. „So lief das Gespräch. Zwei Stunden lang."

Dabei waren die vergangenen Wochen ja schon innerhalb einer Stunde zerfallen, genauso wie sein Interesse an ihr.

„Hättet ihr mal vorher telefoniert", sagte ich.

Es gibt ja diesen wundervollen Satz, dass man den verschwommenen Rand um das Display unseres Smartphones Leben nennt. Ein Satz, den immer weniger Leute zu empfinden scheinen. Die Gewichtung hat sich bei vielen zugunsten der virtuellen Welt verschoben. Und sie verschiebt sich immer mehr. Durch unsere Smartphones verbringen wir den Großteil des Tages am Rechner. Wir sind zu Nerds geworden, ohne es so richtig mitzubekommen, weil es ja ein schleichender Prozess ist. Dass man sich verändert hat, nimmt man schließlich nicht wahr, wenn man sich verändert, sondern erst danach – wenn man sich bereits verändert hat. Die virtuelle Welt nimmt in unserem Leben immer mehr Raum ein. Wir haben keine Zeit mehr, wir müssen tindern, instagrammen, facebooken oder mailen. Irgendetwas ist immer. **Wir kommen nicht zur Ruhe. Problematisch ist nur, wenn man deswegen den verschwommenen Rand um das Smartphone übersieht. Das wahre Leben.**

So ging es meinem Bekannten Majo vor einigen Monaten, nur dass er in diesem Fall das wahre Leben war. Tragischerweise.

Er war mit Sophia zu ihrem ersten Date verabredet. Ein erstes Date, das auch ihr einziges bleiben sollte. Und zwar aus guten Gründen.

Weil ich wusste, dass sie sich um 20 Uhr im Hundertwasser in Berlin-Friedrichshain trafen, überraschte es mich schon, als Majo mich um 20:17 Uhr anrief.

„Und, wie war's?", fragte ich.

„Das war das Allerletzte", sagte er. „Ich hab nach fünf Minuten abgebrochen."

„War also ein klassisches Fünf-Minuten-Date", lachte ich.

„Sozusagen", erwiderte er und erzählte, dass bei ihrer Begrüßung auch noch alles in Ordnung war. Das änderte sich allerdings, als sie sich setzten und die Frau ihr Handy auf den Tisch legte, das pausenlos vibrierte.

„Warte mal", sagte die Frau und tippte eine kurze Nachricht, bevor ihr Handy erneut vibrierte.

„Was klingelt denn dein Handy ununterbrochen?", fragte Majo ungeduldig.

„Ach, das ist nur Facebook", sagte sie, während sie weiter tippte. „Und Tinder."

Wie bitte, dachte Majo und stand langsam auf. Dann sagte er: „So, ich muss dann mal los".

„Was?", rief Sophia aufgebracht. „Lässt du mich jetzt hier alleine sitzen?"

„Na ja", sagte er mit einem Lächeln. „Allein bist du ja nicht wirklich."

Er verließ das Restaurant, während die Frau ihm entgeistert nachsah. Als er die Straße betrat, warf er noch einen letzten Blick zurück. Sophia war schon wieder mit ihrem Handy beschäftigt. Die Frau ist ein gutes Beispiel dafür, dass uns soziale Netzwerke ironischerweise von unserem sozialen Leben abschneiden. **Vielleicht hätte Majo sich einfach auf ihre Ebene begeben und ihr eine Nachricht schreiben sollen, nachdem er die Getränke bestellt gehabt hätte.** Das wäre dann vielleicht sogar eine ganz gute Unterhaltung geworden, gewissermaßen auf Realsatire-Niveau.

Sophia ist allerdings auch ein gutes Beispiel dafür, wo die Reise hingeht. Laut einer Studie halten nur noch ein Drittel der Teenager das persönliche Gespräch für die angenehmste Form der Kommunikation. Ihr Kommunikationsverhalten hat sich verändert, sie schreiben lieber Nachrichten oder nehmen Voicemails auf, als direkt miteinander zu reden.

Als der sechzehnjährigen Tochter eines Freundes vor ungefähr einem Monat ihr Handy auf den Boden fiel und das zersplitterte Display nicht mehr funktionierte, reagierte sie, als hätte man ihr ein lebenswichtiges Organ entfernt, und zwar ohne Narkose. Es war praktisch ein Nahtoderlebnis. Das Leben scheint für sie ohne Smartphone nicht mehr vorstellbar zu sein. Als wäre ein wichtiger Teil ihres Lebens weggebrochen. Sie hat das Gefühl, etwas zu verpassen, nicht mehr am Leben ihrer Freunde teilzunehmen.

Ein großes Missverständnis unserer Zeit.

Wenn unser Blick über die Facebook-Feeds unserer Freunde hastet, haben wir nur den Eindruck, an ihrem Leben teilzunehmen. Wir beobachten sie aus der Ferne, aus der Distanz, und verwechseln ein Like oder einen Kommentar unter einem neuen Foto damit, uns in ihr Leben eingebracht zu haben. Man vergisst dabei schnell, dass es Zeit ist, die man nur mit sich selbst zubringt, und nicht mit anderen. Und letztlich verpasst man damit die Momente, auf die es wirklich ankommt. Die wertvollen Momente, an die wir uns später erinnern. Die Augenblicke, auf die es ankommt, finden nun mal statt, wenn Menschen sich begegnen. Das sind die Dinge von Bestand.

Man sagt ja, man soll sich einfach nur vorstellen, einem läuft die Liebe seines Lebens über den Weg, aber man nimmt sich nicht wahr, weil man mit konzentriertem Blick auf das Smartphone schaut. Kein Bild symbolisiert die Gelegenheiten, die wir verpassen, besser.

Die Frage ist natürlich, ob man sie angesprochen hätte, die große Liebe. Wahrscheinlich nicht. Aber man hätte sie zumindest wahrgenommen. Und das auch noch ohne Instagram-Filter.

Und das ist ja schon mal ein Anfang.

Nicht ohne meinen Therapeuten

Kürzlich hat sich mein Freund Marcus, der nach einer dreijährigen Beziehung wieder Single ist, ganz verzweifelt bei mir beklagt, dass alle Frauen, mit denen er sich seitdem zu einem Date traf, in therapeutischer Behandlung sind.

„Ich meine, vielleicht liegt's ja auch an Berlin", sagte er verzweifelt. „Aber alle Frauen um die dreißig, mit denen ich mich treffe, haben mindestens zwei Therapien hinter sich."

„Ich glaub, ab dreißig sollte jeder mal zum Therapeuten gehen", sagte ich. „Über die Jahre hat sich einfach zu viel Dreck angesammelt. Da sollte schon mal ein objektiver und vor allem professioneller Blick auf dein Leben geworfen werden."

„Nein, nein, das stimmt schon, aber das meine ich gar nicht. Die waren wirklich alle schwer psychisch gestört", sagte er eindringlich. „Schwer psychotisch! Ich komm mir immer vor, als würde ich irgendwelche Horrordate-Szenen aus einer Matthias-Schweighöfer-Komödie nachspielen. Nur dass es bei mir ernst gemeint ist."

Zwei Tage zuvor hatte er sich mit Rebecca getroffen, die ihm erzählte, dass sie dieses Jahr ihr Zehnjähriges hat.

„Dein Zehnjähriges?", fragte er.

„Zehn Jahre Therapie", sagte sie.

„Klingt nach einem Jubiläum", lachte er, sie machte ja offensichtlich einen Scherz. „Das muss dann aber mal gefeiert werden."

„Zehn Jahre Therapie und zehn Therapeuten", sagte sie mit einem tragischen Zug um die Mundwinkel. Marcus nickte hilflos, offenbar war es kein Scherz. Sie hob ihren Blick und sah ihm direkt in die Augen, bevor sie eindringlich fortfuhr. „Aber jetzt habe ich endlich gelernt, mich selbst zu lieben."

Oh Gott, dachte er und wich unwillkürlich einige Zentimeter zurück.

„Es gibt einfach Dinge, die man bei einem ersten Date nicht erzählt", sagte Marcus, als er die Geschichte beendet hatte. „Wenn das beim ersten Date schon so ein großes Thema ist, weiß man doch gleich, wie die Beziehung aussieht. Das wird keine Beziehung, das wird 'ne Therapie. Und das kann ich nicht gebrauchen." Er nahm einen Schluck von seinem Drink, dann sagte er: **„Also ganz ehrlich: Singlefrauen über dreißig, die sind doch alle traumatisiert."**

„Na ja", sagte ich gedehnt.

„Is so", sagte er und schlug mit der Faust leicht auf die Tischplatte. „Die haben alle 'nen Schuss."

Ich machte schnell eine abwehrende Geste.

Es ist schon wahr, noch nie wurde so offen über seelische Leiden gesprochen. Noch vor sechs Jahren hat es mich irritiert, wenn mir einundzwanzigjährige Frauen erzählten, dass sie bereits mehrere Therapien hinter sich haben. Heute überrascht es mich nicht mehr. Ich gehe davon aus. Erst am Wochenende hat mir eine Freundin erzählt, dass jede Frau ihres Bekanntenkreises in Therapie ist. „Und die Männer?", fragte ich. „Nicht alle", sagte sie. „Ich glaub, bei Männern ist die Hemmschwelle auch größer. Aber es werden auf jeden Fall mehr."

Es gibt ja inzwischen unzählige Studien, die sich mit diesem Thema beschäftigen, und wenn man diese Statistiken liest, entsteht der Eindruck, dass wir tatsächlich in einem Zeitalter der psychischen Störungen leben. Eine Untersuchung des Robert Koch-Instituts ergab, dass im Jahr 2011 jeder dritte Deutsche unter mindestens einer psychischen Störung litt – und das ist jetzt vier Jahre her. Der *Spiegel* schrieb im Wortlaut: „Seither sollen die Bürger noch viel gestörter geworden sein: In Deutschland bricht die Zahl der psychischen Diagnosen gerade alle Rekorde." Depressionen, Angsterkrankungen, Süchte gelten ja mittlerweile als Volkskrankheiten. Gerade in der Altersgruppe der 18- bis 35-Jährigen, was ja auch ganz gut zu Marcus' Dating-Erfahrungen der letzten Monate passt.

Die Frage ist nur: Was ist da passiert?

Natürlich gibt es die unterschiedlichsten Gründe, die Menschen zum Psychoanalytiker treiben, aber ich glaube, bei dem Großteil sind es vor allem soziale Gründe. Das Ergebnis, in unserer

Gesellschaft zu leben, in die wir uns eingliedern, an die wir angepasst sind, weil wir in sie hineingeboren wurden. Machen wir uns nichts vor: **Auch wenn wir uns das selten eingestehen, weil wir uns ja alle als so individuell empfinden, wollen wir den anderen entsprechen, wir wollen dazugehören. Mitmachen.** Wir leben in einem System, dessen Produkte wir einfach nun mal sind, ob wir nun wollen oder nicht. Wir können uns ihm nicht entziehen. Es ist ein System, das Konsumenten braucht, und daran orientiert sich auch unser Verständnis von Glück. Überall geben uns die Medien vor, wie unser Leben und unser Glück aussehen sollen, als wäre Glück eine Gratisbeigabe ihrer Produkte. Man nimmt uns an die Hand und schreibt uns vor, wie wir glücklich sein sollen. Es ist ein vorgegebenes Glück, das nichts mit uns zu tun hat. Ein fremdes Glück, nach dem wir streben, um dann irgendwann enttäuscht festzustellen, dass unsere Erwartungen an dieses Gefühl viel zu hoch waren. Dass wir es überschätzt haben.

Es liegt auch daran, dass immer mehr Menschen eine Leere spüren, die sie sich so ungern eingestehen wollen. Man hält die Stille nicht aus, man will sich nicht mit sich selbst beschäftigen, vielleicht auch, weil man fürchtet, was einen da erwartet. Um diese Leere irgendwie zu füllen, wollen wir ständig etwas erleben. Berlin ist da ein sehr gutes Beispiel. Hier kann man jeden Tag ausgehen, die Stadt ist die Partymetropole. Die Partyszene produziert ständig Ereignisse, in denen es etwas zu erleben gibt. **Wir gehen feiern, trinken zu viel oder nehmen Drogen, um irgendwie das Gefühl zu haben auszubrechen. Zu leben. Das ist allerdings ein großes Missverständnis. Denn auch das sind nur künstliche, fremde Gefühle. Wir füllen die Leere nicht, wir gehen ihr aus dem Weg. Wir flüchten uns in Illusionen.** Wir verlieren das Gefühl für uns selbst.

Mir ist schon vor Jahren aufgefallen — merkwürdigerweise vor allem bei Frauen —, dass vielen ihre Natürlichkeit verloren gegangen ist. Je jünger sie sind, desto affektierter geben sie sich. Als würden sie sich selbst spielen, ohne dass es ihnen wirklich auffällt. Verunglückte Schauspieler ihrer selbst. Wir pflegen unsere Fassade, wir kultivieren eine Rolle. In sozialen Netzwerken, im Arbeits- und im gesellschaftlichen Leben. Die Tragik ist, dass wir vor allem in unserer Rolle Bestätigung und Anerkennung erleben, also über unsere Fassade, die mit uns selbst nichts zu tun hat. So gesehen befinden wir uns in einem andauernden Prozess der Selbstentfremdung. Bis wir irgendwann nicht mehr zwischen unserer Rolle und unserer Identität unterscheiden können. Sie sind verschmolzen, bis zur Unkenntlichkeit miteinander verwoben, sodass wir keinen Unterschied mehr ausmachen können. Wir können die Rolle nicht mehr von uns selbst trennen. Ein Zustand, der zu einer Abtötung der eigenen Gefühle führt, weil sie ihren wirklichen Sinn verlieren. Und das, liebe Leser, ist die Mechanik, aus der, psychoanalytisch betrachtet, eine Depression entsteht.

Wir werden nicht zu einem Volk von psychisch Gestörten, eigentlich sind wir es schon. Es ist nun mal kein Zeichen seelischer Gesundheit, gut angepasst an eine kranke Gesellschaft zu sein. Das ist ein sehr wahrer Satz. Ein Satz, der uns langsam klar wird – bewusst oder unbewusst –, denn wir beginnen, die Auswirkungen immer deutlicher zu spüren.

Aber wie kommen wir da raus? Das ist eine sehr gute Frage.

„Uns geht's einfach viel zu gut", sagte Anna resolut, als ich ihr letzte Woche erzählt habe, dass ich an diesem Text arbeite. „Wir haben doch keine wirklichen Probleme. Unsere Probleme entstehen, wenn man einen gewissen Lebensstandard gewöhnt ist. Wir haben einfach mal Luxusprobleme. Eigentlich brauchen wir mal wieder 'nen Krieg."

„Einen Krieg? Ganz vorsichtig!", sagte ich schnell. „Also das ist jetzt schon ein sehr drastischer Ansatz. Gerade in den heutigen Zeiten."

„Klar", erwiderte sie. „Aber wir müssen endlich mal aufwachen. Wir stecken so in diesen Strukturen fest, wir sind so degeneriert, unsere Werte sind so verzerrt. Wir brauchen einfach mal 'nen Knall, um uns überhaupt daraus lösen zu können."

Gott, dachte ich. Die Brachialmethode. Aber grundsätzlich hat Anna schon recht.

Man hat festgestellt, dass Depressionen seltener sind, wo man sie eigentlich erwarteten würde. In Kriegszeiten zum Beispiel, oder auch bei wirklicher Armut. Vielleicht liegt das daran, dass diese Probleme einfach konkreter sind. Der Lösungsansatz ist überschaubarer und damit beherrschbarer. Menschen, die mit tiefgreifenden Einschnitten im Leben kämpfen mussten, die beispielsweise einen Krieg direkt erlebt oder schwere Krankheiten überstanden haben, berichten, dass sie ihr Leben danach viel bewusster leben. Sie nehmen es als zweite Chance wahr und nutzen ihre Möglichkeiten wahrscheinlich nachhaltiger als andere. Diese Erfahrungen wünscht man natürlich niemandem, aber schon im Gespräch mit Betroffenen überkommt einen oft das Bedürfnis, sein Leben bewusster wahrzunehmen. Oft ist es aber schwer, dieses Bedürfnis dann tatsächlich auf das eigene Leben anzuwenden Man ist inzwischen schon sehr degeneriert. Manchmal überlege ich, wie sich generell der Umgang zwischen uns ändern würde, was gesellschaftlich passieren würde, wenn wir unser Leben so bewusst wahrnehmen und schätzen würden wie diese Menschen. Wenn wir in der Lage wären, die Perspektive zu ändern, und unvoreingenommen einen Blick auf unser Leben werfen würden.

Aber so ist es ja nun einmal nicht. Wir handeln im Rahmen unserer Möglichkeiten und setzen das nächste „Gefällt mir" unter Sprüche wie „Nutze den Tag!" oder „Vielleicht sollten wir manchmal das tun, was uns glücklich macht". Mehr nicht. Es ist nichts Nachhaltiges. Und dann machen wir weiter. Denn wir sind ja irgendwie zufrieden. Es geht uns ja irgendwie gut. Zumindest geht es gut genug.

Es ist ein bisschen so, als würde man in Zeitlupe beobachten, wie ein Auto auf einen Baum zurast. Der Aufprall ist unausweichlich, aber wir blenden aus, dass er eher kommt, als wir hoffen.

Und zwar sehr viel eher.

Diagnose: Beziehungsunfähig

Als ich mich vor einigen Wochen mit einem guten Freund in einem Restaurant in Berlin-Schöneberg traf, sagte er einen beunruhigenden Satz.

„Wenn man mit einer Frau zusammenkommt, sollte man sich nicht die Frage stellen, ob man sich mit ihr ein Leben lang verstehen wird", sagte er. „Man sollte sich eher fragen, ob man sich mit ihr auch noch gut verstehen wird, wenn man ein gemeinsames Kind hat und sich von ihr getrennt hat."

„Puh", dachte ich und stellte mir kurz vor, ich würde diesen Satz bei einem ersten Date zu einer Frau sagen. Ein Satz wie ein Vorschlaghammer, der jegliche Perspektive auf ein weiteres Treffen zertrümmert. Genau so könnte man wohl auch sagen: „Ich bin nicht beziehungsfähig, nur um das jetzt schon mal klarzustellen. Für alle Fälle."

Tja.

„Ich bin einfach nicht beziehungsfähig" ist eine Selbstdiagnose, die heutzutage gern mal gestellt wird, wenn ein Mann keine Perspektive mit einer Frau sieht, mit der er sich gerade trifft. Das ist natürlich eine Ausrede. **Man will den anderen nicht verletzen, darum nimmt man die Schuld auf sich.** Eine Floskel à la „Es liegt nicht an dir, sondern an mir, lass uns einfach Freunde bleiben". Eine Floskel, die von den Frauen natürlich nicht als solche wahrgenommen wird, das ist ja auch die Idee dahinter. So konnte sie sich unkontrolliert verbreiten, und inzwischen bestimmt sie praktisch das Bild des modernen Mannes der westlichen Welt.

Um es hier gleich mal ganz klar zu sagen: Die meisten von uns sind natürlich nicht beziehungsunfähig. Beziehungsunfähigkeit ist schließlich Symptom tiefgreifender psychischer Erkrankungen, die mit einer professionellen tiefenpsychologischen Therapie behandelt werden müssen. Krankheiten wie Borderline oder

Depressionen, die nicht auf die leichte Schulter genommen werden können. Eine Bindungsstörung oder die Unfähigkeit Beziehungen einzugehen, beschränkt sich auch nicht ausschließlich auf Liebesbeziehungen, sondern generell auf das Verhältnis zu anderen Menschen. Und wie bei den meisten schweren psychischen Störungen ist jemandem, der beziehungsunfähig ist, dies in den meisten Fällen ja auch gar nicht bewusst. Insofern wird schnell deutlich, was von diesen momentan so inflationär gestellten Eigendiagnosen zu halten ist.

Ganz abgesehen davon ist es doch ein etwas beschränktes Urteil über sich selbst, das Scheitern einer Beziehung damit zu erklären, dass man dazu einfach nicht fähig sei. **Es ist der einfache Weg. Ein Weg, der einen nicht zwingt, tiefer zu gehen.** So funktionieren wir, das ist ganz natürlich. Man etikettiert, so sortieren wir unsere Welt. Das hilft uns, im Leben zu bestehen. Und weiterzumachen.

Ich habe mich persönlich nie für beziehungsunfähig gehalten, mir ist der Ansatz „Ich liebe die Anfänge, da scheint das Ende so unmöglich" viel näher. Allerdings habe ich nach dem Gespräch mit meinem Freund mal recherchiert, welche Verhaltensmuster so als Merkmale einer Bindungsstörung genannt werden. Nun ja, sagen wir es so: Ich bin zu aufschlussreichen Ergebnissen gekommen. Vor allem, als ich die Kriterien mit meinem Leben verglich. Denn beunruhigenderweise trafen alle Symptome auf mich zu.

„Scheiße!", dachte ich. Ich bin offensichtlich ein Prototyp.

Scheinbar musste ich mein Selbstbild korrigieren. Und zwar ganz schnell.

Allerdings wissen wir ja alle, dass es meist ein Fehler ist, gesundheitliche Beschwerden jeglicher Art im Internet zu recherchieren. Wenn man beginnt, Symptome zu googeln, kann es schon mal sein, dass man nach einer knappen Stunde davon überzeugt ist, man hätte nur noch wenige Tage zu leben. Oder Stunden. Ein Schlaraffenland für Hypochonder gewissermaßen. Ein Satz von einem Arzt kann das dann schnell auflösen. Aber an diesem Abend auf meinem Sofa war ja nun mal kein Arzt anwesend. Da war nur der Laptop auf meinen Knien, und eine Flasche Rotwein, die ich geöffnet hatte, als zu ahnen war, in welche Richtung meine Recherche hier gerade abdriftete. Bevor ich weiterlas, leerte ich noch schnell das halbvolle Glas und füllte es sofort wieder.

Ich las, dass Menschen, die schlechte Erfahrungen in vergangenen Beziehungen gemacht haben, oft beziehungsunfähig sind. Oh, dachte ich, denn als ich letzten Monat ganz überrascht festgestellt habe, dass ich schon seit einem Jahr Single bin und trotzdem noch immer einen inneren Widerstand spüre, wenn ich nur daran denke, mich wieder auf eine Frau einzulassen, hat mir ein Freund erklärt, warum das so ist.

„Ist doch ganz klar", sagte er. „Sieh dir doch mal deine letzten Beziehungen an, du verbindest mit Beziehungen nur Belastung. Immer noch."

„Nun ja", sagte ich. „Es sind nun mal die Enttäuschungen, die uns prägen."

Mein Freund nickte zustimmend. Das war das erste Symptom, aber, wie gesagt, das war erst der Anfang.

Ich las weiter und erfuhr, dass beziehungsgestörte Menschen perfekt darin sind, einen guten, aber oberflächlichen Kontakt zu Menschen in ihrem Umfeld zu haben. Sie gelten als sympathische, gesellige Menschen, aber das ist nur eine Rolle, die sie sehr gut beherrschen. Die Hannibal-Lecter-Variante sozusagen. Der in seiner Kultiviertheit so sympathische Bildungsbürger – mit einer tiefdunklen Seite.

Es ist schon richtig. Ich habe einen sehr großen Bekanntenkreis und gelte als gesellig. Mir wird oft gesagt, dass ich ein guter Gesprächspartner bin, weil man mit mir über Dinge sprechen kann, mit denen man mit anderen Freunden nicht sprechen kann, weil ihnen irgendwie ein gewisser Denkansatz fremd ist. Allerdings hat mich schon vor Jahren eine ehemalige Kollegin, mit der ich mich sehr gut verstand, ganz unerwartet mit der Feststellung überrascht, man könne nicht zu mir durchdringen. Ich lasse niemanden an mich heran. Eigentlich wüsste sie gar nicht, wer ich wirklich sei.

Wenn man mir zu nah käme, löse ich die Frage praktisch mit einem Scherz auf. Ich lenke ab. Ich weiche aus.

Harald Schmidt hat einmal gesagt, als er gefragt wurde, ob er Freunde hat, dass seine Freundschaften immer mit dem Projekt verbunden sind, an dem er gerade arbeitet. Also mit Menschen, mit denen er zusammenarbeitet. Ist das Projekt beendet, verliert man sich aus den Augen. So ähnlich, das muss ich zugeben, funktionieren auch die meisten Freundschaften in meinem Leben.

„Tja", dachte ich. Dann kann ich wohl das nächste Häkchen hinter die Liste der Symptome setzen. Und es sollten noch mehr Häkchen dazu kommen.

Beziehungsgestörten Menschen fällt es schwer, sich zu binden, las ich weiter, weil sie die Dinge zu sehr idealisieren. Sie haben zu konkrete Vorstellungen von ihrem Partner. Vorstellungen, die niemand erfüllt, weil Idealvorstellungen nun mal Illusionen sind. Sie kommen im realen Leben nicht vor. Als Singlemann denkt man natürlich darüber nach, wie die nächste Freundin so sein sollte. Das birgt gewisse Gefahren, denen auch ich mich schwer entziehen kann. Man schafft sich ein Idealbild. Das Bild einer perfekten Frau. Das führt dazu, dass Kleinigkeiten, die dieses Idealbild stören, bereits zu endgültigen Entscheidungen führen können.

Das war der Moment, in dem ich spürte, dass es Zeit für das nächste Glas Rotwein war. Es war inzwischen das vierte. Und ich hatte es nötig, denn ich las gerade, dass es beziehungsgestörten Menschen schwerfällt, in einer Beziehung auf etwas zu verzichten. Sie sind zu keinem Kompromiss bereit. Sie wollen ihren Freiraum, in dem sie ihren Interessen nachgehen und sich verwirklichen können. Auch da sah ich Ähnlichkeiten, die mich beunruhigten. Weil ich mich in allen Berufen meines Lebens selbstverwirklicht habe, war die Arbeit schon immer sehr eng mit meinem Leben verwoben. Sie nimmt sehr viel Platz ein. Als ich angefangen habe, professionell zu schreiben, war das der Beginn einer sechsjährigen Singlephase. Ich habe das damals gar nicht so empfunden, aber rückblickend kann ich sagen, dass das Schreiben gewissermaßen eine Freundin ersetzt hat. Die Zeit, die ich normalerweise mit einer Freundin verbracht hätte, habe ich mit der Arbeit verbracht. Beides hätte ich rein zeitlich gar nicht unter einen Hut gebracht. Eine Freundin hätte mich nur abgelenkt.

Was soll ich sagen, mit jedem geleerten Glas Wein fühlte ich mich beziehungsunfähiger. Aber glücklicherweise gab es da dann noch einen letzten Punkt: Beziehungsunfähige suchen die Fehler immer bei anderen. Ich atmete auf, es war das erste Symptom, das nicht auf mich zutraf. Ein letzter Halt. Allerdings fiel mir dann meine Exfreundin ein, die mir bei Streitigkeiten oft vorgeworfen hatte: „Wenn ich mit dir diskutiere, hab ich irgendwann den Eindruck, dass alles an mir liegt. Dass immer ich schuld bin."

Da hatte ich wohl alle Symptome übererfüllt. Ich leerte die Flasche Wein und beschloss, erst einmal eine Nacht darüber zu schlafen. Das ist in den meisten Fällen eine gute Taktik. Und am nächsten Morgen, mit einem gewissen Abstand, sah die Sache glücklicherweise schon anders aus.

Wenn ich den Abend rekapituliere, wird mir klar, dass ich ein komplizierter Mensch bin, der sicherlich in gewisser Weise einen Schuss hat. Den haben wir schließlich alle. Aber wie gesagt, Beziehungsunfähigkeit ist ein Symptom psychischer Erkrankungen. In Ansätzen hat jeder Symptome einer Bindungsstörung, genauso wie jeder auch Symptome eines Soziopathen aufweist, wenn man sie mal recherchiert. Es sind abgeschwächte Symptome, die bei einem Krankheitsbild nun mal ins Entmenschlichte gesteigert sind. Und so weit ist es bei mir ja dann doch nicht. Das war ein Gedanke, der mich dann doch wieder entspannte. Ein wenig zumindest.

Aber dann fiel mir etwas auf. Und das, was mir da auffiel, war nun wirklich beunruhigend.

Wirklich interessant wird es nämlich, wenn man die Symptome einer Beziehungsunfähigkeit auf das System anwendet, in dem wir leben und in das wir hineingeboren wurden. Worauf es Wert legt. Egoismus, kompromisslose Selbstverwirklichung, das Denken in Idealzuständen, also das Streben nach Perfektion, und die Unverbindlichkeit in Freundschaften und Beziehungen – das sind alles Anforderungen, die das System sich wünschen würde, damit wir bestmöglich funktionieren. Die Kriterien einer Bindungsstörung sind also allesamt Eigenschaften, die einen zur perfekten Komponente unseres Systems machen.

Wir sind beschädigte Ware, weil die Gesellschaft, in die wir hineingewachsen sind, uns geformt hat. Wir wissen ja nicht einmal, was wir wollen. Die Bedürfnisse, die wir als unsere Bedürfnisse wahrnehmen, sind ja vorgegebene Bedürfnisse. Wer sagt uns denn, dass uns der Beruf in der Medienbranche glücklicher macht als zum Beispiel eine Ausbildung zum Schreiner? Es sind vorgegebene Wunschbilder, mit denen wir überschüttet werden. Klischees. Die Frage ist nur, ob es einen so glücklich macht, ein Klischee zu leben.

Unsere Gesellschaft ist ja auf dem betriebswirtschaftlichen Prinzip aufgebaut, dass das Ziel des Lebens andauerndes Wachstum und damit verbunden immer größerer Konsum ist. Sonst funktioniert unsere Wirtschaft nicht mehr. Und das ist das Problem. Die Wirtschaft, dafür leben wir. Sie ist der Mittelpunkt unserer Gesellschaft – und nicht der Mensch. Das wusste schon Erich Fromm.

Wir wenden betriebswirtschaftliche Prinzipien auf unser Privatleben an. Das sind die Muster unserer Kultur. Daran erkennt man sehr gut, wie sehr sich das System vom Menschen entfremdet hat. Wir denken in Idealzuständen, wir streben nach einer Perfektion, die wir sowieso nicht erreichen, aber darum geht es gar nicht. Das Wachstum ist das Ziel, das Gefühl, sich immer weiter verbessern zu müssen, ist zu einem Selbstzweck geworden. Das System erzieht uns zur Unzufriedenheit. Es braucht keine zufriedenen Menschen, und glückliche Menschen schon gar nicht. Es braucht Menschen, die das Gefühl haben, dass ihnen etwas fehlt, dass es immer etwas gibt, das ihr Leben verbessern kann. Es braucht Menschen, die eine Leere in sich spüren, die sie irgendwie füllen wollen. Und weil wir Konsumenten in einer Konsumgesellschaft sind, konsumieren wir, um die Leere zumindest ansatzweise zu füllen. Denn Konsum gibt uns eine vorübergehende Befriedigung, es ist ein kurzes Erlebnis, das wiederholt werden muss. Ein Versuch, unser Unglücklichsein zu kompensieren. **Unsere Unzufriedenheit ist das Fundament, auf dem unser auf endloses Wachstum ausgerichtetes Wirtschaftssystem beruht.**

Wir sind Instrumente der Wirtschaft. Heutzutage mehr denn je, weil alles miteinander verwoben ist. Das zeigt sich auch bei den vielen Mädchen, die auf Instagram täglich gefühlte zehn Fotos von sich posten, als wären sie Popstars. Sie kaufen Kleidung, mit der sie sich auf ihrem Instagram-Profil inszenieren, aus dem sie einen Großteil ihres Selbstwertgefühls ziehen. Mit anderen Worten, sie machen Werbung für Produkte. Besser hätte es sich kein Marketingexperte ausdenken können. Ein universelleres Instrument der Wirtschaft gibt es nicht.

Wenn ich mir die Videos der unzähligen YouTube-Stars ansehe, die diese schrecklichen Beauty- oder Mode-Blogs betreiben, irritiert mich ihre aufgesetzte, affektierte und gekünstelte Art. Da sind Menschen, die nur noch eine Maske sind, nur noch Fassade, man ahnt die Leere dahinter nicht nur, sie wird einem praktisch ins Gesicht geschrien. In diesen Videos sind Menschen zu sehen, die die Fähigkeit zu allem, was eigentlich wichtig ist, verloren zu haben scheinen: die Fähigkeit zu lieben, für sich und für andere da zu sein oder differenziert zu denken. Es geht nur um Selbstinszenierung und Geld. Beunruhigend ist, dass es ihnen anscheinend nicht einmal auffällt. Maske und Identität sind verschmolzen, untrennbar miteinander verbunden. Etwas Künstliches.

Das sind die Vorbilder der nachwachsenden Generation. Sie stehen für die eigentliche Beziehungsunfähigkeit unserer Zeit: den Verlust unserer Beziehung zu uns selbst. Zu dem, was uns eigentlich ausmacht. Als Kind sind wir uns am nächsten, dann beginnt durch Erziehung die Anpassung an die Gesellschaft, und damit die Entfremdung von uns selbst. Und je mehr wir uns anpassen, desto mehr sind wir uns entfremdet. Und angepasster als heute waren wir noch nie. Weil es uns im Ganzen betrachtet einfach zu gut geht. Wir haben keinen konkreten Anlass, uns aufzubäumen. Und machen weiter. So wie das System es von uns verlangt.

Letztlich machen wir einen Denkfehler. Wir richten unsere Aufmerksamkeit auf die Symptome. Es geht den meisten nur um das richtige Schmerzmittel, und nicht um Heilung. Eigentlich sollte man, wie bei der Behandlung einer Krankheit, nicht die Symptome bekämpfen – sondern die Ursachen. Das wäre der erste Schritt.

Und darum geht es doch letzten Endes. Um die Anfänge. Sie liegen in uns.

Und mit ihnen beginnt die Veränderung.